글로 세상을
호령하다

글로 세상을 호령하다

저자_ 이종묵

1판 1쇄 인쇄_ 2010. 7. 21.
1판 1쇄 발행_ 2010. 7. 26.

발행처_ 김영사
발행인_ 박은주

등록번호_ 제406-2003-036호
등록일자_ 1979. 5. 17.

경기도 파주시 교하읍 문발리 출판단지 515-1 우편번호 413-756
마케팅부 031)955-3100, 편집부 031)955-3250, 팩시밀리 031)955-3111

저작권자 ⓒ 이종묵, 2010
이 책의 저작권은 저자에게 있습니다. 저자와 출판사의 허락 없이
내용의 일부를 인용하거나 발췌하는 것을 금합니다.

Copyright ⓒ 2010 by LEE JONG MOOK
All right reserved including the rights of reproduction
in whole or in part in any form. Printed in KOREA.

값은 뒤표지에 있습니다.
ISBN 978-89-349-4005-0 03810

독자의견 전화_ 031) 955-3200
홈페이지_ http://www.gimmyoung.com
이메일_ bestbook@gimmyoung.com

좋은 독자가 좋은 책을 만듭니다.
김영사는 독자 여러분의 의견에 항상 귀 기울이고 있습니다.

조선의 문학과 예술을 꽃피운 명문장가들의 뜨겁고도 매혹적인 인생예찬!

글로 세상을 호령하다

천하의 빼어난 볼거리가 어찌 끝이 있겠느냐는, 옛 문인과 시인들이 각기 시문을 지어의 남김없이 다 묘사하였다. 그래서 사람들이를 읽고서, 그 기이하고 빼어나며 넓고 밝며 지극히 괴이하고 놀라우며, 바람과 구름나오고 귀신이 들고나는 것을, 입안에서 읊려 거두어들일 수 있는 것이다. 그러나 아직접 보지 못한 것이기 때문에, 반드시 마음으빗대어보고 상상력을 발휘해보지만, 그래도체가 드러내지 않는다고 한탄을 하게 된다.

이종묵

이익, 이이, 유득공, 서유구 등 글과 음악, 풍류로 시대를 풍미한 학자, 관료, 문인.
그들은 어떻게 마음을 닦고, 학문을 세우고, 세상을 유람하였는가?
시대를 초월해 가슴을 울리는 조선 지식인의 쟁쟁하고 위대한 가르침!

김영사

머리말

내가 좋아하는 세상을 글로 호령하다

　옛글은 빛바랜 낡은 사진첩이다. 바쁜 일상을 보내다 문득 빛바랜 사진첩을 꺼내들고 추억에 잠긴다. 젊은 시절의 꿈과 낭만을 다시 떠올리게 된다. 17세기의 학자 이익李瀷은 선천적인 맹인은 꿈을 꾸지 못한다고 하였다. 본 것이 없으면 꿈을 꾸지 못하기 때문이다. 옛글은 잊고 있던 추억을 불러일으키는 촉매제다. 빛바랜 사진첩은 개인적인 유년의 추억을 불러일으키지만, 옛글은 우리 몸속에 수백 년 유전되어 온 조선 선비의 삶과 풍경의 추억을 불러일으킨다. 옛글은 이러한 것이다.
　한적한 시골로 내려가 채마밭을 가꾸면서 노년의 삶을 설계하는 사람들이 적지 않다. 이는 유년 시절 시골에서의 삶이 추억으로 남아 있기 때문이다. 그러나 여러 현실적인 문제 때문에 이 꿈을 실행에 옮길 수 있는 사람은 거의 없다. 어찌하면 좋을까? 빛바랜 사진첩을 보노라면 사라진 풍경 속으로 들어갈 수 있다. 옛글을 읽노라면 도심의 아스팔트와 콘크리트 더미 속에서도 아름다운 풍경을 즐길 수 있다. 옛글을 읽어 수백 년 전 유년의 추억을 떠올리면 온갖 길거리의 소음과 먼지 대신 시원한 시냇물 소리를 들을 수 있고 맑은 바람의 향기를 느낄 수 있다. 옛글은 사라지고 잊혀진 풍경을 살아나게 한다. 남들은 보지 못하고 느끼지 못하는 다른 세상을 옛글을 읽으면서 차지할 수 있으니, 옛글은 내가 좋아하는 세상을 호령할 수 있게 한다.

빛바랜 사진첩에 오래 잊고 있던 할아버지, 할머니가 보인다. 그분들은 삶의 체험에서 우러나온 지혜를 구수한 옛이야기로 들려주곤 했다. 옛글은 조선의 선비들이 세상과 세월을 겪으면서 깨달은 지혜를 담고 있다. 선비는 남을 위한 공부를 하지 않는다. 이를 일러 위기지학爲己之學이라 한다. 일상에서 만나는 사소한 사건이나 물건을 마주하면서 하루하루 달라지는 자신을 발견하는 것이 조선 선비의 위기지학이다. 세상을 경영하는 원대한 포부가 중요하지 않은 것은 아니겠지만, 마음의 공부를 무엇보다 중시한 것이 조선의 선비였다. 남을 위한 세상을 호령하는 것이 아니라 자신을 위한 세상을 호령하기 위하여 옛 선비들은 스스로를 사랑하였다. 글은 스스로를 사랑하여 마음을 다스리는 과정이다. 이것이 내가 좋아하는 세상을 호령하는 방법이다.

옛글은 천년의 풍경과 천년의 지혜를 담고 있다. 천년의 풍경과 천년의 지혜를 통하여 내가 사랑하는 삶을 살아가고 이로서 나를 위한 세상을 호령하는 일, 이것이 옛글을 읽는 뜻이다.

이 책에 담은 옛글은 이러한 뜻으로 모은 것이다. 고전번역원에서 지금 사람에게 옛글을 읽혀 고전의 향기를 맡게 하기에, 그 뜻을 사랑하여 1년 동안 매주 한 편의 옛글을 골라 우리말로 풀이하고 설명을 붙였다. 그리고 다듬고 보태어 고전의 향기를 세상에 전하고자 한다. 빛바랜 사진을 좀 더 선명하게 보이도록 글을 다듬어준 고전번역원과 김영사 여러 분들에게 고마운 마음을 전한다.

        2010년 한여름 관악산 그늘 아래서 이종묵이 쓰다.

차례

머리말 내가 좋아하는 세상을 글로 호령하다 • 4

1부 | 글로 세상을 호령하다

맹인은 꿈을 꾸지 않는다_이익 • 13
집 안으로 끌어들인 지식의 바다_이종휘 • 18
진짜와 가짜를 가릴 필요가 있나_조귀명 • 22
도성 안에 앉아 물을 감상하는 기술_서영보 • 26
인생의 즐거움이란 무엇인가_유언호 • 31
고상하고 속되지 않은 사치_정동유 • 36
구기자와 국화를 가꾸는 집_어유봉 • 41

2부 | 그 많던 복사꽃은 어디로 갔나

천년 벗과의 즐거운 만남_김조순 • 47
우리나라 제품이 조악한 이유_김세화 • 52
그 많던 복사꽃은 어디로 갔나_서형수 • 56
조물주도 서늘하게 만든 인왕산의 계곡물_박윤묵 • 60
병에 걸리고 싶지 않다면 다리를 건너시오_김이안 • 63
도성 안 사람들이 하천에 노니는 물고기 같네_유득공 • 67
송홍동엔 물이 없는데 청개구리가 산다_홍직필 • 73

저 천하의 빼어난 볼거리가 어찌 끝이 있겠느냐마는, 옛 문인과 시인들이 각기 시문을 지어 거의 남김없이 다 묘사하였다. 그래서 사람들은 이를 읽고서, 그 기이하고 빼어나며 넓고 밝으며 지극히 괴이하고 놀라우며, 바람과 구름이 나오고 귀신이 들고나는 것을, 입안에서 읊조려 거두어들일 수 있는 것이다. 그러나 아직 직접 보지 못한 것이기 때문에, 반드시 마음으로 빗대어보고 상상력을 발휘해보지만, 그래도 실체가 드러내지 않는다고 한탄을 하게 된다.

3부 | 풍광이 아름다우니 죽음도 두렵지 않다

나에게는 봄 여름 가을 겨울이 따로 없다_이경석 • 81
자연도 글이 있어 빛난다_서유구 • 86
오래가도 바뀌지 않을 것_한백겸 • 92
나는 즐거워 피로하지 않다_김매순 • 98
집 이름에 깃들인 뜻_홍석주 • 105
풍광이 아름다우니 죽음도 두렵지 않다_김종수 • 112

4부 | 바른 스승을 구하는 법

돌아가신 어머니의 필적_권진응 • 123
아버지의 정이 깃든 질화로_박준원 • 127
생일을 맞은 뜻_위백규 • 132
죽은 벗의 뜻을 따라 지은 토실_유도원 • 137
대궐에서 물러난 궁녀의 발원_김도수 • 142
임금이 내리신 만병통치약_조수삼 • 146
버드나무를 심은 다섯 가지 이로움_홍양호 • 154
바른 스승을 구하는 법_성해응 • 158

저 천하의 빼어난 볼거리가 어찌 끝이 있겠느냐마는, 옛 문인과 시인들이 각기 시문을 지어 거의 남김없이 다 묘사하였다. 그래서 사람들은 이를 읽고서, 그 기이하고 빼어나며 넓고 밝으며 지극히 괴이하고 놀라우며, 바람과 구름이 나오고 귀신이 들고나는 것을, 입안에서 읊조러 거두어들일 수 있는 것이다. 그러나 아직 직접 보지 못한 것이기 때문에, 반드시 마음으로 빗대어보고 상상력을 발휘해보지만, 그래도 실체가 드러내지 않는다고 한탄을 하게 된다.

5부 | 옛사람의 즐거운 지혜

내가 동서남북으로 창을 낸 이유_박윤원 • 165
지렁이 탕을 먹지 않는 뜻_채제공 • 168
마음을 미치게 하는 다섯 가지 물건_남유용 • 173
다섯 수레의 책을 가슴에 담는 방법_장혼 • 179
소가 귀한가 나귀가 귀한가_권상신 • 184
세상의 공평한 도리는 백발뿐_이하곤 • 187
양반다리를 하는 까닭_홍낙명 • 191
이름 없는 꽃_신경준 • 195
막걸리로 집 이름을 삼은 까닭_이세화 • 200

6부 | 조선 선비의 공부법

홀로 하는 옛사람의 공부방식_안석경 • 207
공부로 생긴 병_최충성 • 211
천년을 거스르는 교제_김윤식 • 219
등산과 학문은 무엇이 같은가_이이 • 223
내 병을 배웠으면 처방도 배우게_김종후 • 229
슬픔을 없애려다 생긴 병_정종한 • 233
제 몸에 맞는 약_이복휴 • 238
꿈속의 공부_임상덕 • 243
좋은 사람 좋은 책 좋은 산수_윤기 • 249

저 천하의 빼어난 볼거리가 어찌 끝이 있겠느냐마는, 옛 문인과 시인들이 각기 시문을 지어 거의 남김없이 다 묘사하였다. 그래서 사람들은 이를 읽고서, 그 기이하고 빼어나며 넓고 밝으며 지극히 괴이하고 놀라우며, 바람과 구름이 나오고 귀신이 들고나는 것을, 입안에서 읊조려 거두어들일 수 있는 것이다. 그러나 아직 직접 보지 못한 것이기 때문에, 반드시 마음으로 빗대어보고 상상력을 발휘해보지만, 그래도 실체가 드러내지 않는다고 한탄을 하게 된다.

7부 | 제 자신을 사랑하는 방법

나무를 심어서 이름을 남기고자 한 뜻_변종운 • 259
선비 노릇이 무슨 소용_홍성민 • 265
가난한 날 거친 밥을 먹는 요령_서유구 • 270
고대광실보다 게딱지집_임숙영 • 277
꿈속에서 배가 부른 일_박홍미 • 282
부귀함도 한가함도 절로 이르는 것_윤순 • 287
제 자신을 사랑하는 집_심낙수 • 293

원문 • 299

저 천하의 빼어난 볼거리가 어찌 끝이 있겠느
나마는, 옛 문인과 시인들이 각기 시문을 지어
거의 남김없이 다 묘사하였다. 그래서 사람들
은 이를 읽고서, 그 기이하고 빼어나며 넓고 밝
으며 지극히 괴이하고 놀라우며, 바람과 구름
이 나오고 귀신이 들고나는 것을, 입안에서 읊
조려 거두어들일 수 있는 것이다. 그러나 아직
직접 보지 못한 것이기 때문에, 반드시 마음으
로 빗대어보고 상상력을 발휘해보지만, 그래도
실체가 드러내지 않는다고 한탄을 하게 된다.

글로 세상을 호령하다

서울 한복판에 살면서 바다를 볼 수 있을까? 집의 이름을 바닷물이 가슴을 적셔주는 집이라 하고 그 안에 눈을 감고 있으면 벽에 파도가 친다. 상상의 바다로 답답한 마음을 풀고 책을 읽으면 먼 바다가 집으로 몰려들듯, 동서고금의 진리를 깨달을 수 있다.

글로 세상을 호령하다 —

사라져 볼 수 없는 풍경도 옛사람의 글이나 그림이 있으면 누워서 찾아갈 수 있다.
빛바랜 사진을 들고 옛일을 회상하는 것도 마찬가지다.
옛사람들은 이를 와유라 하였다.

이익

맹인은 꿈을 꾸지 않는다

   와유臥遊라 하는 것은 몸은 누워 있으나 정신은 노니는 것이다. 정신은 마음의 영靈이요, 영은 이르지 못하는 곳이 없다. 이 때문에 불빛처럼 온 세상을 비추어 순식간에 만 리를 갈 수 있기에, 사물에 기대지 않아도 될 것처럼 생각한다. 하지만 선천적인 맹인은 꿈을 꾸지 않는다. 사물의 모습과 빛깔은 시각기관에서 관장한다. 시각이 애초에 자리한 적이 없다면 생각도 말미암아 일어날 수 없다. 이 때문에 꿈속에서의 어슴푸레한 것도 모두 눈으로 보아 얻지 않은 것이 없는 법이다.

   저 천하의 빼어난 볼거리가 어찌 끝이 있겠느냐마는, 옛 문인과 시인들이 각기 시문을 지어 거의 남김없이 다 묘사하였다. 그래서 사람들은 이를 읽고서, 그 기이하고 빼어나며 넓고 밝으며, 괴이하고 놀라우며 바람과 구름이 몰아치고 신출귀몰한 것을 입안에서 읊조려 거두어들일 수 있는 것이다. 그러나 아직 직접 보지 못한 것이기 때문에, 반드시 마음으로 빗대어 보고 상상력을 발휘해보지만, 그래도 실체가 드러내지 않는다고 한탄을 하게 된다.

이제 이 〈와유첩〉은 먼저 그 모습을 그림으로 그린 후 그 글을 썼으니, 사실과 사물이 서로 방증傍證이 되어 마음과 눈에 도장이 찍히듯 다시는 유감이 없어 이에 앉은자리에서도 꿈틀꿈틀 생동하여 마음이 가지 못하는 바가 없게 된다.

예전 태사太史 주지번朱之蕃이 우리나라에 사신으로 왔을 때 구중궁궐에 이 그림을 바쳤고, 그 부본을 상공 서경西坰 유근柳根에게 주었다. 상공의 집안사람 정자공正字公이 다시 그 당시의 그림과 글씨에 뛰어난 사람을 찾아 하나하나 전사하였다. 곧 이백의 〈촉도난蜀道難〉과 두보의 〈동정호洞庭湖〉 두 작품은 우리 돌아가신 부친의 솜씨다. 돌아가신 부친과 정자공은 같은 해 태어나서 같은 뜻을 실천하였다. 당시에 서로 즐겁게 교유하신 성대한 일은 내가 또한 다행히 들은 바가 있다. 그 실마리를 기록하여 가보로 소장하여 잃어버리지 않도록 하노라. 원문 300쪽

조선 후기 실학을 이끈 큰 학자 이익李瀷(1681~1763)은 자가 자신子新, 호가 성호星湖다. 이 집안은 이상의李尙毅(1560~1624) 때부터 위세를 떨쳤는데 이익은 그 증손자다.

이 글은 이익이 〈와유첩臥遊帖〉이라는 그림을 보고 쓴 것이다. 1606년 명나라의 문인 주지번이 조선에 사신으로 왔는데, 역대 중국의 이름난 문학 작품의 배경이 되었던 땅을 그린 열두 폭 그림을 가져와 선조宣祖

〈겸재유록화첩〉_작자 미상

'누워서 노닌다'는 '와유'라는 말은 송의 종병이 늙고 병들면 명산을 두루 보지 못하게 될 것이라고 생각해, 노년에 누워서 보기 위하여 유람하였던 곳을 모두 그림으로 그려 벽에 걸어두었다는 고사에서 비롯한다.(삼성박물관 소장)

에게 바쳤다. 이 그림은 〈천고최성千古最盛〉이라는 이름이 붙었는데 당시에 큰 반향을 불러일으켰다. 허균의 〈천고최성 뒤에 쓰다[題千古最盛後]〉라는 글에 따르면, 〈천고최성〉은 주지번이 오망천吳䎍川이라는 중국 화가에게 부탁하여 도화원, 등왕각, 악양루, 촉도, 취옹정, 적벽, 희우정 등 뛰어난 문학 작품의 배경이 되는 곳을 열두 폭 그림으로 그리고, 이와 관련한 역대 뛰어난 문장가의 글을 그림에 쓴 것이었다. 나중에 이 그림은 선조의 아들인 의창군義昌君의 소유가 되었는데, 허균의 형 허성許筬이 당시의 뛰어난 화가 이징李澄으로 하여금 모사하게 하고 글씨에 뛰어났던 이징의 형 이숙李潚에게 그 시문을 모사하게 하였다. 허균은 이 그림을 보고 자신이 즐기고 싶었던 것들을 한 번에 다 볼 수가 있어 참으로 인간 세상의 유쾌한 일이라 하였다.

또 김좌명金佐明의 〈천고최성첩의 모사본 뒤에 쓰다[書千古最盛貼摹本後]〉라는 글에 따르면 1663년 화공을 시켜 이 그림을 모사하고 자신과 이우형李宇亨, 유혁연柳赫然이 글씨를 모사하였다고 한다. 또 이 그림이 이정영李正英의 집에 있었다고 하였으므로, 이 무렵 〈천고최성첩〉은 이정영 집안으로 흘러 들어간 것으로 보인다.

〈천고최성첩〉은 그 부본이 유근의 집에도 소장되어 있었다. 주지번이 조선으로 왔을 때 유근이 원접사遠接使였고, 허균은 그 종사관으로 따라갔다. 주지번이 도중에 유근에게 이 그림을 보여주며 발문을 지으라 한 바 있으니, 허균은 이 그림의 원본도 본 적이 있었다. 유근은 이러한 인연으로 그 부본 하나를 주지번으로부터 받았는데 이 그림도 후대에 다시 모사되었다. 허목許穆의 〈태사 주지번의 열두 폭 그림첩에 붙인 서문[模朱太史十二貼圖序]〉에 따르면 1669년 모사본을 제작하고, 조경趙絅, 이지정李志定, 오준吳竣 등이 이를 완상하였다고 한다. 그런데 이

지정의 형 이지안李志安이 바로 이익의 조부다. 주지번의 열두 폭 그림 중 이지안이 이백의 〈촉도난〉과 두보의 〈동정호〉를 아름다운 글씨로 썼다.

이익은 조부의 체취가 담긴 그림을 보고 이 글을 지었다. 이익은 천고의 역사에서 가장 빼어난 작품이라는 뜻의 〈천고최성〉 대신 와유臥遊라는 이름을 그 첩에 붙였다. '와유'라는 말은 송宋의 종병宗炳이 늙고 병들면 명산을 두루 보지 못하게 될 것이라 생각하고, 노년에 누워서 보기 위하여 유람하였던 곳을 모두 그림으로 그려 방에 걸어두었다는 고사에서 비롯한다.

이익은 아름다운 산천을 그린 그림과 글은 상상력을 촉발하는 매개물이라 하였다. 선천적인 맹인은 본 기억이 없으므로 꿈을 꿀 수 없다고 하였다. 상상력의 촉발을 위해서는 매개물로서 그림과 글이 있어야 하는 것이다. 도연명의 은거를 꿈꾸는 사람은 귀거래도歸去來圖를 걸어놓고, 왕유王維와 같은 별서를 꾸미고 살고자 하면 망천도輞川圖를 걸어놓았으며, 왕희지王羲之처럼 곡수曲水에 술잔을 띄우고 시를 짓고 싶으면 난정蘭亭을 그린 그림을 구해 완상하였다.

지혜롭게 살아간 옛사람의 행실이 잊혀지고, 그러한 옛사람이 살던 아름다운 풍경도 대부분 기억에서 사라져가고 있다. 다행히 옛글이 있어 사라진 풍경, 잊혀진 삶을 되돌아보게 한다.

집의 이름을 바닷물이 가슴을 적셔 주는 집이라 하고
그 안에 눈을 감고 있으면 벽에 파도가 친다. 상상의 바다로 답답한 마음을 풀고
책을 읽으면 먼 바다가 집으로 몰려들듯, 동서고금의 진리를 깨달을 수 있다.

이
종
휘

집 안으로 끌어들인 지식의 바다

함해涵海라는 것은 내 서실의 이름이다. 내가 빌려 사는 남촌南村의 집은 기둥이 겨우 여덟 아홉이고, 기둥 바깥에 있는 빈 터도 겨우 백여 평 남짓 된다. 대개 달팽이집이요, 게딱지집이라 부르는 곳일 뿐이다. 가운데에 기둥 하나를 세우고 초가로 지붕을 이은 곳이 바로 함해당이라 부르는 집이다. 이곳은 모르긴 해도 바다와 몇백 리는 떨어져 있을 것인데 어찌해서 이런 이름을 붙였는가? 상상해서 이름을 붙인 것이다. 상상한다는 것이 무슨 말인가? 대개 내가 이 집 안에서 책을 읽는다. 책과 붓과 벼루 외에는 손님을 맞을 자리 하나 깔 데가 없다. 동과 서에 문이 하나씩 있어 아침저녁 햇살이나 맞고 보낼 뿐이다. 게다가 나에게는 깊이 시름하는 질병이 있어 감당하기 어려운 형편이다. 매번 병이 도지면 문득 눈을 감고 조용히 누워서 평생 겪은 일을 생각해보곤 하니, 이것이 내가 참선 수행을 하는

데 도움이 된다.

예전 영남을 유람할 때 동래의 해운대海雲臺와 몰운대沒雲臺를 올라간 적이 있다. 몰운대는 땅이 바다 한가운데로 움푹 들어가서 대가 된 곳이다. 길이 넓은 바다를 끼고 있는데 겨우 몇 길도 떨어져 있지 않다. 파도 소리가 해안을 치니 그 때문에 말이 피하여 뒷걸음친다. 몇백 걸음 가면 땅이 비로소 끝이 나고 하늘과 바다가 끝없이 펼쳐진다. 조금 있으니 바다로 들어가고 남은 햇살이 사방에서 부서진 금처럼 쏘아댄다. 만경창파 넓은 바다에 사나운 바람이 일어 요란한 소리를 낸다. 큰 파도가 허공에 뒤집어져서 마치 비가 내리는 것 같기도 하고 천둥이 치는 것 같기도 하다. 그러다가 갑자기 물결이 동탕 쳤다. 내 마음이 상쾌해져서 근심이 싹 사라졌다. 돌아와 대포진大浦鎭의 객사에서 휴식을 취하였다. 조금 있으니 달이 떠올랐다. 바다의 빛은 거울처럼 맑았다. 나지막이 대마도가 바라다보이는데 마치 잘 차려놓은 잔칫상 같았다. 다 장관이었다.

나는 마음속으로 생각하곤 한다. 눈은 내 방 안에 있지만 오래도록 사방의 벽을 보고 있노라면 벽에서 파도 문양이 생겨나 마치 바다를 그려놓은 휘장을 붙여놓은 듯하다. 절로 마음이 탁 트이고 정신이 상쾌해져서 내 자신이 좁은 방 안에 있다는 사실을 잊게 된다. 이 때문에 일어나 책을 마주하면 유창하고 쾌활하게 읽힌다. 마치 내 가슴을 바닷물로 적시는 듯하다. 그러니 예전 몰운대가 어찌 바로 내 집이 되지 않겠는가? 이제 내가 사는 달팽이집이 바로 바다가 아닌 줄 어찌 알겠는가? 그러니 집을 바닷물로 적신다는 함해라 이름한 것은 엉터리가 아니다.

또 생각해보았다. 저 동래의 바다는 내 시야에서는 거리가 매우 멀기는 하지만 천 리를 넘지 않는다. 금산錦山의 미라도彌羅島가 그 서쪽을 막고 있고 대마도가 그 동쪽을 가리고 있다. 남쪽 바다에는 섬들이 안개와 구름에 싸여 아스라이 보인다. 이는 바다 중에서 작은 것이다. 내 집의 책을 통해서는 동서남북, 하늘과 땅, 과거와 현재에까지 미루어 나갈 수 있고, 천지와 사방 안팎의 공간이나 아주 먼 고대의 시간까지 에워싸 차지할 수 있다. 그렇게 되면 추연鄒衍이 세상 밖에 훨씬 더 큰 세상이 있다는 구주九州조차[01] 책에서부터 벗어날 수 없게 된다. 그러니 책이라는 것의 크기를 어찌 더할 수 있겠는가? 저 바람을 타고 구만 리를 날아오르는 큰 붕새나 몸집이 자그마한 메추라기나 소요逍遙를 즐기는 것은 한 가지다.

비록 그러하지만 가장 좋은 것은 덕을 확립하는 일이요, 다음은 저술을 이루는 일이다. 내가 물에 대한 관찰을 통하여 내 국량을 키워 나가 끝없는 바다에 이를 수 있다면, 또 어떠한 것이 이에 비견할 것이겠는가? 원문 301쪽

소론의 양명학자 이종휘李種徽(1731~1797)는 1752년 스물두 살 청춘의 나이에 부친의 임지인 창녕에 갔다가 몰운대와 해운대에서 바다를 보고 작은 깨달음을 얻었다.

그후 서울의 남산 아래 집을 짓고 살면서 그 이름을 바닷물로 적시는 집이라는 뜻에서 '함해당涵海堂'이라 하였다. 부산의 몰운대에 올라 바라본 바다의 모습을 남산 아래 끌어들이기 위하여 이러한 이름을 붙였다. 이종휘는 여기서 한 걸음 더 나아갔다. 남산 아래서 부산 앞바다를 끌어들였듯이, 함해당에서 책을 읽으면서 동서고금과 우주만상의 이치

[01] 전국시대 제齊의 변설가辯舌家 추연은 "유자들이 말하는 중국이라고 하는 것은 천하 가운데 팔십일 분의 일에 해당하는 일일 뿐이다"라 하였고 "구주 밖에 다시 구주가 있다"고 하였다. 구주는 중국을 통틀어 이르는 말이다.

를 유추하여 그 진리를 깨달을 수 있다고 하였다. 이렇게 하면 남산 아래 서실은 지식의 바다가 된다.

18세기 문인에게 함해는 그리 낯설지 않다. 이덕무, 유득공, 박제가, 서형수 등과 친분이 있었던 중국 학자 우촌雨邨 이조원李調元이 중국과 조선의 시화 185종을 모아 엮은 《함해涵海》가 알려져 있기 때문이다. 이조원이 《함해》를 통하여 문학이라는 지식의 바다를 만들고자 하였다면, 이종휘는 독서와 사색을 통하여 지식의 바다에 흠뻑 젖고자 한 것이다.

집의 이름은 삶의 방향을 제시한다. 이종휘는 자신의 집 마루에 미채헌味棌軒이라는 현판도 달았다. 채소를 먹는 집이라는 뜻이다. "천하 만물 중에 그 맛이 없는 것은 없으니 음식만 그러한 것이 아니다. 이 때문에 맛을 잘 아는 사람은 아무 맛이 없는 것에서 천하의 가장 좋은 맛을 맛볼 수 있다"면서 천하의 여덟 가지 맛난 음식이라는 팔진미도 일상에서 먹는 밥만 못하다고 하였다. 일상과 평범 속에서 진리를 찾을 수 있다는 선언을 한 것이다. 남산 아래에서 동래의 바닷물을 보듯이 작은 서실에서 이러한 자세로 책을 읽어도 큰 진리를 구할 수 있다고 선언하였다.

예나 지금이나 사람들은 한적한 교외에서의 삶을 그리워하며
아름다운 산수를 그린 그림을 걸어놓는다.
하지만 정작 도시에서 몸을 빼내어 대자연으로 돌아가 살기란 쉬운 일이 아니다.

조귀명

진짜와 가짜를 가릴 필요가 있나

　진짜 산수는 그림과 비슷하기를 바라고, 산수 그림은 진짜와 비슷하기를 바란다. 진짜와 비슷하다는 것은 자연스러움을 귀히 여긴 것이요, 그림과 비슷하다는 것은 기교를 숭상한 것이다. 하늘의 자연스러움이야 원래 사람들이 본받을 만한 법이지만, 사람의 기교 또한 하늘보다 나은 점이 있지 않겠는가?

　산촌의 으슥하고 빼어난 곳을 지날 때면 말을 멈추고 머뭇거리면서 그곳 사람들이 그림 속의 사람과 같다고 부러워한다. 하지만 그들을 만나 물어보면 그들은 즐겁다고 여긴 적이 없다. 그러니 그림 속의 사람에게 즐거운지 묻는다 해도, 역시 내가 아는 것처럼 그들이 반드시 즐겁다고 여기지는 않을 것이다.

공경대부의 집 안 벽에는 대부분 산간의 촌락이나 들판의 별장에 은둔하면서 고기 잡고 나무하는 사람들의 모습을 그린 그림이 걸려 있다. 눈으로 보면 즐겁지만 직접 살아보면 근심스러운 법이니, 어찌 잘못된 것이 아니겠는가? 더구나 하늘과 땅은 크나큰 밑바탕이요, 조물주는 크나큰 화가이다. 꽃과 잎으로 세상을 울긋불긋하게 칠하고 눈과 서리로 세상을 수묵화처럼 만드니, 고금의 세계는 그저 한 폭의 살아 있는 병풍일 뿐이다. 거대한 눈동자를 지닌 사람이 곁에서 본다면, 높다란 수레와 네 마리 말을 타는 고귀한 사람과, 짧은 도롱이를 걸치고 가느다란 지팡이를 짚고 다니는 비천한 사람 중에 누가 등급이 높고 누가 낮다고 하겠는가?

나는 평생 기구하게 살았으나 유독 산수에만 연분이 있어, 지리산을 오르고 가야산을 구경하며, 삼동三洞을 찾아가고 사군四郡을 유람하였다.[01] 하지만 이는 모두 스스로 기약하여 뜻을 이룬 것이 아니었다. 올 가을 화양동華陽洞으로 들어가려 하였으나 실행에 옮기지 못하였는데, 하늘이 나에게 이 그림으로 누워서 실컷 유람하게 해주었다. 여덟 폭의 환상적인 경관은 진짜 땅과 비교해도 모자랄 것이 없다. 어찌 낫고 못함을 따지느냐고 말하는 이가 있다면, 어찌 진짜와 가짜를 가릴 필요가 있겠느냐고 답할 것이다. 원문 301쪽

---

[01] 삼동은 함양의 안의삼동安義三洞을 가리키고, 사군은 단양, 청풍, 영춘(지금의 영동), 제천을 가리키는데 경관이 아름답기로 소문난 곳들이다.

조귀명趙龜命(1693~1737)은 18세기의 우뚝한 산문 작가 중 한 사람이다. 자는 석여錫汝, 혹은 보여寶汝이며 호는 여럿인데, 그중 동계東谿가 가장 널리 알려져 있다. 풍양조씨 명문가의 후손으로 상대주의적 시각을 바탕으로 개성적인 산문을 여럿 남겼다. 조귀명의 이 글은 원래 6칙으로 구성되어 있는데 여기서는 그중 넷만 보인다.

사람들은 아름다운 경치를 보면 그림과 같다고 한다. 그렇다면 가짜인 그림이 진짜 산수보다 아름답다는 뜻일까? 대상을 핍진하게 그려내는 것이 좋은 그림이라고 한다면 산수가 그림보다 더 아름다워야 한다. 상대주의적 시각으로 진짜와 가짜에 대해 이렇게 질문을 던졌을 뿐, 답을 제시하지는 않았다. 그림을 사유의 단서로 삼은 것이다.

아름다운 산수를 배경으로 삼은 은자의 그림을 보면서 조귀명은 사유의 전환을 시도한다. 그림 속의 은자는 과연 그림 속과 같은 삶이 즐겁다고 생각할까? 사람들은 한적한 시골 농부의 삶을 부러워하면서도 농부의 삶을 직접 겪으려 하지는 않는다. 조귀명은 이러한 진실을 날카롭게 지적하였다.

조귀명이 그림을 보고 이렇게 말한 까닭은 위선적인 은자를 넌지시 꼬집기 위함이었다. 이름난 화가의 그림을 벽에 걸어놓고 은자인 양해서는 안 된다. 대자연이야말로 정말 살아 있는 그림이니 그 그림 속에 들어가 진정한 은자로 살아야 한다는 것이다. 그러나 어쩌랴? 조귀명 자신도 말로만 은자로 살고 싶다고 할 뿐, 대자연으로 달려가지 못한다. 그저 그림을 그려놓고 정신의 유람을 즐기겠노라 하였다.

조귀명은 문학과 예술에 대해 주목할 만한 비평을 많이 남겼는데, 특히 그림에 붙인 짧은 소품체의 글 가운데 묘미가 있는 것이 많다. 또 다른 그림에 붙인 글 〈그림에 쓰다〔題畵〕〉에서는 이렇게 적었다.

"사람들은 그림 속의 물이 흐르지 않고 바람이 불지 않으며 나뭇잎이 시들지 않는다고 탓한다. 나는 그림을 위하여 이렇게 따진다. 물이 있는데 흐르지 않게 할 수 있는가? 바람이 있는데 불지 않게 할 수 있는가? 나뭇잎이 있는데 시들지 않게 할 수 있는가? 이는 조물주도 할 수 없는 일이지만 그림에서는 할 수 있다."

사람들은 그림이 사물의 움직임을 담아내지 못한다고 탓한다. 그러나 조귀명은 사물의 한순간을 담아내는 그림이야말로 조물주도 할 수 없는 일이라 하였다. 평범한 사고를 거부하고 창의적인 사고를 추구하는 사람들에게 조귀명의 글을 읽도록 권한다.

> 큰 대륙도 결국은 바다 위에 떠 있는 하나의 섬이다.
> 작은 섬에 산다고 섬사람이라 놀리지만 육지라고 하는 것도
> 크게 보면 바다 위에 떠 있는 섬일 뿐이다.

서영보

도성 안에 앉아 물을 감상하는 기술

　신한수申漢叟가 제 집 이름을 문의당文漪堂이라 하고 나에게 편지를 보내어 이렇게 말하였다.
　"내 품성이 물을 좋아하기에 늘 도성 안에 볼 만한 샘이나 못이 없는 것을 한스럽게 생각하였소. 비록 물을 바라보는 기술을 가지고 있지만 이를 시행할 곳이 없었소. 그러다 천하의 지도를 보고서 터득한 바가 있었지요. 대개 많은 물이 온 세상 만국에 푸른데, 크게는 배들이 줄지어 늘어선 것과 같은 곳도 있고, 작게는 갈매기나 해오라기가 물결에 뜰락 잠길락 하는 곳도 있지요. 사람들이 온 세상 만국에 두루 퍼져 있는 것은 모두 물 가운데 있는 존재일 뿐이지요. 이 집 이름을 문양이 있는 물결이라는 뜻의 문의라고 한 까닭이 이것이라오. 당신은 나를 위하여 기문을 지어주시지 않겠소."

내가 이를 보고 웃으며 말하였다.

"세상에는 정말로 그 실체가 없는데도 그 이름을 차지하는 것이 있다오. 이제 당신이 그 집에 이름을 붙인 것은 가히 그 실체가 없다 하겠소. 비록 그러하지만, 당신도 할 말이 있겠지요. 이제 바다의 섬 가운데 집이 있는 사람은, 남들이 반드시 물에서 산다고 하지 산에서 산다고는 말하지 않겠지요. 섬사람들 중에서 정말 담장을 두르고 집을 짓고 문을 닫은 채 들어앉아 있는 자는 매일 파도를 몸으로 직접 접하는 것은 아니라는 이유를 들어, 물에서 사는 것이 아니라고 하면 아니 되겠지요. 이와 같은 것은 사람들이 모두 그렇다는 것을 알고 있지요. 그런데 어찌 당신의 말만 의심을 품겠는지요? 큰 땅도 하나의 섬이고, 중생들도 모두 섬사람이지요. 비록 배를 집 삼아 떠다니면서 매일 물과 더불어 사는 사람이라 하더라도, 그 형편상 눈을 늘 한 곳에 고정시켜 움직이지 않게 할 수는 없을 것이고, 필시 잠시라도 시선을 움직일 것이요. 그러면 그 순간은 잠시 마음이 물에서 떠나겠지요. 반 걸음 간 것이나 천리를 간 것이나 매한가지인 법이지요.

이제 당신이 이 집에 거처하면서 물결이 찰랑거리는 것을 한 번 보고자 하는데, 비록 아침에 도성 안에 있다가 저녁에 강호로 나간다 하더라도, 늘 물에 눈길을 둘 수 없는 것은 당신과 저 사람이 다를 것이 없지요. 저 사람은 길어도 눈 한 번 깜빡할 순간이고, 당신은 짧아도 아침에서 저녁까지 제법 시간을 두고 있겠지요. 눈 깜빡할 사이는 아침에서 저녁까지와 비교한다면 차이가 있겠지만, 오래 지속되는 측면에서 말한다면, 하늘을 쳐다보고 땅을 내려다보는 짧은 사이에도 이미 지나간 묵은 자취가 된다오. 그 오래되지 않는다는 측면에서 말한다면, 백 년이나 천 년도 하루아침과 같을 것이지요. 저 하늘을 쳐다보고 땅을 내려다보는 시간이 길고 백 년

〈고사관수도高士觀水圖〉_강희안

'도성 안에서 살면서 늘 물을 가까이 한다고 하는 것은, 산 속에 살면서 물고기로 예를 표하겠다는 것과 다름없지 않냐'는 서영보의 말과 '고결한 선비가 물을 바라보는 그림'이라는 고사관수도가 닮은 듯 다른 듯 연결된다.(국립중앙박물관 소장)

천 년의 시간이 길지 않다면, 눈 깜빡하는 순간이 아침에서 저녁까지의 시간을 비웃을 것이니, 나는 그렇게 해도 좋을지 모르겠소. 누가 그것이 실체가 아니라고 말하겠소?"

내 말을 듣고 어떤 이가 "당신의 말은 따져보면 그럴 듯하오. 그러나 내가 겁나는 것은 남들이 한수에게 산에 살면서 물고기와 자라로 예를 표한다고 책망할까 하는 일이라오" 하고 말하였다. 이에 내가 "정말 이러하다면, 당신은 구양수歐陽脩의 화방재畵舫齋에서 뱃사공을 부를 수 있겠군" 하고는 함께 크게 웃었다. 원문 302쪽

서영보徐榮輔(1759~1816)는 본관이 달성, 자가 경세慶世, 호는 죽석竹石, 옥경산인玉磬山人, 약산병리藥山病吏 등을 사용하였다. 학문과 문학이 모두 뛰어났고 신위申緯, 이만수李晩秀 등과 절친하였다. 이 글에서 말하는 신한수가 바로 신위다. 신위는 서영보와 절친하여 함께 문학과 예술에 대하여 활발하게 토론을 한 바도 있다.

신위는 자신의 집 이름을 문의당이라 하였다. 문의당이라는 집 이름은 당시 문인에게 그리 낯설지 않았다. 왕세정王世貞의 엄산원弇山園에 문의당이 있었고, 원굉도袁宏道 역시 같은 이름의 집을 두고 명문으로 이름난 〈문의당기〉를 지은 바 있다. 또 서영보의 후배인 이학규李學逵 역시 자신의 문집을 《문의당집》이라 하였다.

신위는 문장과 글씨가 서영보보다 명성이 높지만, 벗에게 그 현액과 기문을 부탁하였다. 서영보는 집이 도성 안에 있지만, 큰 대지 자체도 하나의 섬이라 생각하였다. 이러한 사고는 구양수의 화방재에서 확인

된다. 구양수는 활주滑州에 폄적되어 있을 때, 방 안으로 들어가면 마치 배 안에 있는 것처럼 서재를 꾸민 다음 그 이름을 화방재라 하였다. 문의당이나 화방재 모두 와유의 뜻을 담은 것이다.

서영보는 상대주의적 시각에서 모든 사람이 섬사람이라 하였다. 물이 보이는 곳에 집을 짓고 살더라도 늘 물을 보고만 있지는 않기 때문에 어쩌다 물을 보는 사람과 다르지 않다. 오히려 물과 멀리 떨어진 곳에 사는 사람이 마음으로는 더 물과 가까이 하는 것인지도 모른다. 객관적 시간의 양은 진실이 아닐 수도 있다.

서영보는 이렇게 말하고 말기에는 너무 진지한 듯하여 농을 던졌다. 《예기》에 "산에 살면서 어별魚鼈로 예를 표하고 물가에 살면서 사슴과 돼지로 예를 표하는 것은, 군자가 예를 알지 못한다고 한다[居山以魚鼈爲禮, 居澤以鹿豕爲禮, 君子謂之不知禮]"고 하였다. 신위가 도성 안에 살면서 늘 물을 가까이 한다고 한 것은, 산 속에 살면서 물고기로 예를 표하겠다는 것과 다름이 없지 않겠는가? 이렇게 질문을 던져놓고, 서영보는 구양수의 화방재가 정말 물속에 있다고 생각하는가, 이렇게 반문하며 글을 마친다. 농으로 마침으로써 오히려 삶의 여유가 돋보인다 하루하루 바쁜 일상을 살아간다.
누구나 바쁜 일상에서의 탈출을 꿈꾸지만 그 꿈을 이루지 못한다.
어찌하면 바쁜 일상에서 벗어날 수 있는가?

유언호

인생의 즐거움이란 무엇인가

내가 몇 년 이래로 봉양을 위해 사직을 청하여 전원으로 돌아왔다. 조용하게 거처하면서 아무 일도 하지 않고 때때로 고인의 책을 펼쳐보았다. 대개 맑은 이야기와 운치 있는 일 중에 마음에 와 닿는 것은 바로 기록한 다음, 유형별로 편차를 매겨 《임거사결林居四訣》이라 하였다. 그 첫째는 달〔達〕이요, 둘째는 지〔止〕요, 셋째는 일〔逸〕이요, 넷째는 적〔適〕이다. '달'이 그 첫 번째를 차지한 것은 '달'의 경지에 이른 다음에야 능히 '지'와 '일'과 '적'을 소유할 수 있기 때문이다.

'달'이라 한 것은 상하사방을 통달하는 것을 이른다. 대개 사람이 비록 두 눈이 있지만 도리어 제 몸은 볼 수가 없다. 거울을 가져다가 비추어보지만, 그 또한 일면에 그칠 뿐이다. 제 몸도 그러한데 몸 이외의 것은 말할 것이 있겠는가? 이 때문에 앞은 밝지만 뒤는 어두운 법이요, 그 가까운 것은 찾으면서도 그 먼 것은 버려두는 법이다. 부지런히 한 세상 술에 취한 듯이 비몽사몽 간에 살다가면서도 이를 깨닫지 못하니 참으로 슬프다.

내가 예전에 임금의 부름을 받아 대궐로 갈 때 큰 비가 내리는 가운데 역마를 급히 몰아 달려갔다. 어떤 객점에서 한 아낙네가 앞에 아이를 앉히고 머릿니를 잡고 있는 광경을 보았다. 아이는 그 어미가 머리를 긁어주는 것을 좋아하고 어미는 이 잡는 것을 기쁘게 여겨 둘이 서로 즐거워하는데, 거짓 없는 참다운 정이 가득했다. 처마에 낙숫물 뿌옇게 떨어지는 그 너머로 말을 타고 지나가면서 아주 잠깐 그 광경을 보고서 나도 모르게 망연자실하였다. 마침내 '인생의 지극한 즐거움 중에 무엇이 이것과 바꿀 수 있겠는가?' 이렇게 생각하였다. 아, 남들의 편안함은 보면서도 자기의 고생스러움은 보지 못하고, 남들의 즐거움은 알지만 자기의 근심스러움은 알지 못하니, 이는 바로 달관을 하지 못하였기 때문이다.

이 책은 노자와 장자의 오묘한 글을 채록하고 고금의 방달한 이야기를 모았다. 사람들이 한 번 읽으면 삼천세계三千世界[01]에 문득 공화空華[02]가 일어났다 사라지게 하고, 두 번 읽으면 열두 개의 몸속 구멍에서 시원한 바람이 솨하고 나오게 하며, 세 번 읽으면 표연히 홍몽鴻濛을 뛰어넘고 희이希夷[03]와 하나가 되는 뜻이 들게 하여, 혼미함을 벗어나 깨달음을 얻게 하

---

[01] 불교에서 드넓은 세상을 말한다. 삼천대천세계三千大千世界라고도 한다. 《석씨요람釋氏要覽》에 "수미산 주위에 칠산팔해七山八海가 있고 그 밖을 대철위산大鐵圍山이 둘러싸고 있는데 그것이 하나의 소세계小世界가 되고, 그 소세계 천이 모여 소천세계小千世界가 되며, 소천세계 천이 모여 중천세계中千世界가 되며, 중천세계 천이 모여 대천세계大千世界가 된다"고 하였다.
[02] 불교에서 일체의 세간世間은 허공에 아른거리는 꽃과 같다고 한다. 눈에 병이 있는 사람이 허공을 쳐다보면 꽃 같은 것이 아른거리지만 실제로는 꽃이 없다는 비유를 한 것이다.
[03] 《도덕경》에서는 보아도 안 보이는 것을 이夷라 하고, 들어도 안 들리는 것을 희希라 하였다.

는 한 묘책이 충분히 될 수 있을 것이다. 그렇지만 이는 잘 알지 못하는 이와 함께 말할 것은 아니다. 비유하자면 혀가 없는 사람과 맛에 대해 말을 나누는 것과 같으니, 혀가 없는 사람이 어찌 단맛과 쓴맛이라는 것이 어떤 것인지를 알 수 있겠는가? 원문 303쪽

달관이란 무엇인가? 세상의 모든 구속으로부터 자유에 이르는 길이다. 달관은 어떻게 이르는가? 18세기의 문인 유언호兪彦鎬(1730~1796)는 임금의 부름을 받아 비바람이 몰아치는 가운데도 바삐 말을 치달려 가다가, 우연히 시골 마을에서 달관의 마음을 얻었다. 낙숫물이 뿌옇게 떨어지는 너머 어떤 아낙이 아이의 머리를 긁으며 이를 잡고 있는데, 그 모습이 너무나 행복해 보였다. 그 순간 달관을 깨달았다.

사람들은 눈으로 모든 것을 볼 수 있지만 정작 자신의 얼굴은 보지 못하는 것처럼, 자신의 바깥에 있는 것은 잘 알면서도 자신의 내부에 있는 것은 잘 알지 못한다. 달관은 마음으로 헤아려 자신의 얼굴을 볼 수 있는 것이다. 아이 머리에 있는 이를 잡는 아낙이 행복해하는 것은 눈으로 보아서 알면서도, 자신이 세사의 얽매임에서 벗어나 그처럼 자유롭게 살 줄 모르는 것은 달관하지 못한 때문이다. 유언호는 이러한 깨달음을 얻었다.

유언호는 여러 차례 유배를 당하여 위리안치圍籬安置의 고통을 겪은 바 있다. 《장자》를 읽어 유배살이의 괴로움에서 달관의 경지로 초탈하려 들었다. 득실得失과 사생死生이 한 가지라는 《장자》의 말에 위안을 삼았다. 유언호는 빈천한 후에야 부귀함이 즐겁다는 사실을 깨달았기

에 콩잎과 같이 맛없는 것을 먹어보아야 고량진미의 맛을 알고, 누더기를 입어보아야 가죽옷이 아름다운 줄 알며, 병이 나보아야 병이 들지 않은 것이 편안한 줄 알고, 시름을 겪고 나서야 시름이 없는 것이 한적한 줄 안다고 하였다. 위의 글에서 이른 대로 미혹에서 깨달음을 이루는 불가의 '환미성각喚迷成覺'이 그 방편으로 삼을 만한 말이다.

그러나 유언호는 진정 달관에 이르지는 못한 듯하다. 1772년 노론 청명당清明黨으로 지목되어 흑산도로 유배되어 서민이 되는 고통을 겪었지만 다시 벼슬길에 나아갔다. 승승장구하여 도승지, 대사헌 등을 역임하였다. 그 사이 환해宦海의 파고를 느껴서일까, 1779년 강화유수에 임명되었지만 부모 봉양을 핑계로 사직하였다. 이 무렵부터 《임거사결》을 지을 마음을 먹었다.

그럼에도 유언호는 《임거사결》의 뜻을 실천에 옮기지 못하였다. 이듬해 바로 형조판서로 승진하여 조정에 복귀하였고, 한성부 판윤, 예조판서, 우의정에까지 올랐다. 1788년에는 다시 제주도로 유배되었다. 유배에서 풀려난 후에 재기하여 좌의정에 올랐다. 결국 전원으로 돌아가지 않고 도회지에서 달관의 노래만 부르다 세상을 떠난 것이다. 《임거사결》은 유언호가 1781년 정국이 소용돌이치는 복잡한 시기에 엮은 책이다.

세사가 복잡할수록 달관을 꿈꾼다. 유언호는 달관으로 나아가기 위하여 좋은 글을 뽑아 전원에서 살아가는 네 가지 비결을 글로나마 외워 그 꿈을 찬양하였다. 〈임거사결찬林居四訣贊〉에서 이 전원생활의 네 가지 비결에 일일이 찬송의 뜻을 다음과 같이 붙였다.

달達 세상에서 이 육신이란 꿈과 환각, 거품과 그림자라,[04] 이렇게 볼 수 있다면 이것이 '달'이라네. 무엇이 있는 것이고, 무엇이 없는 것인가? 무엇이 기쁜 것이고 무엇이 슬픈 것인가? 그저 인연을 따를 뿐, 마음에 누가 됨이 없어 즐겁고 편안하여 어디를 가든 얻지 못함이 없다네.

지止 물고기는 연못에 머물러 살고 새는 숲에 머물러 사는 법. 사물은 제각기 사는 곳이 있건만 사람은 그러지 못하지. 통쾌한 데에 머물려면 성해지기 전에 쉬어야지. 그런 다음에야 마음이 고요해지니, 진리는 여기에서부터 들어오는 것이라네. 제 몸을 잊을 수 있게 된다는 것이, 바로 간괘艮卦의 상象이라네.05

일逸 육신이 있는 자는 누군들 편안하고 싶지 않겠는가? 육신이 있음을 알지 못하면 피로함을 편안함으로 여기는 법. 저 조롱의 새를 보라. 끈에 묶여도 편안하다가 하루아침에 벗어나게 되면 구만리 높은 하늘로 날아올라, 예전 괴롭던 일을 추억하고 지금의 즐거움을 알게 된다네.

저適 없는 것 가운데 있는 것이 있고, 환상 가운데 실상이 있는 법이라. 사물이 다가와 나와 접촉하게 되면 기뻐할 만하다네. 강과 산과 꽃과 바위, 물고기와 새와 거문고와 책 등이 이리저리 벌여 있는데, 내가 그 사이에 있어 휘파람 불고 시를 읊조려 사물과 나를 모두 잊어버린다.

---

04 《금강반야바라밀경》에 나오는 "일체유위의 법은 꿈과 같고 환각과 같고 물거품과 같고 그림자와 같으며, 이슬과 같고 또한 번개와도 같은 법, 마땅히 이와 같이 관찰해야 한다[一切有爲法, 如夢幻泡影, 如露亦如電, 應作如是觀]"라는 구절에서 가져온 말이다.
05 《주역》 간괘에 "그 등에 그치면 그 몸을 보지 못한다[艮其背, 不獲其身]"라 하였는데, 등지고 있어 물욕을 일으키지 않아 만족을 알게 되고 그러면 사심을 잊을 수 있게 된다는 뜻이다.

보고 싶고 즐기고 싶은 것이 있더라도 공간과 시간의 제약 때문에
뜻을 이루지 못하는 것은 동서고금에 다르지 않다.
한달음에 대자연으로 달려가고 싶지만 그렇게 할 수 없다. 그럴 때는 어떻게 하는가?

정동유

고상하고 속되지 않은 사치

내가 평상시 취미로 즐기는 것을 따져보면 괴상하게도 속된 것이 많다. 먹거리 중에는 엿이나 생선과 육류를 좋아하고, 육류도 기름진 것을 편식한다. 의관은 반드시 유행에 맞는 것을 입는다. 꽃은 붉고 농염한 것을 좋아하고, 그림은 완상할 만한 것이라야 한다. 음악은 그다지 좋아하지는 않지만 속악俗樂이라도 종일 참고 듣는다. 문장은 관각館閣의 화려한 것을 보기 좋아하고, 시는 유우석劉禹錫과 백거이白居易를 배울지언정 가도賈島나 노동盧仝은 좋아하지 않는다. 글씨는 필진도筆陣圖나 초결草訣[01] 등의 서체로 마구잡이로 벽에다 쓰지만 그냥 둘 뿐 굳이 없애지 않는다.

[01] 필진도와 초결은 왕희지의 법첩으로 알려져 있는데 글씨를 익히는 교재로 널리 사용되었다.

나날이 쓰는 물건이 속된 것을 두루 사용하여 이러한 것들을 싫어하지 않는다. 다만 소나무는 늠름하고 기굴한 것을 좋아하며, 바위는 괴이하게 생긴 것을 좋아하여 무릇 사납게 깎이고 구불구불서리며 우묵하게 입을 벌리고 영롱한 빛을 내는 것이 있으면 좋아하지 않음이 없었다. 어쩌다 이런 것을 만나면 만지작거리면서 좋아하여 침식을 잊을 지경이었다. 늠름하고 기굴한 소나무나 깎이고 구불구불서리며 우묵하게 입을 벌리고 영롱한 빛을 내는 바위는, 이른바 기이하면서도 속된 것에 맞다고 하는 것이 아니겠는가? 그렇지 않으면 내 성품의 벽이 이 두 가지 사물과 우연히 어우러졌을 뿐, 그 나머지 여러 가지 일은 모두 벽이라고 말하기에 부족한 것인지도 모르겠다.

그러나 괴석이 비록 종종 산에서 나기는 하지만 대부분 서울까지 가져오기에 멀고 내가 힘이 없으니 이를 어찌 가질 수가 있었겠는가? 을사년(1785) 봄 북관北關에서 돌아오는 객이 괴석 하나를 나에게 보내주어, 비로소 나도 괴석을 가질 수 있게 되었다. 서울에서 철령까지 이미 500리가 되는데, 객이 철령을 넘어 다시 얼마를 더 가서 고생스럽게 이 무거운 것을 가지고 와서 남의 벽을 채워주었으니, 객 또한 일 꾸미기를 좋아하는 이라 하겠다.

바위는 길이가 1척 7촌이고 곁에 뿔이 많이 달려 있는데, 크게는 세 모서리로 되어 있으며 둘레는 3척이다. 석질이 강하여 그 갈라진 맥과 나누어진 등성이가 비록 실처럼 가늘기는 하지만 흐릿하지 않고 또렷하였다. 자세히 보면 봉우리나 동천洞天, 계곡의 모습이 모두 하나하나 지세와 맞아떨어진다. 한가운데 초목이 무성한 것처럼 된 곳이 있어 절이나 도관을 숨겨놓을 만하다. 깊은 골짜기가 비뚤비뚤하다가 갑자기 끊어져 폭포처럼 된 곳도 있고, 또 그러한 곳마다 개울과 오솔길이 있어 이를 따라 왕래할

〈석죽도石竹圖〉_ 신위
집 안에 돌과 나무를 끌어들여 이를 완상하면서 상상력을 동원하여 대자연을 즐기다.(개인 소장)

수 있을 것 같다. 천태산天台山에서 길이 막혔다고 한탄할 일02은 없을 듯하다. 여러 종류의 산에 있는 것들이 다 갖추어져 있지 않음이 없다.

 전체 몸뚱이는 짙은 푸른색으로 다른 빛깔은 전혀 없다. 어쩌다 정기가 맺혀 수정과 같은 밝은 구슬의 형태를 띠기도 한다. 대개 이름난 화가가 그린 그림에서나 볼 수 있을 뿐 실재한 세상의 산에는 이러한 형상과 빛깔이 없다. 이를 자리에 두면 푸른빛이 사람을 비출 듯하다. 화가들은 당나라 이사훈李思訓03이 산을 그릴 때 짙은 푸른빛을 채색하기를 좋아하였다

02 후한 때 유신劉晨과 완조阮肇가 천태산에 약을 캐러 갔다가 길을 잃고 헤매다 두 여인을 만나 부부의 인연을 맺고 반년을 지낸 후 나오니 7대가 지났다는 고사가 《태평광기太平廣記》에 보인다.
03 당唐 종실宗室의 인물로, 청록산수화青綠山水畵로 유명하였다.

고 하는데, 내가 이사훈의 그림을 본 적이 없지만, 상상해볼 때 바로 이렇게 되어야만 비로소 그 그림과 비슷할 뿐이리라.

우리 집 동산에 예전부터 오래된 반송 한 그루가 있었는데 용이 할퀴고 범이 뛰어오르는 것 같다. 임진왜란을 겪고서도 탈이 없어 세상 사람들이 기이하다 하였으니, 실로 이 소나무는 우리 동산에서 최고였다. 괴석을 구한 다음에 나의 벽이 제법 채워졌다고 하겠고, 소나무도 이웃이 외롭지 않게 되었으니, 소나무도 또한 기뻐할 것이다. 비록 그렇지만 객의 말로는 바위가 나온 산에는 크기가 한 길, 혹은 몇 길을 넘는 것도 있고 푸른빛이 눈을 쏠 듯하다고 한다. 내가 이 말을 듣고는 기뻐 부러웠지만 말을 몰아 천리 길을 가서 미불米芾처럼 바위에 절을 한 번 할 수 없었다.04 이 때문에 끝내 속티에 쌓인 것을 벗어날 수 없구나. 이를 기록함에 겸하여 부끄러운 뜻을 적는다. 원문 303쪽

정동유鄭東愈(1744~1808)는 조선 후기 뛰어난 학자다. 그의 저술 《주영편晝永篇》이 일찍부터 알려졌고, 특히 그 안에 훈민정음과 관련한 중요한 논문이 실려 있어 학자들의 관심을 끌었다. 그러나 그의 문집 《현동실유고玄同室遺稿》가 미국 캘리포니아 버클리대학에만 있어 국내에는 소개되지 못하였다.

18세기 이래 문인들은 어느 한 분야에 집중하는 벽이 크게 유행하였

---

04 북송北宋의 서화가 미불의 별호이다. 매우 기이하게 생긴 거석巨石을 보고는 크게 기뻐한 나머지 의관을 갖춰 절을 하면서 형이라고 불렀다는 '미전배석米顚拜石'의 고사가 전한다.

다. 완물상지玩物喪志라 하여 배척하던 풍조가 사라지고, 오히려 떳떳하게 자신의 벽을 드러내는 세상이 되었다. 정동유는 자신이 맛난 음식과 유행에 맞는 옷을 좋아하는 속된 취향을 지녔다고 자인하면서도, 오직 괴석과 소나무를 사랑하는 고상한 취향을 지녔다고 자부하였다.

조선의 문인들이 정원에 괴석을 둔 것은 심오한 조경 방식의 하나였다. 집 안에 대자연을 끌어들이는 방식의 하나로, 이른 시기부터 석가산石假山이 유행하였다. 특히 조선 후기에는 태호석太湖石을 중국에서 수입하기까지 하였다. 또 조선 전기 석가산이 못 안에 섬의 형태로 된 것이 일반적이었음에 비하여, 18세기 무렵부터 화분에 올려 정원이나 방 안에 많이 두고, 이를 완상하면서 상상력을 동원하여 대자연을 즐기는 일이 유행하게 되었다.

정동유 역시 그러하였다. 평소 괴석에 벽이 있었지만 마음에 드는 것을 구하지 못하다가, 함경도 지역에서 난 괴석을 구하여 그 기쁨에 이 글을 지었다. '속俗'을 글 전체의 눈으로 삼아, 자신의 모든 취향이 '속'에서 벗어나지 못하지만, 괴석을 가짐으로써 '속'을 면할 수 있게 되었다는 방식으로 글을 끌어나갔다.

이 집안은 대대로 남산 아래 살아 회동會洞(지금의 회현동)정씨라 일컬어졌다. 임진왜란을 겪으면서도 죽지 않은 소나무 아래 이 괴석을 두어 돌과 소나무의 덕이 서로 어우러지게 하였다. 《논어》〈이인里仁〉 편에 "덕이 있는 사람은 외롭지 않고 반드시 이웃이 있다〔德不孤 必有隣〕"라 하였으니, 소나무가 덕이 있어 돌과 나란히 할 수 있게 되었다고 멋을 부린 것도 이 글을 읽는 재미의 하나다.

생활의 편리를 구하여 아파트에 사느라 한 평의 마당을 갖지 못하는 사람이 많다.
조그만 밭을 일구어 구기자를 심고 울타리에 국화를 심고,
한적하게 살아가는 것은 현대인의 꿈이다.

어유봉

구기자와 국화를 가꾸는 집

    기국원杞菊園은 낙산駱山 아래 있다. 동서로 몇 길이고, 남북으로 몇 길이며, 그 넓이는 40여 칸의 집을 지을 정도다. 그 서쪽에 서재를 짓고 백천재百千齋라 하였으니, 대개 《중용》에서 자신은 남들보다 백 번 천 번 더 한다는 말을 취한 것이다. 동쪽 대에 돈대를 쌓아 높이를 한 자 남짓 되게 하고 남산과 마주 보게 하였으니, 도연명의 "동쪽 울타리 아래에서 국화를 따면서, 유연히 남산을 바라본다"는 시와 합치한다. 이 때문에 그 이름을 유연대悠然臺라 하였다. 앞뒤의 빈 땅을 개간하여 가로세로로 밭두둑을 만들었다. 구기자를 두루 심고 국화 수백 포기를 담장 아래 빙둘러 심었다. 담장 모서리에 벽도화碧桃花 한 그루를 심고 분매盆梅 하나를 두었으며, 물을 채운 옹기 둘에다 홍련과 백련을 담아두었다. 다만 구기자와 국화가 가장 많기에 이 때문에 이름을 기국원이라 한 것이다. 기국원의 주인은 그

뜻을 스스로 이렇게 적는다.

　나는 성품이 본디 어리석고 재주가 모자라며 기운이 매우 유약하고 우울증을 앓아온 지 오래되었다. 스스로 생각하기에 이생에서는 시속과 맞추어 살아가기 어렵다고 여겼다. 아니나 다를까 세상사에 흥미를 느끼지 못하고 외물 중에 좋아하는 바가 없게 되었다. 그저 맑고 한가하며 고요한 땅을 좋아하여 좇을 뿐이다. 다행히 도성 동쪽의 우리 집은 궁벽한 마을에 외따로 있어 먼지바람 일으키는 수레가 이르지 않는다.

　이에 마음으로 즐거워하여 이 기국원을 만들고 집과 대를 만들어 거처하였다. 구기자를 밭에 심고 울타리에 국화를 심어 식품으로도 쓸 수 있게 하였다. 기국원이 매우 좁아 구기자와 국화 외에 여러 꽃이나 나무를 심을 수가 없다. 게다가 울긋불긋 요란한 꽃은 내 마음이 즐거워하는 것이 아니다. 그저 맑고 우아한 운치를 취하여 옛 도인과 현자들이 마음으로 즐기던 것을 갖추고 사계절 볼거리로 준비하였을 뿐이다.

　봄에는 벽도화를 볼 수 있고, 여름에는 연꽃을 볼 수 있으며, 가을에는 국화를 볼 수 있고, 겨울에는 매화를 볼 수 있다. 벽도화는 꽃 중의 신선이요, 연꽃은 꽃 중의 군자이며, 국화는 꽃 중의 은일자요, 매화는 아마 이를 모두 겸한 것이리라. 또한 내가 수천 년 후에 태어났으니 옛사람을 보고자 해도 볼 수가 없는데, 옛사람이 좋아하던 것을 보면 옛사람을 보는 것과 같을 것이다. 이것이 내가 이 네 가지를 취한 까닭이다. 그러니 깊은 교분을 맺고 그윽한 회포를 의탁하여 날마다 그 곁에서 휘파람을 불고 시를 읊조리니, 비록 혼자 산다 하더라도 쓸쓸하다는 근심은 가져본 적이 없다. 꽃이 많아지면 그 뿌리와 잎을 치고 그 꽃과 열매를 따서 내 위장을 채우고 기운을 북돋운다. 몸이 편안하여 수명을 연장할 수 있는 것은 구기자와 국화의 영험한 효험이리라.

들어가면 방 한 칸이 훤하고 책이 벽에 가득한데 향을 살라 묵묵히 앉아 있노라면 속세의 생각이 일어나지 않아, 좌우에 쌓인 책을 낮에 읽고 밤에 사색한다. 방 바깥으로 나가면 구름과 산의 빼어남과 바람과 달의 자태를 높은 곳에 올라 둘러보는 사이에 다 얻을 수 있어, 유유자적하면서 내 마음에 맞는 대로 살게 되니, 이것이 백천재와 유연대에서 즐길 수 있는 일이다. 이곳에 서재를 두고 이곳에 대를 쌓고, 이곳에 꽃과 약초를 죽 심어 두어 수양과 휴식의 장소로 제대로 된 곳을 얻게 되었으니, 바로 기국원의 공이다. 이로부터 즐거워하는 취향이 깊어지고 조용히 수양하는 공이 집중될 것이다. 다행히 병이 조금 나아 한 걸음 더 나아갈 것을 배울 수 있다면 이는 주인의 소원이다. 원문 304쪽

어유봉魚有鳳(1672~1744)의 호는 기원杞園인데, 자신의 집 이름 기국원 杞菊園을 줄인 말이다. 기국원은 구기자와 국화를 심은 집이다. 당나라의 시인 육귀몽陸龜蒙은 집 앞뒤에 구기자와 국화를 심어 놓고 살면서 〈기국부杞菊賦〉를 지었고 소식蘇軾 또한 이를 의빙하여 〈후기국부〉를 지었다. 이 글에서 소식은 "나는 이제 구기자와 국화를 양식으로 삼아, 봄에는 싹을 먹고 여름에는 잎을 먹으며, 가을에는 꽃과 열매를 먹고, 겨울에는 뿌리를 먹겠노라" 한 바 있다. 어유봉은 이 뜻을 따라 아예 자신의 집 이름을 기국원이라 하고, 이를 줄여 기원을 자신의 호로 삼았다.

기국원은 낙산 아래 있었다. 《중용》에서 "남이 한 번 하여 잘하면 자신은 백 번을 하고, 남들이 열 번 하여 잘하면 자신은 천 번을 한다〔人一能之, 己百之, 人十能之, 己千之〕"는 말에서 취하여 서재를 백천재라 하였다.

대를 짓고는 도연명의 〈음주飮酒〉 시 가운데 "동쪽 울타리 아래에서 국화꽃을 따면서, 유연히 남산을 바라보노라〔采菊東籬下, 悠然見南山〕"라는 구절에서 취하여 유연대라 하였다. 달빛 어린 오동나무라는 뜻의 오월헌梧月軒이라는 현판을 마루에 걸었다.

그리고 사계절 즐길 꽃을 심었는데 봄에는 신선의 꽃 벽도화, 여름에는 군자의 꽃 연꽃, 가을에는 은일의 꽃 국화, 겨울에는 이를 겸한 매화를 즐겼다. 이렇게 사노라면 마음에 흠모하지만 만날 수 없는 고인을 꽃을 매개로 하여 상상으로 만날 수 있다. 이것이 선비가 꽃을 심은 뜻이다. 이렇게 살면 절로 마음이 겸손해질 것이다.

여기에 더하여 어유봉은 집 안에 가죽나무를 길렀다. 가죽나무는 목재로나 약재로나 별 가치가 없다. 그래서 쓸모없는 존재를 가리키는 저산樗散이라는 말이 생겼다. 어유봉은 가죽나무를 심어두고 《장자》의 고사대로 쓸모없는 나무는 베이지 않는다는 교훈을 마음에 새기고 조용히 살았다. 이렇게 마음의 평화를 누렸고, 여기에 더하여 수명을 연장시켜주는 효험이 있는 국화와 구기자를 먹었으니, 어유봉이 72세의 수를 누린 것이 당연하리라.

그 많던 복사꽃은 어디로 갔나

2부

백 개의 골짜기와 천 개의 개울이 산을 찢을 듯, 골짜기를 뒤집을 듯, 벼랑을 치고 바위를 굴리면서 흐르니 만 마리 말들이 다투어 뛰어오르는 듯하고 우레가 폭발하는 듯하다. 때때로 날리는 포말이 옷을 적시면 서늘한 기운이 뼛속까지 들어와 혼이 맑아지고 정신이 시원해지며 마음이 편안하고 뜻이 통쾌해진다. 호탕하여 조물주와 더불어 이 세상 바깥으로 노니는 듯하다.

그 많던 복사꽃은 어디로 갔나 —

날이 매섭다. 북풍한설이 몰아치는 겨울철,
낙엽 진 야산에 오르면 서울이 활짝 시야에 다가온다.
삭막하지만 마음에 드는 벗과 함께라면 더욱 통쾌할 것이다.

천년 벗과의 즐거운 만남

    기묘년(1819) 동짓달 16일 유자범愈子範의 처인서옥處仁書屋에서 술을 마셨다. 김명원金明遠, 조군소趙君素, 이숙가李叔嘉, 조사현趙士顯, 이사소李士昭, 이문오李文吾, 김사정金士精은 모두 우리 모임에 속한 사람들이다. 막 술을 마시려 할 때 산에서 불어온 바람이 사립문을 흔들고 싸락눈이 막 날리기 시작하였다. 얼마 지나서 술기운이 거나해지고 밤이 깊어지자 맑은 달빛이 뜰에 비치었다.

    갑자기 자범이 자리에서 일어나더니 이렇게 말하였다.

    "이 밤이 참으로 즐겁소. 그러나 우리는 답답하게 도회지에 갇혀 멋없이 지내는 것을 늘 한스러워하였으니, 다음에는 성곽 바깥으로 나들이를 하는 것이 어떻겠소?"

    내가 말하였다.

"이 논의는 매우 묘하오. 성 서쪽 봉원사奉元寺는 나와 명원이 여름에 휴가를 보내던 곳인데, 한 번 떠나온 후 40년이나 되었소. 매양 다시 들르겠노라 생각해왔지요. 한번 가보도록 하지요."

자범이 말하였다.

"좋지요. 사소의 집이 그곳에서 가까우니 주관하도록 해야겠소. 또 좋은 일이니 열흘 후로 약속을 잡는 것이 좋겠지요. 해가 뜰 무렵 사소의 집에 모여 옷소매를 나란히 하여 가도록 하지요. 약속을 어기지 마시오. 따로 기별하지 않겠습니다."

모두들 좋다고 하였다.

기일이 되자 모두 약속한 대로 모였다. 전날 저녁에 사소가 사람을 시켜 행장을 꾸리게 하였다. 봉원사의 중이 와서 인도하였다. 마침내 둥그내고개 서쪽에서부터 승전봉勝戰峰을 걸어서 넘었다. 이중예李仲睿가 이 소식을 듣고 술을 가지고 뒤따라 왔다. 정말 일 벌이기 좋아하는 사람이다. 승전봉 뒤는 얼음과 눈이 덮여 있어 발걸음을 뗄 때마다 맑은 소리가 울렸다. 발을 잠깐이라도 멈칫 하면 넘어지게 되니 정말 고생스러웠다.

절에 이르니 풍광은 예전과 똑같았지만 황량하여 더욱 마음이 쓰였다. 예전의 중들은 한 명도 남아 있는 이가 없었다. 두 명의 주지는 삭발한 머리가 싸락눈이 소복하게 쌓인 듯 하얗게 세었다. 우습다, 인생이 이렇게 허망함이. 저 변함이 없는 갠지스 강물과 같지 못하여 안타깝다. 함께 불전을 배회하면서 한참 동안 감회에 젖었다.

함께 따라온 사람 중에 바둑은 한흥漢興, 노래는 군빈君賓, 거문고는 익대益大가 잘하는데 모두 솜씨가 제일이다. 또 새 사냥을 하는 이가 있는데 백 발을 쏘아 한 발도 놓치지 않으니 그 또한 빼어난 기술이다. 각기 잘하는 바를 발휘하여 즐거움을 더하였다. 식사에는 매운 양념을 쓰지 않았으니 승려들의 법을 따른 것이다. 밥을 먹을 때는 한 줄로 앉고 승려를 시켜 종을 울리게 하였다. 나도 들고 다니는 소쿠리에서 나무 발우를 꺼내어 여러 차례 밥을 받았다. 앉아 있던 사람들이 모두 크게 웃었다.

한밤이 되자 두 명의 승려가 소리를 나란히 하여 불경을 외웠다. 그 소리가 웅심하고 청아하여 사람으로 하여금 성찰하는 마음이 들게 하였다. 한 젊은 승려가 제법 의리를 담론할 줄 알고 자태가 단정하여 사랑스러웠다. 술을 마시다 새벽이 되어서야 베개를 나란히 하여 잠을 잤다. 방이 호젓한데다 따뜻하여 매우 추운 밤이었지만 추위를 느끼지 못하였다.

다음날 나와 명원은 각기 시 몇 편을 지었다. 밥을 먹은 후 함께 돌아가는 길에 다시 승전봉에 올랐다. 이때 구름과 햇살이 맑고 고왔다. 가슴이 탁 트였다. 동으로 한양성을 내려다보았다. 성 안팎의 누각과 골목길이 손금처럼 보였다. 북쪽은 삼각산과 도봉산인데 쌓인 눈이 빛을 뿜어 휘황찬란하고 번쩍번쩍히여 무어라 형용할 수 없었다. 서남쪽으로 큰 한강이 깡깡 언 채 구불구불 뻗어 있다. 수십 리에 걸쳐 파란 유리를 강물 위에 깔아 놓은 듯하다. 긴 바람이 모래와 눈을 불어 마치 안개가 낀 듯 흐릿하였다. 서로 돌아보며 매우 즐거워하였다. 바위에 걸터앉아 술을 데우고 거문고를 타는 이를 시켜 노래에 맞추어 연주하게 하였다. 거문고가 얼어서 더욱 운치가 있고 노랫가락은 높고 또 기운찼다. 소리가 처음에는 맑게 울려 퍼지다가 나중에는 애원조로 바뀌었다. 여음이 허공을 흔들어 솔바람 소리와 어우러져 절절하였다. 모두들 말하였다. "반평생 노래와 거문고 소리를 들었지만 오늘 같은 날이 없었던 듯하오." 내가 다시 입으로 긴 율시를 읊고, 앞서 지은 시와 함께 내어놓고 여러 벗들에게 답하라 하였다. 다시 사소의 집으로 돌아왔다. 각기 술 한 잔씩을 마시고 헤어졌다.

아, 이번 유람은 날이 따스하지 않고 추웠으니 그 고통이 막심하였다.

길을 나서 말을 타지 않고 걸어갔으니 그 수고로움이 막심하였다. 절에 빼어난 물이나 바위가 없어 감상할 만하지도 못하였고 식사할 때 큰 상에 맛난 음식을 차려놓은 일도 없었다. 모두가 다 형편없는 일이라 하겠다. 남들이 보면 즐거울 것이 없다고 하는 것이 맞겠지만 이상하게도 놀이에 함께하였던 삼사십 인은 모두들 질탕하게 즐기며 기뻐 펄쩍 뛰기까지 하였다. 이는 무슨 까닭인가? 내심 마음에 맞고 밖으로 좋은 경지를 만났기 때문이 아니겠는가? 마음에 맞으면 좋은 경지를 만나고 좋은 경지를 만나면 즐거움이 생기는 법이다. 즐거움이라는 것은 어떤 사물이 있어도 좋고 없어도 좋은 법이다. 그저 그 경지에 들어가지도 못하여 이를 얻지 못하는 자들에게 가르쳐 줄 만하다. 원문 306쪽

봉원사는 천년도 더 된 고찰이지만 우리 문화사에 그리 자주 등장하지 않는다. 조선 후기 영조의 세손이었던 장조莊祖의 아들 의소세손懿昭世孫을 위한 원당願堂으로 기능하였다. 이덕무가 이 절을 두고 지은 시에서, 새로 지은 사찰이라 하였거니와 이 무렵부터 봉원사에 들어가 독서를 한 기록이 보이며 또 그곳을 소재로 한 시가 등장한다. 박지원이 〈허생전〉에 나오는 허생에 대한 이야기를 들은 곳이기도 하다.

1819년 음력 11월 16일 김조순金祖淳(1765~1832)은 절친한 벗 김려金鑢 등과 함께 봉원사를 찾았다. 유한정兪漢寔(자는 子範, 호는 雲樓), 조학은趙學殷(자는 君素, 호는 斯隱), 이장현李章顯(자는 叔嘉), 조진익趙鎭翼(자는 士顯), 이희현李羲玄(자는 士昭), 김조金照(자는 明遠, 호는 石閒 혹은 石癡), 그밖에 인명을 잘 알 수 없는 이문오李文䎸(文五로 된 데도 있다) 등이 함께하였

다. 도중에 이우재李愚在(자는 仲睿)가 술을 가지고 따라왔다. 당시 한양에서 바둑과 노래, 거문고에 가장 뛰어난 사람도 함께 데리고 갔다. 둥그내고개에서 승전봉을 넘어간 것을 보면 오늘날 금화터널 위로 간 듯하다.

눈 내린 달밤 봉원사에서 즐거운 마음에 이들은 시를 지었다. 그리고 그 시집의 이름을 즐거운 마음과 좋은 일이라는 뜻에서 상심낙사賞心樂事라 하였다. 원래 김조순은 '상심낙사'라는 붓을 가지고 있었는데, 이날의 봉원사 놀이가 즐거웠고 그 붓으로 시를 지었기에 시집 이름으로 삼은 것이다. 원래 상심낙사는 사령운謝靈運의 〈의위태자업중집시서擬魏太子鄴中集詩序〉에 보이는 말로, '좋은 시절, 아름다운 경치, 완상하는 마음, 즐거운 일〔良辰美景賞心樂事〕' 네 가지를 함께 다 누리기 어렵다는 말에서 나온 것이다. 김조순, 김려 등의 분집에는 이때의 일을 시로 적은 것이 실려 있다.

이날 밤 신기한 일이 일어났다. 평소 절친하게 지내다 일찍 죽은 이영소李英紹(자는 伯古)가 유한정의 꿈에 나타났다. 이영소는 벗들이 놀러 올 줄 알았다 하고, 지은 시가 시원찮다 하면서 "흰 눈은 인가의 연기와 어우러지는데, 푸른 산은 도 기운과 통해 있는 듯〔白雪人烟合, 靑山道氣通〕"이라 하였다. 이 구절을 합쳐 김조순은 율시를 완성하였는데 곧 〈거듭 봉원사에서 노닐며〔重遊奉元寺〕〉라는 작품이다.

삭막한 겨울 풍경을 보는 것은 보통사람에게는 즐거운 일이 아니다. 날이 찬 데다 걸어가야 하였고, 절에 도착하여서도 좋은 음식은커녕 발우에 절밥을 받아 먹어야 하였다. 그러나 모든 사람들이 다 즐거워하였다. 마음이 맞는 벗이 모였으니 삭막한 땅도 절로 마음에 차게 되었고, 장소가 마음에 드니 즐거움이 절로 생기게 되었기 때문이다.

> 종로의 시전은 조선을 대표하는 상가였다.
> 그렇지만 조선시대 종로의 풍경을 증언하는 자료는 찾기 어렵다.
> 다행히 김세희라는 역관의 글이 있어 당시 종로의 저잣거리를 구경해볼 수 있다.

김세화

우리나라 제품이 조악한 이유

새벽종이 열두 번 울리면 점포의 자물쇠 여는 소리가 일제히 들린다. 그리고 장사하는 남녀들이 짐을 등에 지거나 머리에 이고 지팡이를 두드리면서 사방에서 요란하게 몰려든다. 좋은 자리를 다투어 가게를 열고 각자 물건을 펼쳐놓는다. 천하의 온갖 장인들이 만든 제품과 온 세상의 산과 강에서 나는 산물이 모인다. 불러서 사려는 소리, 다투어 팔려는 소리, 값을 흥정하는 소리, 동전을 세는 소리, 부르고 답하고 웃고 욕하고 시끌벅적한 것이 태풍과 파도가 몰아치는 소리 같다. 이윽고 저녁 종이 울리면 그제야 거리가 조용해진다.

종로의 제품은 몇 가지 등급이 있다. 중국의 제품은 모두 당唐 자를 붙이는데, 정교하면서도 치밀하고, 담박하면서도 화려하며 우아하면서도 약하지 않고 기교적이면서도 법도가 있어 가장 뛰어난 상품으로 친다. 일본 상품은 정치하고 세밀하며, 교묘하고 화려하여 그다음이다. 우리나라 제품은 대개 조악하여 정교하지 못하다. 간혹 중국 제품을 모방하지만 진짜와 다르므로 등급이 가장 낮다.

이것이 어찌 산과 강에서 나는 재료가 중국과 달라서 그런 것이겠는가? 사람의 솜씨가 미진하여 그런 것이다. 우리 풍속이 지체를 구분하여 사람을 구속하기 때문이다. 지체가 높은 사람은 지식도 높고, 지체가 낮은 사람은 지식도 낮다. 그 정황을 보면 그럴 수밖에 없다. 그러나 지체가 높은 사람은 의지할 데 없이 곤궁하여 구렁텅이에 굴러떨어져 죽을 지경이 되더라도 태연하게 지식의 문을 닫아걸고 상업이나 공업에 종사하려 들지 않는다. 이 때문에 나라에서 생산되는 제품은 모두 배우지 못하여 무식한 사람의 손에서 나온다. 사람이 무식한데 어떻게 교묘한 솜씨를 부려 정밀한 물건을 만들 수 있겠는가? 이것이 바로 제품이 아름답지 못한 까닭이다.

비록 그렇지만 제품이 아름답지 못한 것이야 무슨 문제가 있겠는가? 종로의 제품과 산물은 나날이 가격이 폭등하여 몇 배가 되는 지경에 이르렀으니, 이는 무슨 이유로 그런 것인가? 원문 307쪽

18세기 서울 사람 김세희金世禧(1744~1791)는 종로 저잣거리의 풍물을 이와 같이 묘사하였다. 김세희는 역관으로 본관이 설성雪城, 자가 사호士浩인데, 여러 차례 중국에 다녀왔다. 규장각에 작자 미상으로 되어 있는 1책 63장의 초라한 문집 《관아당유고寬我堂遺稿》가 그의 저술이다. 아들 김상순金相淳이 노년에 김세희의 남은 글을 수습하여 문집으로 엮

〈태평성시도〉_작자 미상

새벽종이 울리면 점포의 자물쇠 여는 소리가 일제히 들린다. 천하의 온갖 장인들이 만든 제품과 온 세상의 산과 강에서 나는 산물이 모인다.(국립중앙도서관 소장)

은 것인데, 그것을 보면 김세희의 저술이 방대하였음을 알 수 있다. 역관으로서 생생한 중국어를 익힐 수 있는 정책을 제안하였으며, 문학에도 관심이 높아 《고문초古文抄》, 《명문소품明文小品》, 《파아葩雅》 등을 엮었다고 한다.

김세희는 이 글에서 18세기 종로의 풍경을 묘사하고, 아울러 당시 조선 경제의 문제점을 진단하였다. 종로는 예전에 종가, 종루가, 운종가라 하였다. 종로의 큰 길을 따라 등불을 걸어놓은 모습을 뜻하는 '종가관등鐘街觀燈'은 한양의 아름다운 열 가지 광경 중 하나였다. 당시 조선에서 가장 번화한 거리가 종로였던 것이다.

그러나 당시 종로에는 품질 좋은 중국 제품이 넘쳐 나고 일본 제품도 조선 것보다 뛰어난데 비해 조선에서는 조잡한 가짜 중국 제품만 만든다고 하였다. 그리고 그 이유를 지식인이 상업과 공업에 종사하지 않기 때문이라 하였다. 제품이 조잡한 것은 접어두더라도, 수요를 충족시킬 만한 생산 체계를 갖추지 못하여 물건 값이 폭등하는 현상까지 일어났다. 중인의 신분으로 북경을 여러 차례 다녀왔기에 종로의 저잣거리를 보고 그 원인을 진단할 수 있었던 것이다.

이것이 18세기 조선에서 가장 번화했던 종로의 풍경이다. 옛 풍경이 아름답지만은 않다. 김세희의 글에서와 같이 아쉬운 모습도 기억해 두어야 한다.

조선시대의 서울에는 꽃구경으로 이름난 곳이 여럿 있었다.
지금 서울에 벚꽃이 흐드러지게 피는 곳은 적지 않지만, 복사꽃이 아름다운 곳은
찾기가 어렵다. 서울의 복사꽃은 옛글에서나 찾아야 할 것이다.

3
서
형
수

그 많던 복사꽃은 어디로 갔나

　도성의 동쪽으로 나가 북쪽으로 삼사 리를 가면 북적동北笛洞이 있다. 북적동은 도성에 가까우면서 명승지로 소문난 곳이다. 봄이 저물 무렵이면 하루라도 거리에 사람이 없는 때가 없다. 나는 천성이 둔하여 도성 밖으로 나가기를 좋아하지 않는다. 도성 밖으로 나가는 경우는 어쩔 수 없을 때뿐이다. 이날은 어떤 사람이 억지로 독촉하는 바람에 소매와 옷깃을.나란히 하고 느릿느릿 걸어서 북적동에 도착하였다.

　북적동 입구에는 드러누운 너럭바위 위로 물이 질펀하게 흐르는데, 물가를 따라 계속 이어져 있어 이곳저곳 골라 밟기도 하고 풀쩍 뛰어넘기도 하였다. 북적동 안으로 들어가자 널찍하던 바위가 길쭉하게 이어지고 질펀하게 흐르던 물은 한 곳으로 모여 골짜기 가운데에서 개울을 이루었다. 개울을 사이에 두고 언덕이 있으며, 언덕이 높이 솟아 산을 이루는데 둘레

가 거의 몇 리나 되었다. 사이사이에 촌락이 별처럼 드문드문 자리 잡고 있었다.

촌락 너머로 언덕에서 산에 이르기까지 복사꽃이 빽빽하게 피어 있었다. 흰 것도 있고 붉은 것도 있으며, 짙붉은 것도 연붉은 것도 있었다. 게다가 꼿꼿한 소나무와 축축 늘어진 버드나무가 일산이나 병풍 같은 모습으로 희뿌연 비와 희미한 안개 사이에 어리비쳤다. 왕왕 꽃잎이 개울로 떨어지면 개울물이 온통 꽃잎과 같은 색으로 변하는 듯하였다.

마을에 김씨 성을 가진 업무業武(무관의 서자)가 있는데 나와 구면이다. 개울 상류에서 동쪽으로 꺾어 숲속으로 난 오솔길을 뚫고 그의 집을 찾아갔다. 초가집이 호젓하고 깔끔하여 속세에 있는 집 같지가 않았다. 주인이 나더러 앉으라고 마루를 양보하고는 몸소 술과 안주를 준비하여 정성껏 대접하였다. 조금 있자니 관리들이 말과 수레를 타고 시끌벅적하게 집 앞을 지나가는데 술에 취해 노래하고 춤추느라 먼지가 자욱하였다. 내가 주인에게 말하였다.

"어르신이 이곳에 살면서 어릴 적부터 젊은 시절을 거쳐 늙어서까지 하루라도 오늘처럼 골짜기가 요란하지 않았던 날이 없지요?"

그러자 주인이 말하였다.

"사방의 교외에 명승지로 알려진 곳은 동쪽 교외가 최고인데 그중에서도 북적동이 더욱 유명하지요. 아리따운 꽃이 향기를 뿜고 아름다운 경치가 자태를 뽐낼 때면 도성의 남녀들이 미어지지 않는 날이 없지요. 그러다 꽃이 지고 물이 줄면 산은 텅 비어 버립니다. 때때로 오가는 이들이라고는 푸닥거리를 하는 노인이나 빨래하는 아낙네뿐이요, 봇물이 빠진 듯 썰렁하지 않은 적이 없지요."

나는 객을 돌아보고 말하였다.

〈도성연융북한합도〉
그 옛날 서울의 봄은 어떤 모습이었을까? 진달래꽃은 정릉이, 살구꽃은 유란동과 필운동이, 복사꽃은 도화동이 유명했다. 잊혀진 지명 북적이 옛지도에 보인다.(규장각 소장)

"일 년 사이에도 땅에 이처럼 성쇠가 있는 법이니, 백년 인생이야 말할 것이 있겠소? 이와 같은 것을 누가 억지로 꾀어서 그렇게 하거나 억지로 빼앗아서 그렇게 한 것이겠소?"

나는 한숨을 쉬며 배회하다가 해가 질 무렵이 되어서야 돌아왔다. 이번 여행에서 시를 잘하는 이들은 모두 시를 지었으나 나만 짓지 못하였기에 마침내 그 일을 기록하여 시권의 머리에 얹는다. 원문 308쪽

《신증동국여지승람》에 따르면 북적동은 북저동北渚洞이라고도 하는데, 복사꽃이 아름다워 도화동桃花洞으로 가장 널리 알려졌다. 도화동은 혜화문 밖 북쪽에 있는데 오늘날 성북동 일대이다. 서형수보다 한 세대 위인 채제공 역시 도화동으로 복사꽃 구경을 다녀온 뒤 〈북저동에서 노닐고 쓴 글〔遊北渚洞記〕〉을 남겼다. 이 글에 따르면 혜화문을 나서서 성곽을 끼고 몇 리 정도 가면 도화동이 나타나는데, 그 곁에 선잠단先蠶壇이 있으며 백 보쯤 떨어진 곳에 어영둔御營屯이 있다고 하였다.

도화동은 조선 초기부터 복숭아나무가 많았다. 꽃이 만개하면 도성 사람들이 다투어 가서 구경하였다. 북적댄다고 하여 북저동이라는 이름이 붙은 것은 아니겠지만, 봄이면 복사꽃을 구경하려는 인파로 북적대었다. 한적한 삶을 누리던 서형수瀅瀅修(1749~1824)는 교외 출입을 삼가고 있었다. 하지만 화사하게 핀 복사꽃을 구경하자는 벗의 권유를 물리치기는 어려웠던 모양이다. 지금 성북동 일대는 고급 주택가로 변하여 구경거리가 없지만 200여 년 전에는 그렇지 않았다. 봄이면 북한산에서 내려온 개울물이 반석 위로 철철 넘쳐흐르고, 개울 양쪽 언덕에 복사꽃이 울긋불긋 불타올랐다.

그러나 꽃피는 시절이 지나면 도화동도 적막해진다. 서형수는 이 말을 듣고 인간사의 성쇠를 생각하였다. 인간사의 성쇠야 어찌하겠는가! 200여 년이 지난 지금, 꽃 피는 계절이 찾아와도 도화동에 복사꽃은 보이지 않는다. 더구나 복사꽃 피는 동네라는 도화동이라는 이름마저 기억에서 사라졌으니.

도성에서 걸어서 이를 수 있을 정도의
가까운 곳에 납량의 공간이 있다면 무더운 장마에 참으로 좋을 것이다.
인왕산 자락에 있던 잊혀진 계곡 수성동이 바로 그러한 곳이다.

박윤묵

조물주도 서늘하게 만든 인왕산의 계곡물

수성동水聲洞은 물이 많아 물소리라는 뜻의 수성으로 이름이 붙었는데 곧 인왕산 입구다. 경오년(1810) 여름 큰비가 수십 일이나 내려 개울물이 불어 평지에도 물이 세 자 깊이나 되었다. 내가 아침에 일어나 맨발로 나막신을 신고 우의를 입고서 술 한 병을 들고 몇 명의 동지들과 수성동으로 들어가 돌다리 가에 이르렀다. 아래 위쪽의 풍경을 바라보느라 다른 데 정신을 팔 겨를이 없었다. 개울이 빼어나고 폭포가 장대하여 예전에 보던 것과 완전히 다른 것처럼 느껴졌다.

대개 인왕산의 물은 옆으로 흐르기도 하고 거꾸로 흐르기도 하며 꺾어졌다 다시 흐르기도 한다. 벼랑에 명주 한 폭을 걸어놓은 듯한 곳도 있고 수많은 구슬을 뿜어내는 듯한 곳도 있다. 가파른 절벽 위에서 나는 듯 떨어지기도 하고 푸른 솔숲 사이를 씻어내듯 흐르기도 한다. 백 개의 골짜기와 천 개의 개울이 하나도 똑같은 형상을 한 곳이 없다. 이 모든 물이 수성동에 이르게 된 다음에야 하나의 큰 물길을 이룬다. 산을 찢을 듯, 골짜기를 뒤집을 듯, 벼랑을 치고 바위를 굴리면서 흐르니 마치 만 마리 말들이 다투어 뛰어오르는 듯하고 우레가 폭발하는 듯하다. 그 기세는 막을 수가 없고 그 깊이는 헤아릴 수가 없으며, 그 가운데는 눈비가 퍼붓는 듯 자욱하고 넘실거린다. 때때로 날리는 포말이 옷을 적시면 서늘한 기운이 뼛속까지 들어와 혼이 맑아지고 정신이 시원해지며 마음이 편안하고 뜻이 통쾌해진다. 호탕하여 조물주와 더불어 이 세상 바깥으로 노니는 듯하다. 마침내 술에 만취하여 즐거움이 극에 달하였다. 이에 갓을 벗어 머리를 풀어헤치고 길게 노래하노라.

> 인왕산 위에 비가 쏴하고 내리면
> 인왕산 아래에 물이 콸콸 흐른다네.
> 이 물이 있는 곳 바로 나의 고향이라
> 머뭇머뭇 차마 떠나지 못한다네.
> 내 풍경과 함께 때를 씻고 나서
> 노래 부르고 돌아보면서 일어나니
> 하늘은 홀연 맑게 개고
> 해는 하마 서산에 걸렸네. 원문 308쪽

박윤묵朴允默(1771~1849)은 버젓한 양반은 아니었지만 스스로의 뛰어난 능력으로 정조의 지우를 받아 규장각에서 근무하였다. 위항의 시인으로 이름이 높았거니와, 천수경千壽慶, 왕태王太, 장혼張混, 김낙서金洛瑞 등과 어울려 시사詩社를 결성하고, 천수경의 송석원松石園, 장혼의 이이엄而已广, 왕태의 옥경산방玉磬山房, 김낙서의 일섭원日涉園 등에 모여 시회를 즐겼다. 그리고 이러한 사실을 두루 글로 남겨 후세에까지 길이 알려지게 한 공이 있다. 인왕산 자락의 시회를 열던 집은 지금 모두 사라졌지만, 박윤묵의 글이 있어 그 풍류가 아직까지 전하고 있다.

사람이 사는 집이야 세월이 지나면 무너지고 없어지는 것이 당연하지만 인왕산의 수성동은 더욱 그 행방이 묘연하다. 박윤묵이 수성동을 노닌 것은 지금으로부터 정확히 200년 전인데, 200년 만에 수성동은 사람들의 기억에서 사라졌다. 《한경지략漢京識略》에 따르면 수성동은 인왕산 기슭에 있는데 골짜기가 으슥하여 물과 바위가 빼어나며 특히 여름날 달밤에 노닐기 좋았다고 한다. 김창흡金昌翕 형제와 그 후학들이 수성동에서 자주 노닐었는데 그 시를 보면 자하터널 인근인 듯하지만, 정확한 위치는 알려져 있지 않다.

박윤묵은 장맛비가 그친 무더운 여름날 벗들과 수성동을 찾았다. 집에서 그리 멀지 않은 곳이기에 맨발에 나막신을 신고 우의만 걸친 채 술병 하나만 차고, 바로 연락되어 함께 갈 수 있는 몇 명의 벗들과 인왕산을 올랐다. 오랜 장맛비에 벼랑마다 개울물이 폭포가 되어 떨어지니 뱃속까지 시원하다. 이럴 때 한잔 마시지 않고 어쩌랴. 평소 술을 좋아하였지만 아침에 한 잔, 점심에 한 잔, 저녁에 한 잔 마시는 것을 원칙으로 삼았던 박윤묵이라도 이러한 통쾌한 풍경에는 양껏 들이켰으리라.

예전에는 가장 큰 명절이었으나
지금은 명절인지조차 모르고 지나가는 것이 정월 대보름이다.
달빛 아래 벗들과 어울려 밤거리를 어슬렁거리는 여유가 그립다.

김이안

병에 걸리고 싶지 않다면 다리를 건너시오

대보름날의 다리밟기는 시작이 어찌된 것인지는 알 수 없다. 내 생각에는 중양절 날 높은 곳에 올라가는 것처럼 액운을 없애려고 한 것인 듯하다.

임오년(1762) 대보름날 나는 초천椒泉에서 객으로 있었다. 달이 떠오르자 여러 손들과 함께 걸어서 앞쪽의 거리로 나갔다. 놀러 나온 이들이 벌써 인산인해였다. 곧바로 서쪽의 구릿재로 종종걸음을 쳤다. 방향을 틀어 북쪽으로 종가에 이르렀다. 종소리가 들렸다. 사람들이 더욱 많아져서 뚫고 갈 수가 없었다. 온 도성 사람들이 다 모인 곳이었다.

다시 길을 틀어 서쪽으로 갔다가 북쪽으로 가니 경복궁 앞길이었다. 여기에 이르니 놀러 나온 이가 조금 드물어졌다. 달이 더욱 밝아져 큰 길이 씻어놓은 듯 깨끗하였다. 관아의 건물이 띄엄띄엄 서 있는데 위치가 엄정하였다. 조금 머뭇거리다가 돌아가려 할 때, 어떤 이가 말하였다.

"다시 조금 더 가보세. 궁궐의 담을 따라 뒤로 가면 삼청동 동구가 나오는데 볼 것이 많다네."

이 말을 따랐다. 소나무가 울창한데 쌓인 눈이 길에 가득할 뿐 사람은 한 명도 보이지 않았다. 담장이 끝난 곳에 인가가 나왔다. 기침 소리를 내면서 뜰에 서 있으니 "다리밟기 하러 온 자들인가?" 하였다. 모두 크게 부끄러웠다.

걸음을 재촉하여 장원서掌苑署 앞길을 따라 왼쪽으로 옛 연령궁延齡宮을 끼고 동쪽으로 가니 다시 큰 길이 나왔다. 곧 창덕궁 앞길이다. 여러 번 천경졸踐更卒[01]을 만났는데 불에 바짝 붙어 앉아 북을 치고 있었다. 곧 삼경 사점四點이었다. 파자교에 잠시 앉아 있다가 다시 서쪽으로 가서 철모교에 이르렀다. 종로 거리를 바라보니, 사람들의 목소리가 아직도 시끌벅적하였다. 그러나 이미 지겨워서 다시 앞으로 갈 수 없었다. 다시 동으로 길을 돌려 포목전 길을 경유하여 돌아왔다.

대개 지나간 다리가 여섯인데 소광통교, 대광통교, 혜정교, 파자교, 철모교, 수표교이다. 작은 다리는 기록할 수 없다. 함께 노닌 이는 홍신한洪紳漢(자 垂之), 김두현金斗顯(자 晦叔), 홍신한의 조카 홍낙현洪樂顯(자 君佑)과 홍낙신洪樂莘(자 仲任), 홍낙현의 아들 홍인洪仁, 동자童子 이도증李道曾, 홍낙현의 아우 홍철洪鐵과 손자 홍시증洪始曾이다. 이 일을 기록하여 훗날의 웃음거리로 삼는다. 원문 309쪽

---

[01] 병졸로 징발된 자가 금전으로 대신 사람을 사서 보내는 것을 천경이라 하는데, 대신 병졸이 된 자를 천경졸이라 하였다.

삼산재三山齋 김이안金履安(1722~1791)은 정조 때의 노론 성향 산림학자다. 김창협金昌協의 후손으로 영정조 때 학문을 이끈 김원행金元行의 아들이다. 젊은 시절부터 유람을 좋아하여 틈이 나면 벗들과 원근을 가리지 않고 아름다운 산수를 찾아 나섰다. 벼슬에는 그다지 뜻이 없어 서른여덟이 되어서야 비로소 진사가 되었지만, 그의 학문적 명성이 높았던지라 영조는 세손 교육을 위한 자리에 그를 불러들이기도 하였다.

조선시대 정월 대보름날 답교踏橋의 풍속이 유행하였다. 다리밟기를 하지 않은 사람은 다리병을 앓는다고 여겼기에, 사람들은 대보름이 되면 귀천과 노소를 불문하고 큰 다리 위에서 노닐었다. 많은 다리를 지나갈수록 좋다고 하여 늦은 시간까지 다리를 찾아 다녔다. 이 풍속은 원래 중국에서 유래한 것으로 주교走橋 혹은 주백병走百病이라 하였다. 《패관잡기》에 따르면 도성의 열두 개 다리를 모두 밟고 지나면 그 해 열두 달의 재앙이 소멸된다고 하여, 밟지 못할까 두려워하였다고 한다. 양반가의 부녀자들은 가마를 타고 건너고, 조금 지체가 낮은 자는 비갑比甲을 머리에 쓰고 걸어서 밟으며, 서민의 부녀자는 모여서 떼를 지어 황혼을 타서 다리를 밟았다고 하였다. 간혹 무뢰배들이 삼삼오오 몰려 다니면서 따라다녀 풍기가 문란해지기도 하여, 명종 때 부녀자들의 다리밟기를 금지하였다. 이후 조선후기까지 다리밟기는 남성들에게만 허용되었다.

1762년 정월 대보름 불혹을 막 넘긴 산림의 처사 김이안도 다리밟기에 나섰다. 이 무렵 김이안은 인왕산 아래 초천에 머물고 있었다. 인왕산 아래 인경궁 후원에 온천이 있어 임금이 가끔 온천욕을 하던 그곳이다. 그곳에서 출발하여 구릿재를 지나 종로에 이르렀다. 사람들이 인산

인해를 이루었다. 인적이 조금 적은 경복궁 앞쪽길로 갔다가 삼청동, 장원서를 지나 창덕궁 앞길에 이르자 이미 자정 무렵이 되었다. 그러나 일행은 더욱 많은 다리를 건너려고 걸음을 멈추지 않았다. 창덕궁의 돈화문 앞쪽의 파자교를 지나 철모교에 이르렀다가 포목전 길을 경유하여 돌아왔다. 이들은 청계천의 소광통교, 대광통교, 혜정교, 파자교, 철모교, 수표교 등 중요한 다리를 모두 지났다. 이름이 다소 낯선 혜정교는 시각을 재는 앙부일구대가 있던 곳으로 부정을 많이 저지른 관리를 삶아 죽이던 곳이다. 수표교는 이벽李檗이 처음으로 천주교를 선교한 곳이다. 철모교는 운종가남교雲從街南橋를 가리키는 듯하다. 모전교라고도 하는데 박지원의 〈김신선전金神仙傳〉에 나온다.

> 관광은 빛을 보는 것이다. 빛은 문명이다. 문명을 보는 것이 관광이다.
> 그러나 관광객 중에 문명을 보는 사람은 많지 않다.
> 문명을 보려면, 역사의 현장을 옛글과 함께 읽을 필요가 있다.

유득공

도성 안 사람들이 하천에 노니는 물고기 같네

경인년(1770) 삼월삼짇날 연암 박지원, 청장관 이덕무와 함께 삼청동으로 들어가 창문倉門의 석교石橋를 건너 삼청전三淸殿 옛터를 방문하였다. 갈아먹지 않는 묵은 밭이 있어 온갖 꽃들이 싹을 틔우고 있었다. 줄을 지어 앉아 있노라니 푸른 즙이 옷을 물들였다. 청장관은 나물 이름을 많이 알고 있어 내가 캐물었더니 대답하지 못하는 것이 없어 수십 종을 기록할 수 있었다. 이렇게 청장관은 박식하고 우아하다. 날이 저물어 술을 사서 마셨다.

다음날 남산에 올랐다. 장흥방長興坊을 경유하여 회현방會賢坊을 뚫고 갔다. 산 가까이에 옛 재상의 집이 많았다. 무너진 담장 안에 오래된 낙락장송이 정정한 모습으로 남아 있었다. 높은 언덕으로 올라가서 살펴보았다. 백악은 모자를 엎어놓은 양 둥글고도 날렵하다. 도봉산은 빼곡하게 투호 단지 안의 화살이나 필통에 꽂은 붓처럼 생겼다. 인왕산은 껴안은 손을 풀고 어깨를 날개처럼 들어올린 모습이다. 삼각산은 여러 사내들이 마당놀이를 구경하는데, 키 큰 한 사람이 뒤에서 내려다보고 있고 그의 턱 아래 여러 사내들의 갓이 모여 있는 모습이다. 성 안의 집들은 막 길을 매어놓은 푸른 밭이 가지런히 펼쳐진 것과 같은 모습이다. 큰 길은 긴 하천이 들판을 가르고 흘러 굽이도는 모습이다. 사람과 말들은 그 하천에 노니는 물고기와 새우 같은 모습이다.

도성 안의 집은 팔만 호라 하는데 그 가운데 이때 막 노래를 부르는 이도 있고 막 통곡을 하는 이도 있으며, 막 음식을 먹는 이도 있고 막 장기를 두는 이도 있으며, 막 남을 칭찬하는 이도 있고 남을 욕하는 이도 있으며, 막 무슨 일인가 꾸미려는 이도 있을 것이다. 높은 자리에 있는 사람들로 하여금 다 함께 이러한 모습을 보게 한다면 한바탕 웃음을 터뜨릴 것이다.

다시 다음날 태상시太常寺의 동대東臺를 올랐다. 육조六曹의 누각, 대궐에서 나오는 개울의 버드나무, 경행방慶幸坊의 백탑, 동대문 바깥의 파란 안개 등이 은은하게 드러났다. 가장 기이한 것은 낙산 일대였다. 모래가 희고 소나무는 파랗다. 그림처럼 훤하다. 그 너머 작은 산이 있는데 까마귀 머리 빛깔 같은 담묵색이 낙산 동쪽으로 튀어나오는 듯하다. 처음에는 구름 사이로 보이는 양주의 산인가 여겼다. 이날 저녁 나는 매우 취하여, 서여오徐汝五(徐常修)의 집 살구꽃 아래에서 잠을 잤다.

또 다음날 옛 경복궁으로 들어갔다. 궁궐의 남문 안에 다리가 있고, 다리 동쪽에 바위로 된 천록수天祿獸가 둘 있는데 다리 서쪽에 물고기 한 마리가 꿈틀꿈틀 잘 새겨져 있다. 남별궁 뒤뜰에는 등에 구멍이 뚫린 천록수가 있는데 이것과 매우 흡사하다. 반드시 다리 서쪽에 있던 하나를 옮긴 것이겠으나 증명할 문헌이 없다.

다리를 건너 북으로 가면 곧 옛 근정전 터다. 그 계단은 세 단으로 되어 있는데 계단 동서편 모서리에 돌로 만든 암수의 개가 있고 그 암놈은 새끼 하나를 안고 있다. 신령한 승려 무학無學이 남쪽으로부터 왜구가 쳐들어 오면 짖도록 한 것인데 아마도 개가 늙으면 새끼로 계속 이어갈 수 있도록 한 듯하다. 그러나 임진왜란의 병화를 면하지 못하였으니, 이는 돌로 만든 개의 죄인가? 허황한 말들은 믿을 수 없다. 좌우에 이무기를 새긴 바위 위에 우묵한 구멍이 나 있다. 근래《송사宋史》를 읽었는데, 그것이 춘추관春秋館의 좌사左史와 우사右史에서 사용하는 연지硯池임을 알 수 있다.

근정전을 돌아 북으로 가면 일영대日影臺가 있고 일영대에서 서쪽이 곧 경회루의 옛터다. 그 터는 못 한가운데 있는데 부서진 다리가 있어 안으로 들어갈 수 있다. 벌벌 떨면서 지나가노라면 저도 모르게 땀이 난다. 경회루의 기둥은 돌로 되어 있는데 높이가 세 장 정도로 전체는 48개다. 그중 부서진 것이 여덟 개다. 바깥 기둥은 네모나고 안 기둥은 둥글다. 구름과 용의 문양을 새겼다. 유구琉球의 사신이 세 가지 장관 중 하나라 한 것이다.[01]

못 물이 파랗게 정갈한데 산들바람이 물결을 일게 한다. 연밥이 담긴 연방蓮房과 가시연의 뿌리가 잠길락 뜰락, 흩어졌다 모였다 한다. 작은 붕어가 물이 얕은 곳에 모여서 물을 삼키면서 노닐고 있다. 사람들의 발자국 소리를 듣고는 물속으로 들어갔다 다시 나온다. 못에는 섬이 둘 있는데 심어놓은 소나무가 무성하여 그 그림자가 물결을 가르고 있다. 못 동쪽에 낚

---

[01] 《용재총화》에 따르면 조선 초기 유구 사신이 왔을 때 경회루의 풍광을 첫 번째 장관이라 한 바 있다.

시하는 이가 있다. 못 서쪽에는 궁궐을 지키는 환관과 그 객들이 활쏘기를 하고 있다.

동북쪽 모서리의 다리를 건너면 모든 풀은 다 황정초黃精草이고 돌은 모두 오래된 주춧돌이다. 주춧돌에는 우묵한 구멍이 있는데 아마도 기둥을 박은 곳인 듯한데 그 안에 빗물이 고여 있다. 여기저기 말라버린 우물도 보인다.

북쪽 담장 안쪽에 간의대簡儀臺가 있고 간의대 위에 네모난 옥이 하나 있다. 간의대 서쪽에는 검은 바위 여섯이 있는데 길이가 5~6척 정도 되고 너비는 3척인데 뚫어서 물길로 연결하였다. 간의대 아래 벼루나 모자, 혹은 부서진 상자처럼 생긴 바위가 있다. 그 제도는 알 수가 없다. 간의대는 높고 트여 북쪽 마을의 꽃과 나무를 내려다볼 수 있다. 동쪽 담장을 따라가면 삼청동의 석벽이 비뚤비뚤 나온다.

담장 안에 있는 소나무는 모두 열 길이 넘는다. 참새나 해오라기 등이 그 위에 서식하고 있다. 순백색도 있고 담묵색도 있으며 연홍빛도 있다. 머리에 인끈을 드리운 듯한 놈도 있고 부리가 숟가락처럼 튀어나온 놈도 있으며 꼬리가 비단처럼 된 놈도 있다. 알을 안고 엎드려 있는 놈도 있고 가지를 물고 둥지로 들어가는 놈도 있다. 서로 싸우거나 교미를 하느라 그 소리가 요란한 놈도 있다. 소나무의 잎은 모두 말라 있다. 소나무 아래 빠진 깃털과 부화하고 남은 빈 알 껍질이 수북하다. 함께 놀던 윤생尹生이 돌멩이를 던져 순백색 새 꼬리를 맞추자 새떼가 놀라 눈처럼 하얗게 날아올랐다.

서남쪽으로 가니 채상대採桑臺의 비석이 나왔다. 정해년(1776) 친잠親蠶을 하던 곳이다. 그 북쪽에 버려진 못이 있는데 내농포內農圃에서 벼를 심는 곳이다. 위장소衛將所로 들어가 시원한 샘물을 길어 마셨다. 뜰에는 수

양버들이 많이 떨어져 있고 버들개지는 비질을 해야 할 정도였다. 선생안 先生案을 빌려보니 호음湖陰 정사룡鄭士龍이 가장 먼저 있었다. 편액 위에 그 시가 적혀 있었다.

다시 궁궐도를 꺼내 살펴보았다. 경회루는 35칸이고 궁궐 남쪽 문은 광화문이다. 북문은 신무문이고, 서문은 연추문이며, 동문은 연춘문이다.

원문 310쪽

1770년 저물어가는 봄날 스물세 살의 청년 유득공柳得恭(1748~1807)은 자신을 알아주는 벗 박지원, 이덕무와 함께 도성 유람을 나섰다. 먼저 낭시 서울에서 가장 풍광이 아름다운 곳 중의 하나로 알려진 삼청동으로 갔다. 이름 모를 식물에까지 애정을 쏟았다. 이름을 알 수 없다 하여 잡초로 여기지 않고 그 이름을 알고자 한 것은 실학자의 자세다. 이덕무의 박학이 여기서도 드러났다.

다음날 남산에 올랐다. 오늘날 명동을 지나 남산 터널 위쪽의 언덕에 올라서 도성을 본 듯하다. 그 아래 김육金堉 후손가의 재산루在山樓, 이항복 후손가의 쌍회정雙檜亭 등 명현의 집들이 당시까지 즐비하였다. 도성을 내려다보면서 그 울고 웃고 있을 수많은 인간군상을 상상하고 너털웃음을 터뜨렸다. 다음날 다시 나라의 제사를 맡은 태상시에 올라 벗들과 함께 학문과 문학을 토론한 백탑 등 도성의 거리를 내려다보았다. 이 무렵 이들은 백탑 인근에 살았다. 이덕무는 대사동에 청장서옥青莊書屋을 마련하였고 유득공 자신과 박지원의 집도 백탑 인근에 있었다. 서로의 집이 가까이 있건만 봄을 맞은 흥을 이어가기 위하여 살구꽃이 아름다운 서상수의 관헌觀軒으로 가서 하루를 묵었다.

다시 다음날 경복궁을 찾았다. 이들의 관심사는 경복궁에 방치되어 있는 유물에 있었다. 그래서 해태로 잘못 알려진 천록수, 경회루의 기둥, 그밖에 근정전과 간의대 등의 석물 등에 대해 매우 자세한 기록을 남겼다.

이 글은 경복궁의 예전 모습에 대한 기억을 떠올리기 위한 자료 중 가장 소중한 것으로 평가된다. 유득공이 보여주는 세밀한 관찰과 묘사의 힘을 유감없이 보여준다. 간의대에서 삼청동으로 가는 솔숲의 새를 묘사한 대목은 압권이다. 이에 더하여 유득공은 상상력을 발휘하여 서울을 에워싼 산의 모습을 운치 있게 묘사하고 도성 안에 살아가는 인간군상의 모습을 나열하였다. 1792년 정조의 명에 의하여 여러 문인들이 다투어 제작한 〈성시전도盛市全圖〉를 유득공이 미리 산문으로 써본 것이라 할 만하다.

서울에는 잊혀진 지명이 많다. 송동도 그러하다.
송동은 거유 송시열의 경저가 있던 곳이라 그 성을 따서 동네 이름으로 삼았다.
송동은 송시열로 인하여 생긴 동네로 중요한 문화 공간이었다.

송흥동엔 물이 없는데 청개구리가 산다

　백악白岳의 한 줄기가 구불구불 동으로 내려오면 응봉鷹峰이다. 응봉은 창덕궁과 창경궁 두 궁궐의 진산이 된다. 창경궁 동쪽은 성균관이고, 성균관 동북쪽에 송홍동宋洪洞이라는 동네가 있다. 어떤 연유로 이러한 명칭이 생긴 것인가? 우암尤庵 송시열宋時烈 선생의 선조가 이곳에 세거하였고 우리 선조 판윤공判尹公께서 조선에 들어와서 처음으로 판한성윤判漢城尹이 되어 숭교방崇敎坊에 집을 정하였는데 또한 바로 이 구역이다. 후에 자손이 번창하여 반수泮水 동서쪽에 흩어져 살았기에 세상에서 "서울 동촌은 땅 가득 홍씨들이라[洛陽東村滿地洪]" 하였다. 이것이 그 명칭이 생긴 유래다.
　이 구역은 마을 전체가 넓고 트여 있으며 지세가 원만하면서 반듯하다. 또 산수가 절경이고 바위가 10척 이상 높다랗게 솟아 있는데 고고한 자태가 빼어나다. 각이 져 있으나 칼날처럼 날카롭게 드러나 있지 않으며 맑아서 마치 옥돌을 두드리는 소리가 들릴 듯하다. 백거이의 시에서 "고운 모습으로 은은하게 솟아 있어, 벽옥처럼 푸른빛이 엉겨 있네〔隱起磷磷狀, 凝成瑟瑟胚〕"[01]라고 한 것이 이 바위를 위하여 준비해둔 말인 듯하다. 우암이 '증주벽립曾朱壁立'이라 큰 글씨를 써서 바위에다 새겼는데 은줄과 쇠사슬을 얽어놓은 듯 굳세니, 늠름한 그 기상을 상상해볼 수 있다.

바위에 틈이 있어 겨우 손가락 하나 정도 들어갈 수 있는데 물과 흙이 없는데도 청개구리가 그 안에 살면서 가끔 출몰한다고 하니 또한 기이하다. 화산華山(삼각산)의 바위틈에 자라나는 복숭아나무를 여기에 붙여도 바로 살아나므로 씨를 따로 심을 필요가 없다고 한다. 이는 이른바 "기는 몰래 통하는 바가 있고 운수는 암합하는 바가 있다"[02]고 한 것이라 하겠다. 사물의 변화는 일반적인 이치로 국한하여 말할 수 없는 것이 이와 같다.

아, 판윤공의 후손이 서울과 지방에 흩어져 살아서 마치 바람에 날리는 쑥이나 물에 떠다니는 허수아비와 같이 되었다. 우리 집안 또한 증조부이신 찬성부군贊成府君 때부터 반촌을 떠났고 예전에 살던 집은 사현사四賢祠[03]가 되었다. 예전에 이덕유李德裕는 별서 평천장平泉莊을 짓고 천하의 진기한 나무와 괴이한 바위를 모아서 완상할 만한 정원과 못을 갖추고는

---

01 백거이의 〈사암상공이 이소주가 보내온 태호석이 장대하고 기이하여 출중하기에 20운을 지어 보여준 시에 화답하고 아울러 몽득에게도 드리다〔奉和思黯相公以李蘇州所寄太湖石奇壯絶倫因題二十韻見示兼呈夢得〕〉라는 시를 가리킨다. 이 구절 다음에 "각이 져서 칼날처럼 드러나 있는데, 맑아서 옥구슬을 두드리는 듯하네〔廉稜露鋒刃, 淸越叩瓊瑰〕"라 하였다.
02 곽박郭璞의 〈자석찬磁石贊〉에 나오는 말이다.
03 숙종 때 성균관 대성전과 남문 바깥에 세운 사당으로 당의 태학생太學生 하번何蕃, 송의 태학생 진동陳東과 구양철歐陽澈 등의 제사를 지냈는데 처음에는 숭절사崇節祠라 부르다가 영조 때 사현사四賢祠로 고쳐 부르고 어필御筆로 사액賜額하였다.

"평천장을 팔아먹는 자는 내 자손이 아니다. 나무 하나, 돌 하나도 남에게 주는 자는 좋은 자제가 아니다"라 하였다.[04] 그런데 남쪽 변방에서 옥사하여 제 몸조차 보존하지 못하였으니, 평천장은 말할 것이 있겠는가? 어찌 그리 멀리 보지 못하였던가? 백세 뒤의 사람에게 놀림을 받은 것은 정말 당연하다 하겠다.

우리 선조는 청렴을 법도로 삼아 십수 대 동안 전하다가 비로소 옛 집터를 떠나게 되었으니 이덕유에 비한다면 그 득실이 어떠하다 하겠는가? 실로 후손에게 물려준 유산이 앞선 사람에 비해 손색이 없다 하겠다. 위가韋家의 묵은 일[05]을 더듬으면서 삼가 계승할 것을 수고로이 생각하고, 왕씨王氏의 문풍門風[06]을 그리워하면서 조술祖述할 것을 깊이 바라는 것, 이것이 곧 내가 고심하는 바였는데 지금 병이 나서 거의 죽게 되어 다시 거론조차 하지 못하게 되었다. 이 지경에 이르니 어찌 마음에 한이 맺혀 한숨을 쉬지 않을 수 있겠는가?

동네에는 예전에 서당이 있었는데, 성균관의 하인 정학수鄭學洙가 거기서 공부를 가르치면서 불패拂牌의 고사[07]를 지켜나가고 있다. 아이들 백여 명이 열심히 강학하는 아름다운 서하西河의 기풍[08]이 있다. 그사이 여러

---

04 이 고사는 조선시대 널리 읽힌 《산당사고山堂肆考》(권26)의 〈진송괴석진송괴석〉에 보인다.
05 당의 위장韋莊이 화수花樹 아래에 친족을 모아 놓고 술을 마신 고사가 있어 화수회라는 말이 나왔다.
06 신쓸의 왕헌지王獻之가 노툭이 들어 방 안의 물건을 나 가저가리 하자 "푸른 담요는 우리 집의 오랜 물건이니 그것만은 놓아두어라" 하였다.
07 《주서절요朱書節要》의 〈답황직경答黃直卿〉에 집 뒤에 정사精舍를 지어 불진을 걸고 패를 잡겠다[掛拂秉牌]는 구절이 있다. 승려들이 불진을 걸고 패를 잡고 설법을 강론하는 것을 가지고 강학에 비유한 것이라 하였다.
08 공자의 제자 자하子夏가 서하에서 교수로 지내면서 위문후魏文侯의 스승이 되었다.

번 그 주인이 바뀌었는데 우암의 후손 송흠상宋欽象 계지戒之[09]가 다른 사람에게 맡겨서는 마땅하지 않다며 서재를 구입하여 꽃과 과일나무를 심어 그 빼어난 풍광을 더하게 하였다. 이는 가히 집안 대대로 가업을 닦아 이어나가고 대대로 그것을 지켜 잃지 않는 것이라고 말할 만하다.

그러나 계지가 죽은 후 계속 보유하지 못하였다. 나도 또한 여력이 없어서 주인이 바뀌는 것을 그냥 둘 수밖에 없었다. 그저 송홍동 이름만 외울 뿐이었으니 계지에게 크게 부끄러운 마음이 든다. 아, 물은 차마 마르게 둘 수 없고 땅은 차마 황량하게 둘 수 없는 법[10], 어찌 감히 이를 잊을쏜가? 원문 311쪽

서울과학고등학교 서쪽 길로 올라가다 보면 주택 한 곳에 커다란 바위가 있고, 그 바위에는 '증주벽립曾朱壁立'이라는 송시열의 글씨가 새겨져 있다. 송시열이 평생 사모한 증자와 주자의 정신을 기린 것이다.

원래 이곳은 숭교방崇教坊에 속한 곳으로 송시열의 선대가 살았기에 조선시대 이곳을 송동이라 하였다. 그 인근 산으로 이어진 포동浦洞에 송시열의 정적政敵 윤휴尹鑴가 살고 있었기에 후에 정조는 이를 꺼려 송시열의 제사를 내리면서 그 신주를 송동에 모시지 못하게 하였다고도 한다.

조선시대 송동은 은진송씨보다 남양홍씨가 더 오래 많이 살았다. 여

---

09 방목에는 자가 계지繼之로 되어 있다.
10 정호程顥의 〈안락정에 새긴 명[顏樂亭銘]〉에 보이는 구절이다.

말선초 홍명洪溟이 이곳에 정착하여 세거하였다. 그래서 홍직필洪直弼 (1776~1852)은 그 이름을 송동이 아니라 송홍동宋洪洞이라 하였지만 사실 송홍동은 다른 문헌에서 확인되지 않는다. 남양홍씨는 홍직필의 증조부 홍상언洪尙彦이 그곳을 떠났고, 살던 집터에는 영조 때 사현사四賢祠가 세워졌다.

송홍동은 풍광이 아름다워 봄이면 사람들이 꽃구경을 가고 여름이면 피서를 나가던 곳이다. 정약용은 1784년 벗들과 함께 송동에서 살구꽃을 구경하러 나갔으며 이보다 앞서 박지원은 벗들과 송동에서 모여 화전을 부쳐 먹고 높은 곳에 오르려 약속하였지만 뜻을 이루지 못한 바 있다. 이이순李頤淳은 그곳에서 앵두를 따먹은 일을 자랑하기도 하였다.

송홍동의 '증주벽립' 바위에는 물이 전혀 없는데도 청개구리가 서식하는 특이한 일이 있었다. 《임하필기》에는 석벽에 한 길 남짓 되는 틈이 있어 작은 개구리가 숨어 사는데 두세 마리 혹은 네댓 마리로 그 수가 일정치 않고 봄가을 가릴 것 없이 늘 그곳에 살며, 크지도 작지도 않으면서 늘 똑같았다고 하였다. 또 사람이 붙잡아 땅에 꺼내 놓으면 곧바로 위로 올라가 그곳으로 숨는다고 하였다. 북한산의 살구나무를 바위에 붙여놓으면 절로 자라난다고도 하였으니, 그 역시 신기한 일이다.

송홍동에는 성균관에 딸린 노비 정학수가 운영하는 서당이 있어 세인의 관심을 끌기도 하였다. 수수洙水는 공자의 고향에 있던 물이니 '학수'라는 이름에 성균관에 근무할 팔자가 예견되어 있었다 하겠다. 그런데 윤기尹愭의 글에는 성균관의 노비 정윤조鄭胤祚가 '증주벽립' 바위 아래에 서실을 짓고 학생을 가르친다고 하였으니, 아마 동일인이거나 깊은 관련이 있는 사람인 듯하다. 조수삼趙秀三(1762~1849)의 글에는 정 선생으로 부르는데 아침저녁 종을 쳐서 학생을 부르고 물러나게 하였고 학생들의 성취가 많았다고 하였다. "강당의 꽃나무 사이로 길 하나 나 있는데, 아침과 저녁이면 종소리 듣고 몰려드네. 사방의 아름다운 자제를 교육하는 이, 품이 넓은 옷에 폭이 넓은 띠를 한 정 선생이라네〔講堂花木一蹊成, 斯夕斯晨趁磬聲. 教育四隣佳子弟, 裒衣博帶鄭先生〕"라는 시를 지었다.

　정 선생이 운영하던 서당은 나중에 송시열의 후손인 송흠상이 구입하고 화초를 심어 아름답게 꾸몄으나 그가 죽은 후 다시 다른 사람의 소유로 넘어갔다. 홍직필은 자신의 선조가 살던 동네이기도 하여 안타까워하였지만 물력이 부족하여 어찌하지 못하였다. 그럴 때에는 글이라도 지어 마음으로 소유하는 수밖에 없다. 그래서 이 글을 지은 것이다.

풍광이 아름다우니 죽음도 두렵지 않다

3부

산수유람에 벽이 있는 자는 비바람이 몰아치는 위험한 상황에서도 배를 띄워 아름다운 풍광을 즐기려 한다. 심지어 배가 표류하는 극한의 상황에서도 표류하여 천하의 장관을 볼 수 있게 되기를 기대한다. 물의 신 하백이 죽음을 불사하는 그들의 여행벽을 비웃을지 모르지만.

풍광이 아름다우니 죽음도
두렵지 않다 —

한강에는 아름다운 섬이 여럿 있었다.
하지만 여의도를 개발하면서 서호의 밤섬은 부서져 둘로 나뉘었고,
잠실에 아파트가 들어서면서 동호의 저자도는 수면 아래로 사라지고 말았다.

이경석

나에게는 봄 여름 가을 겨울이 따로 없다

   내가 한강 가에 살았을 때의 일이다. 하루는 배를 끌고 물을 거슬러 가다가 저자도의 모래밭에 정박하였다. 한 걸음 한 걸음 벗 권정칙權正則의 정자로 걸어 올라갔다. 여러 객들이 나를 따랐다. 주인이 술을 권하고 정자의 이름을 지어 달라면서 이렇게 말했다.

   "공에게 기문을 지어달라는 것이 선친의 뜻이었습니다."

   나는 술잔을 든 채 사방을 돌아보고 말하였다.

   "이 정자는 강과 산 위에 있으니, 소동파가 말한 강 위의 시원한 바람과 산 속의 밝은 달이 바로 여기에 있습니다. 시원한 바람과 밝은 달이야말로 이 정자에서 평소 누리는 것이니, 이것으로 정자의 이름을 삼으면 되지 않겠습니까?"

   주인이 좋다고 하였다. 나는 다시 술 한 잔을 따라 들고 정자에 기대어

자세히 살펴보았다. 멀리 남쪽으로 높다랗게 뻗은 봉우리들이 이어지는데 소나무와 잣나무가 울울창창한 곳이 선릉과 정릉이다. 두 왕릉 너머로 헌릉獻陵이 바라다보인다. 가파른 봉우리가 포개어져 봉황새가 춤을 추는 듯, 난새가 앉아 있는 듯한 곳이 바로 청계산이다. 곧장 동쪽으로 가면 남한산성이다. 파란 봉우리와 흰 성곽이 허공에 가로놓여 있다. 남한산성 동북쪽은 월계月溪와 도미진渡迷津이다.

고개와 협곡이 마주 솟아 있는데 풀과 나무가 울창한 그 앞에 푸른 섬이 있으니, 바로 저자도라는 곳이다. 물길이 둘로 나뉘어 흐르면서 섬을 사방으로 에워싸고 있다. 기암괴석이 사이사이에 솟고 흰 모래가 평평하게 깔려 있다. 높은 벼랑의 갈라진 바위 틈에는 꽃이 피어 있기도 하고 단풍나무가 서 있기도 하다. 봄이면 붉게 타오르고 가을이면 빨갛게 물드니, 그 광경이 더욱 기이하다. 그 가운데 몇 개의 촌락이 있어 소나무 숲 사이로 어리비친다. 그 위쪽은 광나루이다. 들판과 취락이 눈길 닿는 끝까지 아득히 뻗어 있다. 그 아래쪽에는 청담淸潭이 있다. 물이 맑고 질펀하여 깊이를 헤아릴 수 없다.

이 정자 앞에 밤낮으로 펼쳐지는 경관은 이러하다. 희미한 이내와 지는 노을이 반짝였다 스러지면 만 개의 골짜기와 천 개의 봉우리가 어디론가 갔다가 돌아오는 듯하다. 여기에 하늘빛과 구름 그림자가 갑작스럽게 나타났다 홀연 사라지는 가운데 어선과 상선이 홀로 떠 있거나 함께 지나가기도 한다. 사계절의 풍경이 무궁하여 이 정자의 흥취가 넉넉하다.

산은 겹겹으로 이곳에 모여들고, 물은 첩첩으로 이곳에 모여든다. 시원한 바람은 여기서 더욱 시원해지고 밝은 달은 여기서 더욱 밝아진다. 한 푼의 돈을 주고 살 필요도 없는 영원한 무진장無盡藏이다. 이 강가에 있는 집이 십여 채인데 유독 이 정자에서만 이처럼 아름다운 풍경이 보이니, 이 정자에 풍월정이란 이름이 참으로 잘 어울린다고 하겠다.

　나는 이로 인하여 느낀 바가 있다. 세상 사람들은 바람이 바람이고 달이 달인 줄만 알지 내가 간직한 바람과 달이 훨씬 아름답다는 것을 알지 못한다. 참으로 안타까운 일이다. 바람과 달은 밖에 있는데 내가 간직하였다고 하는 까닭은 무엇인가? 그 답은 이러하다. 군자가 마음을 흰 눈처럼 맑게 하여 인욕이 깨끗이 사라지면, 산뜻한 바람과 화창한 달빛을 나의 마음에 간직하게 되리니,[01] 밖에 있는 것이 필요 없다. 게다가 밖에 있는 바람과 달은 흐려지기도 하고 어두워지기도 하지만, 나에게 있는 것은 봄, 여름, 가을, 겨울이 따로 없고 밤낮을 가릴 것 없이 산뜻하지 않은 때가 없고 화창하지 않은 날이 없다. 굳이 정자에서 내려다볼 것도 없이 끝없는 풍광을 저절로 지니게 되니, 그 즐거움은 언어로 형용하기 어렵다.

　아, 밖에 있는 것은 모든 사람이 볼 수 있지만, 안에 있는 것은 아는 사람이 드물다. 게다가 이러한 마음을 간직하고 있는 사람이 대체 몇이나 되겠는가? 권정칙은 흉금이 속되지 않고 훌륭한 자제를 두었기에 이 말을 해줄 만하다. 이 때문에 기문을 지어달라는 부탁을 감히 거절하지 못하고 이 말까지 함께 일러준다. 원문 313쪽

　백헌白軒 이경석李景奭(1595~1671)은 학문과 문학에 뛰어난 인물이었다. 그의 가문은 장동김씨莊洞金氏와 함께 조선 후기 학술계를 이끈 명

01 황정견黃庭堅의 〈염계시서濂溪詩序〉에 "용릉의 주무숙周茂叔은 인품이 매우 고상해서, 마치 '시원한 바람과 맑은 달빛光風霽月'처럼 가슴속이 쇄락하기만 하다"고 평한 내용이 나온다. 무숙은 주돈이의 자다.

풍광이 아름다우니 죽음도 두렵지 않다　83

문이다.

저자도는 뚝섬 앞쪽에 중랑천이 한강 본류와 만나는 지점에 토사가 퇴적하여 생긴 아름다운 섬이다. 봄이면 살구꽃이 아름답고 가을이면 갈대가 아름다웠다. 안타깝게도 1970년대 강남을 개발하면서 그곳의 모래로 아파트를 짓는 바람에 지금은 이 모든 것이 사라져버렸다. 그러나 조선의 문인들은 글을 지어 저자도의 아름다움을 시로 노래하고 글을 지어 그 풍광을 전하였다. 삼남으로 내려가는 사람들은 뚝섬에서 배를 타고 한강을 건너면서 늘 저자도를 보았기에 우리 문학사에서 저자도를 노래한 작품은 참으로 많다.

그중 저자도의 풍광을 가장 운치 있게 묘사한 글이 바로 이경석의 글이다. 17세기 저자도에는 소동파의 〈적벽부〉에서 이름을 따온 풍월정風月亭이라는 정자가 하나 있었다. 그곳에 오르면 선릉과 정릉, 헌릉 등 왕릉을 에워싼 울창한 숲이 바라보이는 가운데 청계산과 남한산성이 너울너울 춤을 추듯 다가왔다. 푸른 월계에서 흘러온 한강물이 널따란 동호를 지나 서호로 흘러가는 모습도 보였다. 하얀 모래밭 도처에 기암괴석이 서 있는데 봄철이면 아름다운 꽃이 피어나고, 가을이면 단풍나무가 붉게 타올랐다. 저자도는 소동파가 말한 무진장의 섬이었다.

조선 후기 삼연三淵 김창흡金昌翕이 산수의 병을 치유하고자 도성에서 가까운 저자도에 집을 지었는데 그 상량문에 이런 글이 나온다. "섬 곁으로 휘도는 물결을 보면 석주石洲 권필이 배를 멈추던 일이 떠오르고, 꽃을 꺾어 물가에 서면 옥봉玉峰 백광훈白光勳이 정인情人을 보내던 일이 생각난다. 옛정은 동으로 흐르는 물에도 다하지 않고 그 사람은 여전히 모래톱에 남아 있는 것만 같다〔側島回波, 緬懷石洲之弭棹, 折花臨水, 渺思玉峰之送人, 故情不盡於東流, 伊人宛在於中沚〕." 김창흡은 저자도에서 당대 최고의 시인 백광훈과 권필이 저자도를 배경으로 지은 시를 떠올리고 그로 인하여 정감이 끝이 없다 하였다.

  나는 이렇게 바꾼다. "사라진 섬으로 눈길을 돌리면 달과 바람이 깃들던 풍월정이 떠오르고, 빼곡한 아파트 더미에 서면 산과 물을 찾아 훌쩍 떠난 삼연이 생각난다. 옛정은 동으로 흐르는 물에도 다하지 않고 그 사람은 여전히 모래톱에 남아 있는 것만 같다."

자연도 아름다운 글이 있어 더욱 빛이 나는 법이요,
글이 있어 그 아름다움을 후세에 전하게 된다.
지금은 잊혀진 서강 일대의 아름다운 팔경은 서유구의 글이 있어 기억할 수 있다.

자연도 글이 있어 빛난다

부용강芙蓉江 원근의 빼어난 곳을 손으로 꼽자면 모두 여덟이 있다. 첫 번째는 천주타운天柱朶雲이요, 두 번째는 검단문하黔丹紋霞요, 세 번째는 율서어증栗嶼魚罾이요, 네 번째는 만천해등蔓川蟹燈이요, 다섯 번째는 오탄첩장烏灘疊檣이요, 여섯 번째는 노량요정露梁遙艇이요, 일곱째는 곡원금곡槲園錦穀이요, 여덟 째는 맥평옥설麥坪玉屑이다.

곧바로 강 동남으로 수십, 수백 보를 가면 높고 위태하게 솟아 있는 산이 관악산이요, 가장 높은 봉우리가 천주봉이다. 새벽에 일어나 바라보면 한 무더기 흰 구름이 아득하게 봉우리 정상에 피어오르고, 조금 있노라면 향기로운 연기가 자욱해지고 빼곡하게 에워싸 무성해지며, 그렇게 되면 산허리에서부터 윗부분은 가려져 보이지 않게 되고 다시 조금 더 있으면 꽃송이처럼 날려 다 사라지게 된다. 그러면 봉우리가 훤하게 하늘에 기대어 우뚝 솟아난 모습만 보인다. 이 때문에 '천주타운'이라 한 것이다. 관악산에서 서쪽으로 구불구불 치달았다 다시 솟구쳐 일어나서 산이 된 것이 검단산이다. 산빛이 깨끗하게 목욕을 한 듯 쪽빛 같다. 얼룩얼룩한 노을에 반쯤 덮인 채 위에 쪽을 진 듯 검은 머리가 몇 점 드러난다. 막 아침 햇살이 엷게 비치면 오색 비단에 무늬를 넣은 듯하므로 '검단문하'라 한 것이다. 이 두 가지는 아침에 어울린다.

강 한가운데 느른하게 누워 섬이 된 것이 있는데 밤섬이라 한다. 섬을 마주하고 물길이 구불구불 돌아나가 지류가 된 것을 만천이라 한다. 온갖 소리가 고요하고 물결이 맑은데 이슬이 물을 덮고 있다. 물고기를 잡는 그물은 대부분 밤섬의 물가에 있고 게잡이 등불은 대부분 만천의 포구에 있다. 짚불이 점점이 있어 듬성듬성 별이 떠 있는 듯하다. 가는 배들의 삐걱삐걱 소리가 어부들의 노랫가락과 서로 답을 한다. 이 때문에 '율서어증', '만천해등'이라 한 것이다. 이 두 가지는 밤에 어울린다.

강의 아래쪽을 오탄이라 한다. 봄날 얼음이 반쯤 녹으면 조운선이 다 몰려든다. 멀리서 바라보면 천 척 배의 돛대가 은은한 엷은 노을과 푸른 물빛 사이로 빼곡하게 서 있다. 강의 위쪽을 노량이라 한다. 때마침 장맛비가 내리면 드넓은 강물이 느릿느릿 흘러가고 조각배가 물 위에 떠 흔들흔들 가는 듯도 하고 오는 듯도 하다. 강 북쪽 기슭이 마포다. 고개에 떡갈나무 수십 그루가 있어 가을이 깊어지면 나뭇잎이 늙어 울긋불긋한 빛이 뒤섞여 흐드러진 모습이 마치 촉땅에서 나는 비단으로 나무에 옷을 입혀놓은 듯하다. 동쪽 물가를 사촌평沙村坪이라 부른다. 마을 사람들은 해마다 보리와 밀을 파종하는데, 이삭이 막 패기 시작할 때 싸락눈이 갓 내리면 찬란한 모습이 마치 아름다운 옥이 이끼 위에 떨어진 듯하다. 이 때문에 '맥평옥설', '곡원금곡', '노량요정', '오탄첩장'이라 한 것이다. 이 넷은

〈노량진도〉 _장시흥

지명으로나마 남아 있는 노량 나루. 때마침 장맛비가 내리면 드넓은 강물이 느릿느릿 흘러가고 조각배가 물 위에 떠 흔들흔들 가는 듯도 하고 오는 듯도 하다. (고려대학교박물관 소장)

봄과 여름에 어울리기도 하고 가을과 겨울에 어울리기도 한다.

대개 천주봉과 검단산, 오탄, 노량은 멀리서 바라볼 수 있고 밤섬과 만천, 곡원, 맥평은 책상에서 바로 보이는 사물이다. 올해 늦봄 배로 오탄을 지나다가 강 한가운데의 바위를 보았는데 거북이가 엎드려 머리를 내어놓은 듯한 모습이었다. 그 머리에 큰 글씨 두 자를 새겨 놓았는데 이끼에 문드러지고 침식되어 있었다. 그 아래로 배를 저어가서 손으로 문질러 읽어 보니 그 글에 '집승集勝'이라 되어 있었다. 그곳 토박이 중에 함께 놀러 따라온 이가 명나라 주지번의 필적이라 하여 마침내 탁본을 해가지고 돌아왔다. 다시 위와 같은 여덟 가지 조목을 나열하여 장차 명가에게 시를 구하고자 하면서 주인이 먼저 서문을 쓰고 그 뜻을 말하였다. 주인의 성은 서씨요, 이름은 모른다. 호는 부용자芙蓉子라 한다. 원문 314쪽

한강에는 아름다운 곳이 참으로 많았다. 지금은 사라진 동호의 섬 저자도가 그러하거니와, 서호에는 이에 비견할 밤섬이 있었다. 밤섬이 있는 노량진과 마포 사이는 서호라 불리는 도성의 대표적인 유상지였다. 지금은 한강 개발로 찢어지고 부서져 그 아름다움을 크게 잃었지만, 불과 100여 년 전만 하더라도 산수화 속의 아름다운 풍광이었다.

서유구徐有榘(1764~1845) 집안은 장단長湍의 동원桐原, 곧 파주시 진동면 동파리 일월봉日月峯 아래에 선영을 두고 그곳에서 세거하였다. 경저는 저동苧洞과 죽동竹洞 일대에 있었다. 영희전永喜殿 바로 북쪽으로 오늘날 남학동 일대다.《임하필기》에 따르면 남산 아래는 집터가 좋아

옛날부터 '저동죽서苧東竹西'라는 말이 있는데 저동苧東, 곧 저동의 동쪽에서 가장 큰 집이 서명선의 고택이라 하였다.

이 집안과 관련하여 더욱 주목되는 공간이 이 글에서 이른 부용강이다. 서유구의 조부 서명응徐命膺(1716~1787)은 도성 생활에 염증을 내고 한강으로 물러나 살았다. 서명응이 살던 곳은 농암籠巖이라는 곳으로 밤섬 근처에 있었다. 그 앞의 물가를 용주蓉洲(溶洲로도 적는다)라 하고 그 일대의 한강을 부용강이라 새로운 이름을 붙였다. 연꽃이 많이 피어 있었기에 용산龍山의 옛 이름이 용산蓉山이었다. 서유구는 조부를 모시고 함께 용주에 살면서 자신의 호를 용주자蓉洲子라 하고 집 이름은 용주정사蓉洲精舍라 하였다. 뜰에 돌을 쌓아 계단을 만들고 계단 위에 단풍나무 10여 그루를 심고 서실의 이름을 풍석암楓石庵이라 하였다. 그의 중요한 저술이 바로 이곳에서 나온 것이다.

서유구는 그곳에서 바라보이는 아름다운 풍경을 여덟 가지로 정리하고 하나하나 운치 있는 이름을 붙였다. 그리고 아침과 저녁, 혹은 계절에 따라 더욱 멋진 곳을 이야기했다. 서유구가 이름 붙인 팔경 중 지금은 확인할 수 없는 곳이 많다. 관악산의 주봉 천주봉과 검단산(호암산을 이른다)은 예전 그대로이되, 물과 섬의 풍경은 사라졌다. 이름조차 기억되지 않는 만천은 만초천蔓草川이라고도 하는데 모악母岳에서 발원하여 청파靑坡 남쪽에 있는 주교舟橋를 지나 마포로 흘러드는 지류였지만 지금은 아스팔트 아래에 있다. 그 앞 밤섬의 고기잡이 배들과 게잡이 등불은 상상으로 즐겨야 한다. 노량은 지명으로나마 남았지만 오탄과 사평은 그러하지도 못하다. 사평은 동작의 동쪽에 있던 마을 이름임이 지도에서 확인되지만 오탄은 그 존재조차 확인하기 어렵다.

옛사람의 풍류를 이어 서유구는 자연에 이름을 붙여 마음으로 이를 소유하였다. 그리고 이를 세상에 알리기 위하여 강물 가운데 솟아 있는 바위에 이를 새겼다. 그러한 사연을 담은 글을 함께 지어 넘실넘실 흐르는 아름다운 한강의 기억이 후세에 전해지도록 하였다.

조선후기 고지도를 보면 한강이 얼마나 많이 바뀌었는지 쉽게 알 수 있다.
여러 곳에 있던 섬과 백사장, 절벽 등이 사라져버렸다.
난지도도 그러하다.

한백겸

오래가도 바뀌지 않을 것

 서울의 진산인 삼각산이 북으로 한 자락 뻗어나가 큰 길을 넘어 서쪽으로 끊어질 듯 말 듯 너울너울 이어 나가다가, 물을 만나면 멈추고 기가 뭉쳐 언덕이 되고 빙 둘러 골이 되는데, 이곳이 촌락의 주거지다. 한강이 동남에서 흘러와 용산을 지나 희우정喜雨亭 아래 이르면 넘실넘실 두 갈래 물로 나누어진다. 그 큰 줄기는 기세가 넓고 깊은데 서쪽 강안을 따라 북쪽으로 가서 곧장 바다로 나아간다. 또 한 줄기는 동쪽으로 꺾었다가 서쪽으로 휘어 굽이굽이 돌아 마을의 동구를 안고 흘러가는데 10여 리쯤 가서 행주성 아래 이르고 다시 큰 강과 합쳐진다. 두 강 사이에 섬이 있어 삼각주를 형성하는데 벼와 기장이 무성하다. 마을에 사는 사람들은 늘 물을 건너 왕래하면서 경작을 한다. 그 이름을 수이촌水伊村이라 한다. 여름과 가을이 교차할 때마다 장맛비로 물이 크게 불면 두 강이 합쳐져 바다처럼 넓어지고 물빛이 하늘에 이어지는데, 마을 이름이 아마도 이 때문인 듯하다.

　내가 무신년(1608) 여름 모친상을 당하였는데 아우 유천자柳川子의 작은 전장이 곧바로 북쪽 몇 리쯤 떨어진 곳에 있어 궤연几筵을 모시고 머물게 되었다. 또 그리 넓지 않은 밭이 이 마을 북쪽 산기슭 아래 있어 이를 떼어 나에게 주었다. 이에 내가 초가 몇 칸을 지어 농막으로 삼았다. 상을 마치고 나서 몸을 일으켜 조정으로 가자니 병이 들었다. 또 아침저녁 몸 보전하기도 어려웠기에 짐을 싸서 선산으로 돌아가려 하니 이미 늙은 신세였다. 고향으로 돌아갈 마음을 잊지 못하고 세사의 갈림길에 방황하다 머리가 부질없이 허옇게 세었는데, 이 한 구역을 돌아보니 오히려 고향과 같은 연민이 생기는지라, 잠시 쉴 곳으로 삼아 여생을 보내기로 하였다. 전장의 초막 위에 다시 작은 초가를 하나 얽고서 병든 사람이 거처하기에 편하도록 하였는데 거우 비바람을 가리고 무릎을 들일 정도에 그쳤다.

　처음에는 사나운 서리가 밤에 내리고 숨어 있던 벌레들이 구멍에서 기어 나왔다. 오직 내 한 몸 보전하는 것이 급선무였기에, 사실 기이하고 빼어난 땅을 찾아다닐 생각을 할 틈도 없었다. 그러나 이미 거처를 정하고 나서 이곳에 앉고, 이곳에 눕고, 이곳에 노닐다 보니, 그 산빛과 물빛이 나의 그윽한 흥취를 도와주는 것 또한 족히 한둘이 아니었다. 앞에는 강 너머로 광주의 청계산, 과천의 관악산, 금천의 금주산衿州山, 안산의 소래산과 같은 들이 강안을 따라 봉우리가 이어져 하나로 빙 둘러져 있다. 봉황새가 춤을 추고 용이 날아오르는 모습이 다투어 창앞에 펼쳐진다. 왼쪽으로는 저 세 산봉우리를 잘라 놓은 천 길 높이의 절벽이 서 있어 늠름하여 범할 수 없는 기세가 있고, 오른쪽으로는 먼 포구와 아스라한 멧부리가 눈길 끝에 가물가물 보이는데, 그 안에 황무지를 포용하고 있는 듯하다. 어찌 잠시 돌아보는 사이에 이처럼 기상이 같지 않을 수 있는가?

문을 나서면 마주하는 것이 선유봉仙遊峯이다. 한 점 외로운 산이 날아가다 강가에 떨어진 듯하여 마치 여러 용이 구슬을 다투는 것 같다. 주위를 돌아보면 가장 먼저 눈 안에 들어오는 것이 소요정逍遙亭이다. 백 길의 두 기둥이 물 가운데 마주 세워져 있어 흡사 신선의 저택에 문을 열어놓은 듯하다. 돛을 단 조각배가 바람을 따라 왕래하느라 점점이 출몰하니, 이들은 들판 너머 큰 강에서 늘 마음대로 바라볼 수 있는 것들이 아니겠는가? 늙은 소가 송아지를 데리고 예닐곱 마리 떼를 지어 물을 마시기도 하고 누워 있기도 하니, 문 곁에 푸른 들판에서 늘 스스로 기르는 것들이 아니겠는가? 아침 안개와 저녁 노을, 가을 달빛과 봄날의 꽃 등 시간의 흐름에 따라 변화하는 모습이 끝이 없다.

이 모든 것은 눈앞에 거두어 들여 간직하여 우리 집의 재산으로 삼는다. 다만 한쪽 면에는 보이는 것이 없는데 허공에 걸린 듯한 벼랑과 끊어진 산기슭이 병풍을 쳐놓은 것 같은 형세여서 삭풍이 요란하게 불 때, 등에는 따뜻하게 햇살을 쬘 수 있다. 선유先儒가 음양 체용體用의 수를 논하면서 "천지는 동쪽, 서쪽, 남쪽을 볼 수 있지만 북쪽은 볼 수 없다"[01]고 하였으니, 이 땅은 정말 천지자연의 형세를 얻은 것이라 하겠다.

도성에서의 거리가 30리도 되지 않아 대궐의 풍경소리가 때때로 귀에 들린다. 벼슬아치들이 전장을 구하여 은거하고자 하면 이곳만큼 편한 곳이 없다. 그런데도 100년 동안 버려두어 관리하는 사람이 없었으니, 아마도 귀신이 숨기고 아껴두었다가 나를 기다린 것이라 하겠다. 이 때문에 생각을 해보았다. '사람의 편안한 거처는 멀리 있지 않고 가까이 있다. 지난 생애를 돌아보니 허다하게 다닌 곳 중에 이곳 같은 데가 없었으니 참으로

---

[01] 채원정蔡元定이 한 말로 허형許衡의 《노재유서魯齋遺書》에 보인다.

우스운 일이다.'

이에 수이촌을 물이촌勿移村으로 이름을 바꾸었다. 우리말로 글자의 음이 같기 때문이다. 그 집에 편액을 달아 구암久菴이라 하였으니, 예전 호를 그대로 두고 새로운 뜻을 붙여 장차 은거하여 생애를 마칠 참이다. 오래가도록[久] 바꾸지[移] 않을 것이 바로 여기에 있지 않겠는가?

아, 선비가 제 하던 일을 바꾸고 백성이 그 거처를 옮기는 것은 모두 혈기가 왕성하여 다른 것을 그리워하는 데서 연유한다. 이제 내가 늘그막에 이승을 떠날 때 되니 만사가 흐트러졌다. 앉으면 서는 것을 잊고 누우면 일어날 것을 잊는다. 그러니 할 일을 바꾸어 무엇을 구하겠으며, 거처를 옮겨 어디로 가겠는가? 오직 바꾸지 않는 것이 오래갈 수 있는 방도이다. 오래가면 편안하고 편안하면 즐겁다. 즐거우면 그만두려 해도 되지 않는 법이라 비록 바꾸려 하더라도 또한 될 수 없을 것이니, 내 몸이 훼상되는 것을 면할 수 있을 것이다.[02] 마침내 글을 적어 내 뜻을 보인다. 원문 315쪽

난지도는 조선후기 지도에는 중초도中草島라 되어 있고 그 물가 마을을 수생리水生里라 하였다. 불광천과 홍제천이 한강과 만나 형성된 모래섬이다. 조선시대 이 일대는 아름다운 풍광을 자랑하는 곳이라 효령대군의 희우정喜雨亭과 심정沈貞의 소요정逍遙亭 등 이름난 정자가 있었

---

[02] 증자曾子가 병이 났을 때 제자들을 불러 "이불을 걷고 내 손발을 보아라. ……지금에야 내가 몸 훼상됨을 면한 줄 알겠다[啓子足 啓子手 而今而後吾知免夫]" 하였다. 《논어》〈태백〉편.

다. 1978년부터 1993년까지 서울 시민이 버린 쓰레기를 덮어썼다. 다행히 지금은 하늘공원이 조성되어 다시 아름다운 풍광을 돌려받았다.

지금으로부터 500여 년 전 그곳에는 물이촌이라는 마을이 있었다. 수이촌水伊村, 수이촌水移村으로도 썼지만 물이촌이라 읽었다. 물이촌을 글로 후세에 알린 사람은 한백겸韓百謙(1552~1615)이다. 한백겸은 《동국지리지東國地理誌》, 《기전고箕田攷》 등을 저술한 뛰어난 학자이다. 특히 《기전고》는 청나라 장생목蔣生沐의 《별하재총서別下齋叢書》에 수록된 이래 근대 중국의 총서에도 포함되어 있으니, 조선의 저술로는 드문 예라 하겠다.

한백겸은 1610년 호조참의로 있던 중 모친상을 당하였다. 느지막이 시작한 벼슬길인데다 벼슬살이 자체를 즐기지 않아 물러나 살고자 하였다. 마침 물이촌에 전장을 구입하여 소유하고 있던 아우 한준겸韓浚謙이 형을 위하여 땅을 떼어 주었다. 이에 한백겸은 그 마을 이름을 물이촌으로 바꾸고 그 집을 구암이라 이름하였다. '구암'과 '물이'를 합하여 오래도록 은거의 뜻을 바꾸지 않겠다는 의지를 표방한 것이다. 구암은 북쪽 언덕 아래 있었는데 그 곁에 대나무 수백 그루를 심었으니 다시 대나무의 곧은 정신을 배우려 한 것이었다.

훗날 이 땅은 채팽윤蔡彭胤(1669~1731)에 의하여 다시 한 번 빛이 났다. 채팽윤은 1686년 한후상韓後相의 딸과 혼인하였으니, 한백겸은 그에게 처고조부가 된다. 채팽윤이 초례를 올린 것이 바로 이 물이촌이었다. 당시 구암은 이미 허물어져 노비들의 거처로 변해 있었다. 채팽윤은 처고조부가 남긴 〈물이촌 구암의 기문〉을 쓸쓸히 읽었다.

그 후 충청도 남포의 현감으로 있던 채팽윤은 1706년 부인 한씨를 잃었다. 가난하여 부인의 묏자리를 구하지 못하여 안타까워하다가 장인의 도움을 받아 이듬해 처의 널을 싣고 천리 길을 가서 물이촌에서 장사를 지냈다. 이로써 채팽윤은 물이촌 사람이 되었다. 마을 사람들을 불러 한백겸 생전에 있던 계를 다시 조직하였다. 그리고 채팽윤은 오래도록 뜻을 바꾸지 않겠다는 '구암'과 '물이촌'의 정신을 사모하여 자신의 집을 '물이소勿貳巢'라 붙였다. 두 마음을 가지지 않으면 한결같아지는 조그만 집이라는 뜻이다. 〈수촌수계서水村脩稧序〉라는 글에 이러한 사연을 적었다.

동작동 국립묘지 안에 화장사라는 절이 있다.
지금은 호국지장사라 불린다.
국립묘지가 들어서기 전 이 일대의 모습은 어떠하였을까?

김매순

나는 즐거워 피로하지 않다

기해년(1839) 여름 내가 더위와 장마로 고생하다가 가을이 되자 한 열흘 설사가 쏟아졌는데 약을 먹으니 조금 멈추었다. 묵은 병이 자주 도져서 봄이 되도록 이부자리에서 벗어나지 못하였다. 한 술만 떠도 배가 부르고 한밤이 되도록 잠이 오지 않았다. 지팡이를 짚고 비틀비틀 걷다가 열 걸음에 세 번 자빠졌다. 날마다 괴롭고 견디기 어려워 스스로 약으로는 어찌하기 어려울 것이라 생각하였다.

산과 강에서 답답함을 푸는 것이 인삼이나 복령보다 나을 듯하지만, 병든 몸을 생각하니 먼 곳으로 갈 수가 없었다. 듣자니 노량 나루 남쪽에 화장사가 있는데 놀 만하다 하기에 유경형兪景衡(유신환兪莘煥), 김위사金渭師(김상현金尙鉉)와 함께 행장을 꾸려 하룻밤 자고 오기로 약조하였지만 바람이 불고 비가 와서 두 번이나 약속이 취소되었다.

늦여름 유월 초사흘에 날이 개고 햇살이 퍼져 따스하기가 사람에게 딱 맞았다. 두 벗이 소매를 펄럭이며 나란히 우리 집에 이르렀다. 이미 사람으로 하여금 훨훨 날아갈 마음이 들게 하였다. 위사가 말하였다.

"약속을 하였으니 감히 어길 수 없겠지만, 산을 넘고 물을 건너자면 힘이 들지 않을 수 없겠지요. 이곳에 머물면서 하룻저녁을 보내시지요."

내가 흥분하여 말하였다.

"나는 갈 것이네. 자네들은 젊고 병이 없는데, 이 늙은이 때문에 한 번 움직이는 것을 꺼리시는가?"

모두들 껄껄 웃었다.

나는 가마를 타고 위사는 말을 타고 경형과 인아寅兒[01]는 걸었다. 하인 둘은 가볍고 무거운 짐을 맡았는데 간장 한 병, 쌀 한 자루, 피리 한 자루, 먹 하나, 중국 종이 수십 장, 동파시東坡詩 두 질 등이다. 나와 위사는 먼저 나루에 도착하여 배를 타고 곧바로 건넜다. 수면이 거울처럼 맑았다. 용양정[02] 아래에서 섶을 깔고 앉아 일행이 모두 도착하기를 기다렸다. 위사가 하인과 노새를 도성 안으로 돌려보내었는데, 산길이라 노새를 탈 수 없었기 때문이다.

산을 따라 왼편으로 가서 흑석촌을 지나 험준한 산길을 오르내리면서 몇 리를 갔다. 처마와 기와가 나타나더니 절문의 현액 글자가 보였다. 승려 몇이 나와 맞이하며 길을 안내하여 불이정에 올라 자리를 깔고 앉게 하였다. 난간에 기대어 사방을 조망하였다. 고운 봉우리가 오른쪽을 감싸고

---

01 김매순은 김정순의 아들 김선근을 후사로 들였는데, 여기서 인아는 김선근의 아명인 듯하다.
02 정조가 현릉원顯隆園에 행차할 때 노량진에 주교舟橋를 설치하고 망해정望海亭 터에 용양봉저정龍驤鳳翥亭을 지었는데 용양정은 이를 가리킨다.

맑은 강이 왼쪽에 갈라져 흘렀다. 대단한 볼거리는 없지만 좋은 사원이라 일컬을 만하였다.

조금 있으니 다른 사람들이 왔는데 그들의 행색을 보니 땀을 줄줄 흘리고 숨을 헐떡이면서 손으로 어지럽게 부채질을 하였다. 두 벗은 술과 국수를 따로 장만해 왔는데 아랫사람들에게까지 줄 만큼 넉넉하였다.

저녁이 되자 바람이 사나워졌다. 정자에서 내려와 길을 꺾어 조그만 두 개의 사립문을 지나니 장실丈室이 나왔다. 방의 창살은 호젓하고 돗자리는 깔끔하였다. 장실에 금부처 하나를 모시고 있었다. 그 아래 향을 사르는 오래된 청동화로가 놓여 있는데 그 모습이 자그마하면서도 조형이 매우 정교하였다. 불경 몇 질이 그 오른편 서가에 놓여 있었다. 동쪽 담장 아래 복숭아나무 대여섯 그루가 막 흐드러지게 꽃을 피워 울긋불긋하게 어리비치고 있었다. 뜰은 그다지 넓지는 않은데 포도 넝쿨과 석류 화분, 아름다운 꽃나무와 괴석이 치밀하게 배치되어 있어 자못 운치가 있었다. 이 모두가 장로長老 정심淨心이 조금씩 장만한 것이라 한다. 그와 이야기를 나누어 보니 순수하고 근실하여 취할 점이 있었다.

조금 있으니 밥이 들어왔다. 밥은 완두콩으로 지었다. 반찬은 다시마인데 삶고 데친 것이 법식에 맞아 향긋하고 기름져서 고기를 대신할 정도였다. 반 사발을 먹으니 배가 불렀는데 예전에 그런 일이 없었다. 샘물을 떠서 입을 헹구니 단맛이 제호醍醐에 비길 만하였다. 급히 차를 끓이게 하여 통쾌하게 한 사발을 들이켰다.

다시 정자로 나와 서성이는데, 갑자기 엷은 흰빛이 옷에 생겨났다. 위를 쳐다보니 초승달이 숲 끝으로 나와 곱디고운 빛을 뿜고 있었다. 내가 사람들을 돌아보면서 말하였다.

"만일 처음 기약한 날에 왔더라면 이러한 달빛을 놓치지 않았겠나. 하늘이 마음 써주심이 은근하니, 머리를 조아려 감사의 글을 올려야겠네."

한참 산보를 하다가 방으로 돌아와 《동파집》을 뒤적이다 〈호구사虎邱寺〉 시에 차운하여 급히 시를 지었다.[03] 둥글게 앉아서 실컷 회포를 풀다보니 촛불 두 심지가 다 탄 것도 알지 못하였다.

밤이 얼마나 깊었는지 물었더니 정심 스님이 문밖으로 나가서 별을 보고 돌아와 말하였다.

"산중이라 시각을 알리는 종이나 물시계가 없어 정확히 말하지 못하겠지만, 대략 5경 무렵인 것 같습니다."

내가 말하였다.

"내가 즐거워 피로하지 않소. 그러나 그 기를 거칠게 하지 말라고 한 것이 옛 가르침이라네.[04] 조금 정력을 아껴두어서 말짱한 정신으로 내일 아침을 맞는 것이 좋지 않겠나."

마침내 각기 침소로 가서 곯아떨어졌다.

창이 훤하게 밝아올 때 일어나 세수를 하였다. 사람들이 막 서쪽의 조그만 요사채에서 밤에 지은 시를 읊조리느라 웅얼거리는 소리가 귀에 가득 들렸는데 소란하여 불편하였다. 시렁 위에 있는 《금강경》 한 권을 집어다가 조용히 뒤적거렸다. 심오해서 이해되지 않는 곳이 많았지만 이해가 되는 곳은 종종 훤한 깨우침이 있었다.

이윽고 여러 사람들이 글을 완성해 와서 베꼈다. 성률과 품격이 모두 아

---

[03] 김매순의 《내산집》(권3)에 〈동파의 호구사 시운에 차운하다(拈東坡虎邱舊韻)〉가 바로 이 작품이다.
[04] 맹자가 부동심을 논하면서 "지志는 기氣를 부리는 장수이고, 기는 몸을 채우고 있는 것이니, 지가 첫째요 기가 그다음이다. 그러므로 그 지를 확고히 세우고도 또 그 기를 거칠게 하지 말라고 한 것이다(夫志氣之帥也, 氣體之充也. 夫志至焉, 氣次焉, 故曰持其志, 無暴其氣)"라 하였다.

름다웠다. 인아가 지은 것도 두 벗으로부터 칭찬을 받았다. 내가 또 그 아래 절구 두 수를 쓰고 여러 사람으로 하여금 집에 돌아가 화답을 하게 하였다.

하인이 밥이 다 되었다고 고하였다. 밥을 먹은 후에 발길을 돌리려는데, 절간의 주방이 적막하여 연기가 오르지 않았다. 곁의 승려들을 보니 얼굴색이 모두 누렇게 떠서 밥을 먹지 못한 지 하루 밤낮은 되어 보였다. 자루 속의 남은 양식을 꺼내어 시주하였다. 모두들 합장하고 감사하다면서 산모퉁이까지 전송을 나왔다. 헤어지는 것이 아쉬운 표정들이었다. 단풍 들 철에 다시 오겠다고 하니, 모두들 한 목소리로 반드시 오시라고 청하였다. 밥 한 끼의 인연이 이 정도인가? 집에 도착하니 해가 중천에 걸렸다.

이번 여행은 세 가지 얻은 것이 있었다. 첫째, 사찰과 산수는 모두 빼어난 볼거리라 할 만하다. 어떤 짐승은 이빨만 뛰어나고 어떤 짐승은 뿔만 뛰어나니 이 둘을 겸할 수는 없는 법. 땅이 너무 드러나 있으면 닭과 개 울음소리가 가까운 것이 싫고, 땅이 너무 궁벽지면 수레나 말을 타고 가야 하는 번거로움을 치러야 한다. 이 산은 그다지 깊지도 얕지도 않아 산을 오르고 물을 건너면 바로 왁자지껄한 속세와 멀어질 수 있다. 산을 오르거나 물을 건너기에 모두 딱 적당한 곳을 찾자면 바로 여기라 하겠다.

둘째, 그저 너무 적막한 것을 면하려고 여러 사람을 불러 모으다가는 다툼이 일어나기 쉽다. 두 명의 벗과 아이 한 명이면 충분한 성원이 된다. 경형은 뜻이 굳고 마음이 고요하여 겹겹의 관문을 뚫을 만한 공력을 지녔다. 위사는 정신이 탁 트이고 칼날처럼 날카로워 만 리 높은 하늘로 날아오를 기상이 있으며 봄빛에 꽃이 만발하여 겨울이 되어도 시들지 않을 듯하다. 인아는 어린 새가 지저귐을 배우는 듯 또한 수창에 참여하였다. 일행 모두가 제대로 되었다 하겠다.

셋째, 임금이 편안하고 신하가 수고로우면 막힌 것이 뚫리고 더러운 것이 제거되듯 어려운 일이 술술 풀리고, 잠자리가 아름답고 음식이 맛나면 심신이 조화롭게 되는 법이니, 어찌 천운을 얻은 것이 아니라 하겠는가? 꼭 그렇다고 단언을 할 수는 없겠지만, 어찌 이러한 공을 아뢰지 않을 수 있겠는가? 그 물이 찬지 뜨거운지는 직접 마셔봐야 아는 법인데, 위사는 무슨 걱정을 그리 지나치게 하였던가? 이 모두 기술하지 않을 수 없다.

경자庚子 욕불일浴佛日(석가탄신일)에 대산거사臺山居士가 기록한다.

원문 316쪽

김매순金邁淳(1776~1840)은 김창흡의 후손으로 조선말기 장동김씨을 대표하는 학자이며, 홍석주와 함께 가장 높은 수준의 고문古文을 시범한 작가이기도 하다. 의론문을 잘 쓴 것으로 알려져 있지만, 위의 글은 글자를 잘 다듬어 참신하고 활발한 묘사력을 잘 보여주고 있다.

김매순은 파란 많은 인생사, 65세의 노경에 병마에 시달렸다. 6월 20일 병으로 세상을 떴으니, 6월 3일 한강을 건너 화장사를 찾은 것은 이생의 마지막 여행이었으리라. 노환에 약이 듣지 않아 차라리 바람이나 쐬러 가는 것이 좋다고 여겨 그리 멀지 않은 화장사를 찾은 것이다. 아들과 제자 유신환(1801~1859)과 김상현(1811~1890)만 데리고 간 단촐한 나들이였다.

지금은 국립서울현충원 안에 편입된 화장사는 조선시대 그리 알려진 사찰이 아니었다. 그 흔한 시나 산문도 이 글 외에는 찾을 수 없다. 죽음을 앞둔, 한 시대의 대문장가가 마지막 심혈을 기울여 지은 이 글로 국립현충원 일대의 옛 풍광이 현대인의 기억으로 되살릴 수 있게 되었다. 화장사에 있던 불이정不二亭은 불교의 이치가 둘이 아니라는 점을 말한 것이겠지만, 화장사가 호국지장사로 바뀌었으니, '불이'를 나라를 위한 마음을 바꾸지 않는다는 뜻으로 풀이하여 화장사 앞에 불이정을 지어 나라를 위한 마음을 굽이쳐 흐르는 한강물과 함께 보게 하는 것은 어떨까?

선비들은 자신의 주거공간에 명칭을 부여하여 삶의 방향을 제시하였다.
때로는 철학적인 의미를, 때로는 문학적인 의미를 더하여
수양과 풍류를 겸하는 것이 보통이다.

홍석주

집 이름에 깃들인 뜻

정자의 이름을 임한정臨漢亭이라 한 것은 옛날을 잊지 않기 위함이다. 나의 5대조 회계공晦溪公께서 이미 임한정을 지었는데 고조부 수은공睡隱公께서 다시 한강 남쪽 압구리狎鷗里에 정자를 짓고 숙몽정夙夢亭이라 하셨다. 임한정과 마주하되 서로 보이지는 않았다. 임한정을 새로 짓고 편액을 옮기게 되어서는 마주 바라보이게 하여 서로 읍을 하는 것처럼 하고는 마침내 임한정의 남쪽 정자를 구몽정鷗夢亭이라 하고 또 그 남쪽에 있는 정자를 읍몽정挹夢亭이라 하였다. 모두 우리 조상을 추모하기 위한 것이다.

이에 정자가 셋이 되었는데 내가 그 북쪽에 거처하면서 살던 방을 연경재硏經齋라 하였다. 연경재 위로 다락이 있어 책을 보관할 만한데, 이름을 부앙루俯仰樓라 하였다. 주자의 〈서루書樓〉 시에서 "그립다, 천년의 마음

이여, 올려다보고 굽어봄에 몇 칸 집이면 족하다네[懷哉千載心, 俯仰數椽足]"라는 뜻을 취한 것이다.[01] 독서를 함에 벗의 도움이 없으면 편벽되고 고루하여 통창하지 않는지라 이 때문에 오른쪽 방 이름을 지숙료止宿寮로 하고 뜻을 같이 하는 이들이 오기를 기다렸는데 이 또한 주자가 무이정사武夷精舍에 붙인 이름이다. 벗들이 모이게 되면 유유자적하며 그 즐거움을 누릴 수 있으므로 그 마루 이름을 영귀당詠歸堂이라 하였다. 산수와 경적經籍, 벗의 즐거움 이 셋이 갖추어졌다 하겠다. 그러나 가족의 도움이 없다면 또한 오래 편안할 수 없으므로, 때문에 구몽정의 방 이름을 해은실偕隱室이라 하였다. 능히 함께 은거할 수 있으면 편안할 것이므로, 도연명의 〈귀거래사〉에 나오는 말로 그 오른쪽 방 이름을 이안와易安窩라 하였다. 해은실 서쪽은 다락방이 붙어 있어 조망하기에 맞지 않고 누워 쉬기에 적합하므로 그 이름을 의침실欹枕室이라 하였다.

구몽정은 세 정자의 한가운데 있는데 눈길 끝까지 구름과 모래밭, 돛배들이 물결에 어리비친다. 이곳은 강산의 경치가 가장 빼어나서 저녁에는 달빛을 구경하기에 더욱 알맞다. 이에 그 다락의 이름을 영범루影帆樓라 하고 그 마루를 징벽헌澄碧軒이라 하였다. 이안와 동쪽 다락은 함영루涵影樓라 하였는데, 강 가운데 모래가 쌓여 물이 나누어지다가 읍몽정 남쪽을 지난 다음에 물이 다시 합쳐져서 서쪽으로 흐른다. 물결이 더욱 호한하여 볼 만하다. 이에 그 왼쪽 방 이름을 관란실觀瀾室이라 하고 그 마루를 쌍류각雙流閣이라 하였다.

나는 임한정을 바깥 처소로 삼고 구몽정을 안처소로 삼으며 읍몽정은 나를 알아줄 이를 기다려 이웃으로 삼고자 한다. 이에 도연명의 〈남촌南村〉

---

01 《회암집晦菴集》에는 제목이 〈산속의 서재[山齋]〉로 되어 있다.

시에 나오는 말을 빌려 오른쪽 방 이름을 신석사晨夕舍라 하였다. 또 두보의 〈양서瀼西〉 시에 나오는 말을 취하여 쌍류각 왼쪽 조금 높다란 곳을 허좌헌許坐軒이라 하였다. 머물러 쉬면서 완상하는 즐거움이 여기에 이르면 대략 갖추어졌다 하겠다. 이미 즐겁다면 경계를 할 줄 몰라서는 아니 되기에, 신석사 동쪽 다락을 연빙루淵氷樓라 하였다. 연빙루에 오르는 자는 왼편으로 용연龍淵을 볼 수 있고 오른편으로 서빙실西氷室의 나루를 바라볼 수 있다. 그 아래에는 천길 높이의 끊어진 벼랑이 있는데 겁이 나서 아래로 내려다볼 수 없다. 대개 깊은 물에 임하여 엷은 얼음을 밟듯 두려움이 생긴다.

나는 늙고 병이 들어 다시 속세로 들어갈 생각이 없다. 이 정자에도 우연히 깃들여 살 뿐이다. 그러나 나는 하루라도 죽기 전에는 감히 우리 선조를 잊을 수 없고 또한 감히 성현이 전해준 바를 잊을 수 없기에 이에 정자의 이름을 선조가 이름한 대로 하고 그 서재는 연경재라 하였다. 영귀당은 논어에서 취하였고 관란실은 맹자에서 취하였다. 부앙루, 지숙료는 주자에게서 취하였고 마지막에 연빙으로 경계를 삼았으니 이로써 나의 경계의 뜻을 편 것이다.

이름이 정해진 후 지나다가 물어보는 이가 있었다.

"영귀당 앞에 문이 있는데 흘러가는 큰 강이 마치 그 밑에서 나오는 것 같으니 당신이나 객이 왕래하고 출입할 때 또 모두 이를 경유하게 되는데 이것만 이름이 없을 수 있겠습니까?"

이에 마침내 그 이름을 벽시문碧柴門이라 하였으니 두보의 〈춘수春水〉 시 "푸른빛이 사립문에 일렁이네[碧色動柴門]"의 뜻을 취한 것이다.

어떤 이가 또 말하였다.

"이 정자가 이름을 얻게 된 것이 마침 열아홉 개입니다. 그 하나가 빠질 수 있겠습니까?"

대꾸하여 말하였다.

"대연大衍의 수는 하나를 비워두지 않았는가요?[02] 말을 막지 않는다면 또한 할 말이 있습니다. 주자가 〈무이정사잡영武夷精舍雜詠〉 열두 편을 지었는데 그 하나는 어정漁艇입니다. 내가 막 이 강에 와서 위로 단구丹丘(丹陽)로 거슬러 올라가고 아래로 열구列口(江華)로 물길을 따라 내려가 우연히 〈창랑가滄浪歌〉나 〈겸가蒹葭〉와 같은 은자의 노래를 부르는 이가 있어[03] 노를 저어가서 우리 도를 강론한다면 당신은 나를 위해 배를 사서 문 밖에 매어둘 수 있겠는지요? 내가 장차 이를 나무를 묻는 배라는 뜻으로 문진봉問津篷이라[04] 하지요." 원문 318쪽

임한정은 홍석주洪奭周(1774~1842)의 5대조 홍중기洪重箕가 한강가에 처음 지은 정자다. 스승 송시열로부터 편액을 받아 걸었다. 그 후 홍중기의 아들 홍석보洪錫輔가 1720년 강 남쪽 압구정 동쪽 수백 보 떨어진 곳에 정자를 새로 짓고 편액을 숙몽정夙夢亭이라 하였으나 정자를 완공하지는 못하였다. 그 후 30년이 지난 1749년 홍석보의 아들 홍상한洪象漢이 숙몽정을 완공하고 장인 어유봉으로부터 기문을 받은 바 있다. 그

---

[02] 《주역周易》〈계사繫辭〉(상)에 "대연의 수가 오십이요, 사용하는 것은 사십구이다"라 하였다.
[03] 〈창랑가〉는 굴원의 〈어부사〉에 나오는 어부의 노래이며, 〈겸가〉는 《시경》〈진풍秦風〉에 실려 있는 은자의 노래다.
[04] 원문에 '달빛 일렁이는 배[漾月之舫]'로 된 데도 있다.

기문에 따르면 홍석보가 스무 살 때 꿈에 재상에서 물러나 강가에 이르러 "봄이 온 강물은 곱고도 깨끗한데, 봄날의 물결은 맑아 울음소리 없다네. 한강의 나루에 무한한 달빛 아래, 돌아가는 배가 강물을 치네〔春水娟娟淨, 春波澹不鳴. 漢津無限月, 歸棹泝空明〕"라는 시를 지었다. 그 후 10년이 지난 후 우연히 능허정凌虛亭에 올라보니 꿈속에서 본 바와 같아 그 땅을 사서 정자를 세우려 하였다고 한다.

　또 위의 글에는 나오지 않지만 그 후 홍상한은 임한정이 허물어지자 이를 철거하고 숙몽정 동쪽에 다시 고심정古心亭을 짓고 숙사塾師였던 정내교鄭來僑가 지은 기문을 걸었으며, 다시 그 앞쪽에 세 칸의 서재를 지어 망기재忘機齋라 하고 안중관安重觀으로부터 기문을 받아 걸었다. 홍낙명의 〈제숙몽정벽題夙夢亭壁〉이라는 글에 따르면 숙몽정은 10여 칸이 되는 건물이었다 한다.

　다시 세월이 흐른 후 그 후손 홍현주洪顯周가 쌍포雙浦의 서쪽에 땅을 구입하여 정자를 새로 짓고 임한정이라는 편액을 다시 걸었는데 원래 임한정이 있던 곳에서 수백 보 정도 떨어진 곳이었다. 그리고 그 남쪽에 구몽정과 읍몽정을 다시 지었는데, 숙몽정의 뜻을 이어 정자에 모두 몽夢자를 넣었다.

　홍석주는 이외에 다시 연경재, 부앙루, 지숙료, 영귀당, 해은실, 이안와, 의침실, 신석사, 허좌헌, 연빙루, 영범루, 징벽헌, 함영루, 관란실, 쌍류각, 벽시문, 문진봉 등 도합 20곳에 각기 이름을 부여하였다.

---

05 주자는 〈무이정사잡영武夷精舍雜詠〉에서 정사精舍·인지당仁智堂·은구재隱求齋·지숙료止宿寮·석문오石門塢·관선재觀善齋·한서관寒棲館·만대정晚對亭·철적鐵笛·조기釣磯·다조茶竈·어정漁艇 등을 두고 12수 연작시를 지은 바 있다.

부앙루와 지숙료는 주자의 뜻을 따른 것이요,⁰⁵ 도연명의 〈귀거래사〉에 "남창에 기대어 고고히 즐기니, 무릎이나 들일 작은 집이 편안하여 쉬기 좋다네〔倚南窓以寄傲, 審容膝之易安〕"라 한 데서 이안와라 하였고, 〈집을 옮기고서〔移居〕〉의 "깨끗한 마음 간직한 사람 많다고 하니, 아침 저녁으로 자주 만나 즐기려 함이라〔聞多素心人, 樂與數晨夕〕"에서 신석사의 이름을 붙였다. 허좌헌은 두보의 〈간오낭사법簡吳郎司法〉에 "문득 친척들이 지나다 만날 곳으로 삼아서, 높은 다락에 앉아 자주 근심을 풀게 하노라〔却爲姻婭過逢地, 許坐層軒數口愁〕"에서 온 것이고, 벽시문은 두보의 〈춘수〉에서 "아침에 모래언덕까지 묻히더니, 푸른빛이 사립문에 일렁이네〔朝來沒沙尾, 碧色動柴門〕"에서 딴 것이다. 《논어》에서 "늦은 봄 봄옷이 이루어지면 아이 예닐곱 명과 함께 기수에 목욕하고 무우에 바람 쏘이고 읊으며 돌아오리라〔莫春者, 春服旣成, 冠童六七人, 浴乎沂, 風乎舞雩, 詠而歸〕"라 한 데서 영귀당의 이름을, 《맹자》에서 "물을 관찰하는 데는 방법이 있으니 반드시 여울을 보아야 한다〔觀水有術, 必觀其瀾〕"라고 한 데서 관란헌의 이름을, 《시경》에서 "전전긍긍하여 깊은 못에 임하듯, 얇은 얼음을 밟듯한다〔戰戰兢兢, 如臨深淵, 如履薄氷〕"에서 취하여 연빙루의 이름을 부여하였다.

그 나머지도 이 글에서 밝히지 않았지만 출처가 있는 것이 더 있다. 해은실은 포선이 그 아내 환소군과 함께 고향으로 돌아가 은거하였다는 고사를 취한 것이고, 문진봉은 《논어》에서 공자가 자로로 하여금 나루를 묻게 하였다는 고사에서 취한 것이다. 연경재는 완원阮元의 호로 유명하거니와 경전을 연찬한다는 뜻으로 조선 후기 학자들이 좋아하던 말이다. 의침실, 영범루, 징벽헌, 함영루, 쌍류각 등은 시어로 자주 쓰이는 말로 운치와 여유를 더한 표현이다.

조선의 학자는 이처럼 주거공간에 명칭을 부여하여 삶의 방향을 잡아나갔다. 홍석주의 이 글 한 편으로도 이러한 선비의 전범을 확인할 수 있다.

> 영종도에 대한 사람들의 기억은 대부분 인천국제공항에 그친다.
> 영종도는 본래 자연도라는 아름다운 이름을 가진 섬이다.
> 그러기에 배를 띄워 그곳에서 노닌 이가 많았다.

김종수

풍광이 아름다우니 죽음도 두렵지 않다

병자년(1756) 5월 임오일, 이윤지李胤之와 함께 바다로 갔다. 그의 아우 건지健之와 종제 구지懼之도 같이 갔다. 양화나루를 건너 웅월촌熊月村에서 점심을 지어 먹고 성령星嶺에 오르니 서쪽으로 바다가 바라보였다. 저녁에 인천에서 묵었다.

계미일 한낮에, 관아를 경유하여 서쪽으로 10리 가서 바다에 도착하니 배가 이미 준비되어 있었다. 하지만 밀물이 완전히 들어오지 않아 한동안 바위 근처에서 서성였다. 바위에는 굴 껍질이 많이 붙어 있는데 벌집처럼 오목한 구멍이 있었다. 해안 북쪽에는 옛 제물포 진영이 있는데 부서진 기와와 무너진 성가퀴에 초목이 무성하였다. 동남쪽 먼 곳을 바라보니 섬들이 바다에 점점이 떠 있는데 석양이 띠처럼 두르고 있었다.

밀물이 들어와 바위가 반쯤 잠기자 사공이 배에 오르라고 하였다. 이때 하늘에 미풍조차 없고 바다에 물결 한 점 일지 않으니 하늘과 바다가 모두 하얗게 빛나 마치 거울 속에 있는 것 같았다. 배를 타고 10여 리를 가서 자연도에 정박하였다. 백운산이 그 북쪽에 있고 월미도가 포구 뒤쪽에 보이는데 남쪽으로 지나가면 닭과 개 소리가 거의 들릴 정도다. 땅이 비옥하여 백성이 많으며, 산천이 탁 트여 집을 짓고 살 만하다. 국가에서 이곳에 영종진永宗鎭을 두어 강화도로 들어가는 길목을 지키게 하였다. 문 위에 다락이 있어 바다를 마주하는데 태평루라 한다. 태평루에 오르니 어둠이 아스라하게 다가왔다. 가랑비가 파도에 떨어져 소리를 내었다.

밤이 되자 마을 집에서 묵고 용류도로 가는 길을 물어 서남쪽으로 20리 가서 삼목포에 다다랐다. 포구 안팎에 조수가 밀려들었다. 밀물이 들어오면 물이 차서 바다가 되지만 썰물이 나가면 소를 타고서야 겨우 포구로 들어갈 수 있다. 개펄이 깊어 한 자가 넘고 길이가 10리나 되는데, 섬사람들은 구십구포九十九浦라고 부른다. 소를 타고 가면 열 걸음에 아홉 번은 넘어지고 조금만 지체하면 밀물이 다시 들어오니, 차라리 수로로 가는 것이 더 빠르다고 하는 것이다.

갑신일 아침, 태평루 아래에서 배를 타고 조수를 따라 서쪽으로 갔다. 해무가 자욱하여 해 뜨는 모습이 보이지 않았다. 배가 큰 바다로 들어서자 어디로 가는지 알 수 없었다. 나와 윤지는 일어나 뱃전에 섰다. 긴 바람이 소매를 스치고 푸른 물결이 허공에 치솟았다. 눈을 들어 보니 아득하여 경쇠를 치던 은자 양襄의 유풍이 그리워졌다.[01] 한참 있노라니 나도 모르게 가슴속에 아무것도 남지 않게 되었다

---

[01] 《논어》〈미자微子〉에 "소사인 양과 경쇠를 치던 양襄은 바다로 들어갔다[少師陽擊磬襄入於海]"라 하였는데 곧 은자를 가리킨다. 격경擊磬은 경쇠를 치는 악관이다.

돌아보니 마니산을 비롯한 여러 산이 반쯤 물 위에 솟아 있었다. 붓끝이 뾰족하게 드러난 듯, 손가락을 나란히 세운 듯하였다. 또 큰 눈이 가득 쌓인 세상에 새벽별 몇 점이 사라지지 않고 반짝거리는 모습 같았다. 윤지가 나에게 부채를 달라더니 신기루와 낙조를 그리고는 이렇게 말했다.

"오늘은 날이 흐려 신기루와 낙조 두 가지를 보지 못하였으니 붓으로 보충해야겠네."

배로 삼사십 리쯤 가서 팔산도를 지나 남쪽으로 가자, 갑자기 안개가 옅게 피어오르더니 그사이로 햇살이 새어나왔다. 마치 연꽃 두어 송이가 점차 구름을 헤치며 나타나는 듯하였다. 물어보니 용류도라 하였다. 절벽에 푸른빛과 붉은빛이 서려 영롱하게 반짝이고, 한 줄기 백사장이 그사이를 가로지르고 있었다. 파도 한가운데 꽂아놓은 양 날카롭고 가파른 것은 여기암女妓巖인데, 무위도無爲島(무의도) 등 여러 섬과 어우러져 현란하였다. 비뚤비뚤 울퉁불퉁 멀고 가까움에 따라 형세가 다르게 보였다. 마치 무희의 옷자락이 허공에 펼쳐지며 꺾어졌다 펴졌다, 굽었다 감싸는 모습 같았다.

윤지가 말하였다.

"뭍으로부터 들어오는 사람은 이처럼 기이한 광경을 보지 못하겠지. 그 안에 들어가면 멀리서 보는 것에 비해 어떨지 모르겠네."

한참 서로를 돌아보며 기이하다고 떠들고 있는데 어느덧 썰물이 빠져나가서 결국 배를 세우고 밀물이 들어오기를 기다렸다.

마침 멀리 배가 보였다. 허공에 떠 있는 모습이 마치 머리카락 한 가닥이 물결 가운데 떠 있는 것 같더니 금방 또 휙 날아가 버려 어디로 갔는지 보이지 않았다. 잠시 후 갑자기 미친 듯한 바람이 일어나고 사방이 안개로 자욱해졌다. 잠깐 사이에 용류도도 다시 보이지 않았다. 뱃사람 말로는 역풍이라 조수를 가르고 나아갈 수 없으니 그저 자연도로 돌아가 정박하는 길밖에 없다고 하였다.

내가 말했다.

"형산衡山에 구름이 걷힌 일은 사람의 힘으로 조물주의 조화를 빼앗은 것이지."[02]

그러자 윤지가 눈썹을 찡그리고는 이렇게 말하였다.

"그저 우연일걸세."

마침내 돛을 올리고 배를 돌렸다. 바람은 더욱 거세지고 안개는 더욱 자욱해졌다. 옷과 갓은 기름이라도 덮어쓴 것처럼 축축하였다. 돛 너머로는 한 걸음 밖도 보이지 않고 그저 배가 나는 듯이 가고 있다는 것만 느껴졌다. 몽롱하고 아득하여 마치 꿈속에서 사방에 거머쥘 것이라고는 아무것도 없는 상태로 구덩이에 떨어지는 것만 같았다. 사공도 앉아서 손을 모아 기도하면서 그저 배가 가는 대로 맡겨둘 뿐이었다. 하늘은 이미 암흑처럼 어두워졌다. 결국 바다 한가운데 닻을 내렸다. 밤기운이 서늘하고 마음이 서글퍼 편치 못하였다. 윤지가 이름난 향 몇 개를 꺼내서 불을 붙여 비릿한 냄새를 없앴다. 한밤에 우레가 치고 갑자기 비가 내렸다. 천둥소리가 하늘을 뒤흔드니 파도가 그 때문에 물러나 피하는 듯하였다. 번갯불이 물결을 환하게 비추어 물속의 고래와 이무기를 찾아낼 수 있을 정도였다. 정신이 혼미해져서 눈을 감고 한참 있었다. 아마도 천지개벽 이전 혼돈의 모습이 이러하였으리라.

갑자기 허공에서 은은하게 사람의 말소리가 들려왔다. 지나가던 배가

---

[02] 한유韓愈가 형산에 올랐을 때 구름이 끼어서 조망할 수 없자 정성껏 묵도默禱를 하니 구름이 활짝 걷혔다. 〈형악묘를 알현하러 마침내 형악사에 묵으면서 문루에 적다[謁衡嶽廟遂宿嶽寺題門樓]〉라는 시에 보인다.

비 때문에 묶여 있거나 섬 마을이 근처에 있는 것 같았다. 뱃사공이 사람이 있는지, 여기가 어딘지 큰 소리로 물어보았다. 이렇게 서너 번이나 소리쳤지만 적막할 뿐 대꾸하는 이가 없었다. 어떤 이는 물귀신이라 하고 어떤 이는 날아가던 새소리라 하고 어떤 이는 아무 소리도 나지 않았는데 귀를 기울이고 있어 소리가 난 것처럼 느껴진 것이라 하였다. 마침내 서로를 보며 한바탕 웃었다.

오경 무렵이 되자 바람이 더욱 거세지며 밀물이 들어오는 것이 느껴졌다. 바람 소리가 더욱 사나워져 마치 만 마리의 말이 치달리는 듯, 창칼이 서로 부딪치는 듯하였다. 배는 크지만 아무 힘이 없어 키질이나 절구질을 하는 것처럼 흔들리니 소라껍질이나 다름이 없었다. 윤지가 보따리에서 거울을 꺼내 비추어보더니 웃으며 말했다.

"이제 빠져죽을 법도 못 찾겠군."

내가 이렇게 말했다.

"죽는 일은 본디 운명에 달려 있다네. 이 배가 곧바로 중국의 소주와 항주로 가서 천하의 장관을 다 보게 된다면 그다지 나쁠 것도 없지."

마침내 등불을 켜고 시를 지으며 날이 밝기를 기다렸다. 한 편씩 지을 때마다 나와 윤지가 뱃전을 두드리면서 길게 읊조리니, 그 소리가 바다 물결에 가득하였다. 하백이 이 소리를 듣는다면 어찌 빙그레 웃으면서 이렇게 말하지 않겠는가?

"어리석은 자들이로구나. 이처럼 죽음을 겁내지 않다니."

여명에 갑자기 한 조각 푸른 섬이 보이더니 점차 또렷이 시야에 들어왔다. 자세히 보니 바로 월미도의 행궁이었다. 다시 돛을 걸고 곧바로 십 수 리를 내려가 제물포 진영 앞쪽에 배를 대었다. 포구의 마을에서 아침을 먹고 인천으로 들어왔다. 병술일에 기탄岐灘을 경유하여 서울로 돌아왔

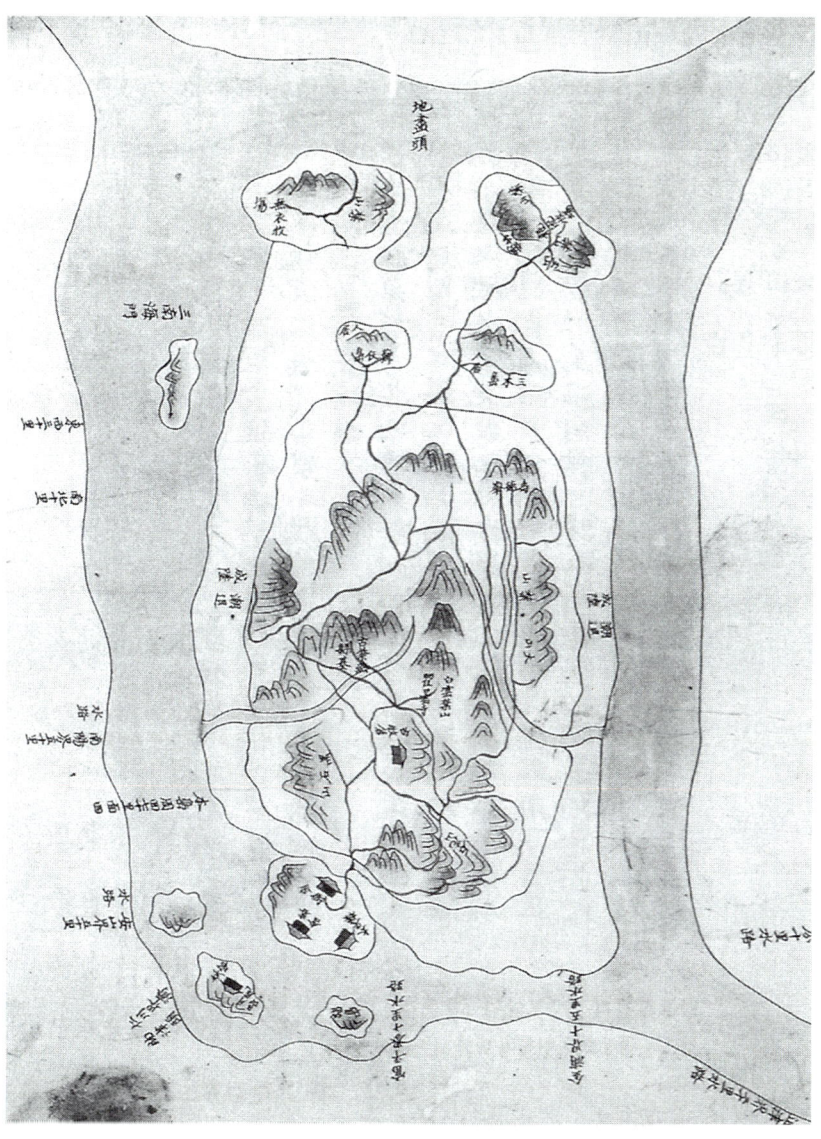

〈영종도〉

비행기가 뜨고 내리는 국제공항이 있는 영종도, 그 옛모습은 이러하였다.(규장각 고지도)

다. 이번 여행에서 율시 18수를 지었다. 원문 319쪽

김종수金鍾秀(1728~1799)는 본관이 청풍淸風, 자는 정부定夫이며, 몽촌 토성 인근에 살아 호를 몽오夢梧라 하였다. 이인상, 이윤영 등 운치 있는 벗들과 함께 산수자연에서 노닐며 아름다운 글을 지었다. 그 덕택에 우리 땅의 아름다움이 후세까지 전해지게 되었다.

김종수는 1756년 5월 이윤영 등과 함께 배를 타고 인천 앞바다의 영종도 일대를 여행하였다. 영종도의 옛이름은 자연도다. 자연도는 고려와 송나라를 오가는 뱃길이었다. 서긍徐兢의 《고려도경高麗圖經》에도 그 이름이 보인다. 목장으로 주로 이용되었고 고려 때에는 가끔 유배객들이 들른 적도 있다. 효종 4년(1653) 남양도호부에 딸려 있던 영종포만호永宗浦萬戶를 이 지역으로 옮기면서 자연도는 영종도라는 새로운 이름을 얻었다.

영종도 초입에는 객관이 있고, 그 곁에 태평루가 있어 김종수는 이곳에서 조망을 즐긴 후 용류도로 갔다. 영종도 서쪽에 있는 용류도는 본디 썰물 때면 영종도와 분리되었다. 하지만 지금은 용류도라는 이름이 무색하게도 영종도와 한 섬이나 마찬가지다. 용류도 물가에는 여기암이라는 바위가 있다. 고려의 사신이 중국에 들어갈 때 이곳에서 기생과 이별하게 되자, 차마 마음을 가누지 못한 기생이 바위에서 떨어져 죽었다는 사랑 이야기가 전해진다. 김종수는 지금의 공항 입구 쪽에 있던 삼목도의 나루를 구경하였다. 삼목나루는 영종도와 개펄로 연결되어 있지만, 소를 타고 가자면 열 걸음에 아홉 번 넘어져 구십구포라 불리

기도 하였다. 지금은 모두 단단한 땅으로 메워졌다.

　김종수 일행은 영종도 서쪽 큰 바다로 나갔다. 그러다 바람과 안개로 밤새 표류하다가 겨우 월미도를 거쳐 인천으로 돌아왔다. 김종수는 산수유람에 벽癖이 있었기에, 비바람이 몰아치는 위험한 상황에서도 배를 띄워 아름다운 풍광을 즐기려 하였다. 심지어 배가 표류하는 극한의 상황에서도 중국 강남으로 표류하여 천하의 장관을 볼 수 있게 되기를 기대하였다. 물의 신 하백이 죽음도 불사하는 그의 여행벽을 비웃겠지만.

바른 스승을 구하는 법

4부

옛말에 "일 년의 계책은 곡식을 심는 일이요, 십 년의 계책은 나무를 심는 일이다"라는 말이 있다. 10년을 살 계획이 있어야 나무를 심겠지만, 옛사람들은 햇수를 따지지 않고 자신의 영리가 아니라 백성을 위하여 나무를 심었다. 혹 옛사람들이 심어놓은 나무를 보게 된다면 그 나무가 바로 조상들이 심은 나무의 자손임을 기억하고 불우한 시절에도 백성을 사랑하는 마음을 기억하기 바란다.

바른 스승을 구하는 법 —

세월이 흐른 후 우연히 돌아가신 부모님의 유품을 발견하면
슬픔에 잠기기 마련이다. 권진응은 어머니가 손수 베낀 《한씨삼대록》에
어릴 적 낙서를 하던 일을 떠올리고 펑펑 눈물을 쏟았다.

돌아가신 어머니의 필적

내가 나이가 막 예닐곱 살 되었을 때 여러 누이들과 함께 선비先妣를 모시고 있었다. 책 한 권을 가지고 먹으로 장난을 하여 더럽히고 손상한 것이 매우 심하였다. 선비께서 책을 빼앗아 장난을 하지 못하게 하고서는 이렇게 말씀하셨다.

"이는 《한씨삼대록韓氏三代錄》이란다. 내가 아이 적에 글씨를 연습하던 것이지. 그 이야기가 황당하고 필체 또한 유치하여 그다지 아까울 것은 없지만, 사이사이에 죽은 중제仲弟 금산군錦山君의 글씨가 있단다. 예전 자취는 함부로 해서는 아니 된단다."

이때 나와 여러 누이들은 선비 무릎 아래 빙 둘러 엎드려 겁을 먹은 채 오직 꾸지람을 면하면 다행이라고 여겼을 뿐 그 말이 그렇게 슬픈 것임을 알지 못하였다. 또 그 책이 진귀하다는 사실도 알지 못하였다. 아, 눈 깜짝

할 사이에 문득 20년 전 일이 되어 버렸고 세상사도 너무 많이 바뀌었다. 아, 애통함이여.

기미년(1739) 여름 아내 오씨가 갑자기 오래된 책 묶음 하나를 어린 아이를 시켜 나에게 보내면서 이렇게 당부하였다.

"선조의 묵적墨蹟입니다. 당신은 어찌 훗날 오래 전해질 방도를 마련하지 않으시는가요?"

이때 내가 막 부모님 상을 마쳤으므로 횅하니 마음 둘 곳이 없었다. 넘어질 듯 급하게 일어나 이를 받아 반도 읽기 전에 나도 모르게 눈물이 줄줄 흘러내렸다.

아아, 안부를 묻는 짧은 편지는 대부분 우리 집 어르신께서 직접 써서 주고받은 것이 없고, 그중 헤진 책 한 권은 곧 이른바 《한씨삼대록》이다. 아쉽게도 쥐가 뜯고 좀이 먹어 태반은 찢어져 예전 모습이 없어졌지만, 직접 쓴 먹자국은 뚜렷하여 지난날의 자취를 아직도 분명히 볼 수 있었다. 아, 이 어찌 차마 읽을 수 있겠는가? 또 차마 어찌 하루라도 머뭇거리면서 더 훼손되기를 기다릴 수 있겠는가?

마침내 잘려 나간 것을 보태고 빠진 것을 보충하며 장황을 고치고 그 표지에 제목을 써서 선조의 유묵이라는 뜻에서 '선묵先墨'이라 하였다. 그리고 그 아래 전말을 간략하게 기록하였다. 스스로 불민함을 책망하고 어린 아이들에게 고하여 혹시라도 내가 한 짓처럼 멋대로 손상하거나 더럽히지 않도록 한다.

기미년 7월 모일 불초자 진응이 피눈물을 닦으면서 쓴다.

진응이 불효하고 무도하여 죄가 깊은데도 죽지 못하여 모친을 잃은 지 지금까지 26개월이 되었다. 빈소를 이미 철거하고 심상心喪 역시 거의 끝이 났다.[01] 하늘과 땅에 부르짖어도 미칠 수 없기에 마침내 평소 보고 들은 바를 진술하여 가장家狀을 지었다. 또 흩어져 있는 유묵을 두루 수습하여 상자 하나에 넣어 보관하면서, 아침저녁 받들어 살펴서 자구와 글씨 사이에서 어렴풋이나마 그 남기신 전범典範을 상상할 수 있기를 바랐다. 아, 이것을 가지고서 그 그리움을 위로할 수 있을까? 그저 슬픈 마음만 더할 뿐이라, 터져 나오는 울음소리와 줄줄 흐르는 눈물을 참는다. 차라리 일찍 죽어 아래로 지하에서나마 좇는 것이 더 나을 것이다. 그로부터 이틀 뒤 다시 쓴다. 원문 321쪽

산수헌山水軒 권진응權震應(1711~1775)은 권상하權尙夏의 증손이다. 권진응의 모친은 은진송씨로 명유 쌍청당雙淸堂 송유宋瑜의 후손이며 동춘당同春堂 송준길宋浚吉의 따님이다. 권진응을 가졌을 때 부친 동춘당이 여러 자제를 거느리고 희색을 띠며 들어오는 태몽을 꾸었기에 어릴 때 이름을 춘동春同이라 하였다. 권진응은 남당南塘 한원진韓元震의 문하에서 수학하였고, 벼슬길을 좋아하지 않아 고향인 청풍淸風에 머물며 강학에 전념하였다.

엄한 성리학자이지만 어머니에 대한 감정은 여느 사람과 다를 바 없었다. 어머니 송씨는 《내훈》과 《열녀전》을 읽어 사리를 알았거니와 영민하여 주위에서 남자로 태어나지 못한 것을 아쉬워했다고 한다. 그런

01 심상은 심제心制라고도 하는데 상복은 입지 않지만 화려한 의복과 주육酒肉을 금하는 일을 가리킨다.

재주로 젊은 시절 친정의 아우 묵옹默翁 송요좌宋堯佐와 함께《한씨삼대록》이라는 소설을 필사하였다. 아마도 집안 어른 중에 어떤 이가 이러한 일을 부탁하였던 듯하다.

권진응은 어린 시절 글씨를 배운다 하여 먹과 붓을 가지고 놀 때 그 여동생과 함께 이《한씨삼대록》에 낙서를 하였다. 어머니 송씨는 이를 보고 놀라 빼앗자, 권진응은 꾸지람을 들을까 겁을 낼 뿐《한씨삼대록》이 어떤 사연이 있는 책인지를 알지 못하였다. 그리고 세월이 흘러 어머니가 돌아가시고 탈상을 한 후 아내 오씨가 그 책을 가져왔다. 아내는 오두인吳斗寅의 손녀이며 오이주吳履周의 딸이니 그 역시 명문가의 후손이다. 아내는 남편이 잊고 있던 이 책을 건넸고 이에 권진응은 책을 보수하여 소중하게 간직하게 되었다. 그러한 사연을 이 글에 담았다.

조선시대 명문가의 여성들도 규방에서 한글로 된 소설을 읽었다. 권진응의 이 글은 17세기 이전 장편한글소설이 창작되어 규방에서 유통되었음을 알게 하는 소중한 자료로 우리 소설의 역사를 연구하는 학자들 사이에는 널리 알려져 있다. 소설사에서 귀중한 글이지만, 돌아가신 어머니가 쓴 책을 든 아들의 눈물이 더욱 가슴을 끈다.

부모로부터 많은 재산을 상속받는 것을 좋게 여기는 세상이다.
18세기의 문인 박준원은 조부의 질화로를 어떠한 보배보다 소중하게 여겼다.
부모의 손때가 묻은 기물을 아끼는 마음이 그리운 시대다.

박준원

아버지의 정이 깃든 질화로

우리 집에 작은 흙 화로 둘이 있는데, 돌아가신 조부와 부친께서 사용하시던 것으로 우리 형제에게 전해진 것이다. 우리 형제가 지극한 보물처럼 아껴서 두꺼운 누런 종이로 해마다 한 번씩 덧입혀 화로 두께가 몇 치에 이르렀고 붙인 종이가 흙보다 많아졌다. 덧입혔기 때문에 늘 새것 같았고 두꺼워졌기 때문에 오래갈 수 있었다. 어떤 이가 말하였다.

"흙 화로가 귀한 것이 아닌데 삼대에 걸쳐 전해졌소. 그대들 형제가 또 이처럼 아끼니 너무 인색한 것이 아니겠소?"

내가 탄식하였다.

"아, 당신은 이 화로가 얼마나 사랑스러운지 몰라서 그러는 것이오. 이는 우리 어르신의 덕이 깃든 것이라오. 예전 우리 조부께서 숨어 사시면서 도를 즐겨 인왕산 아래 집을 짓고서, 집에 들어가면 도서와 사적, 시와 예학을 즐기시고 집을 나서면 소나무와 대나무, 꽃나무 아래에서 노니셨소. 맑은 얼굴에 하얗게 센 머리로 매일 집과 동산 사이에서 지팡이를 끌고 다니셨소. 그러면 선친께서 반드시 이 두 화로를 가지고 뒤를 따르셨는데, 한 번도 꺼지게 한 적이 없었지요. 노비 이강二江이란 놈이 그 뜻을 받들어 늘 숯을 사서 떨어지지 않게 하여 술이나 국을 따뜻하게 데웠고, 차를 끓이거나 밤을 굽기도 하였지요. 선친께서는 꼭 손수 밤을 꺼내 입으로 재를 불어 털고 직접 조부님께 올렸다오. 조부님께서 늘 화로 앞에서 즐거워하셨소. 병구완을 할 때도 이 두 화로를 버리지 않았다오. 날씨가 차고 눈이 많이 내리면 밤에 화롯가에 앉아서 약을 달였는데, 가끔가다 날을 새기도 하였다오.

모든 우리 집에 있는 소반이나 사발, 광주리, 술병, 술통 등 맛난 음식을 담는 그릇, 그리고 자루와 돗자리, 저울, 거적, 빗자루, 신발, 세숫대야, 주전자, 옷걸이 등 아침저녁 필요한 살림살이, 거문고 자루, 붓통, 대나무 의자, 매화 감실龕室, 종려나무 지팡이, 화초를 아로새긴 벼루, 삼인도三寅刀, 녹각 베개, 고래수염으로 만든 젓가락[01], 비백飛白의 서체로 쓴 족자, 산수화를 그린 병풍 등 마음을 즐겁게 하고 낯빛을 기쁘게 하는 물건들이 어느 하나 선친께서 어버이를 모시던 도구 아닌 것이 없었다오. 시종 가지고 다니며 어버이를 모시기 위한 용도로 써서 정성을 다해 봉양하고 극진히 섬긴 어버이에 대한 효심을 지금까지도 아련히 볼 수 있는 것으로 말한다면, 이 두 화로에서 그중 많이 볼 수 있다고 할 수 있겠지요.

우리 형제가 이제 어버이를 잃어 외로운 처지가 된 후 이 화로를 마주하

---

01 고래의 입 근처에 나 있는 수염은 부드러우면서도 강하여 여러 가지 물건을 만들었다고 한다.

노라면 문득 눈물이 줄줄 흐른다오. 어찌 차마 천시하여 없애 버림으로써 정이 깃든 물건을 영원히 인멸시킬 수 있겠소? 저 범씨范氏의 묵장墨帳이나 한씨韓氏의 낡은 궤안, 왕씨王氏의 청전靑氈[02] 등이 모두 깃든 바가 있지요. 이 때문에 자손들이 보호하여 가지고 있으면서 바꾸지 않았던 것이오. 어버이의 정이 깃든 것을 보배로 여긴다면 어찌 물건의 귀천을 따지겠소? 흙 또한 금이나 옥과 가치를 나란히 할 수 있는 것이라오. 당신은 화로를 흙으로 만들었다고 하여 귀하게 여기려 들지 않으니, 당신 말대로라면 오직 산예로狻猊爐나 박산로博山爐[03] 같은 세상에서 보배라 일컬어지는 화로라야 비로소 귀하게 여겨 대대로 전하겠소? 어찌 비루한 생각이 아니겠소?"

그 사람이 내 말을 듣고 옷깃을 여미고 일어나 말하였다.

"그러하군요. 그대들 형제가 이 화로를 아끼는 것은 당연합니다. 나는 이제 이를 비로소 알았습니다. 그대들 형제나 자손뿐만 아니라 그대 집을 지나는 모든 사람들이 이 화로가 얼마나 사랑스러운지를 알게 되면 효심이 샘솟듯 솟아나지 않겠습니까?"

그 사람이 나가고 나서 이를 설로 지었다. 원문 322쪽

---

[02] 범중엄范仲淹은 검은 휘장을 사용하였는데, 며느리가 시집오면서 비단 휘장을 가져오자 이를 꾸짖고 물태웠다는 고사가 있다. 진晉나라 한백韓伯의 모친은 늘 오래된 궤안에 기대었는데 궤안이 낡아 외손자가 바꾸려 하자 이를 말렸다는 고사가 있다. 진의 왕헌지王獻之는 도둑이 들자 푸른 담요는 대대로 전해온 물건이므로 그것만 빼고 가져가라고 한 고사가 있다.

[03] 산예로는 도자기로 만든 사자 모양의 향로이며, 박산로는 박산이라는 바닷속의 산 형상을 본떠서 만든 연꽃 모양의 향로이다.

박준원朴準源(1739~1807) 집안은 조부 박필리朴弼履 때부터 인왕산 자락 세심대洗心臺에 집을 정하였다. 세심대는 풍광이 사계절 아름다운 곳이었다. 봄이면 진달래가 흐드러지게 피고 고운 풀이 무성하며 여름철 해당화가 필 때면 꾀꼬리 소리가 들렸다. 가을철 벽오동 푸른 잎이 떨어지면 서릿발처럼 흰 달빛이 뜰에 가득하고 겨울이면 푸른 소나무가 꼿꼿하게 서서 바람이 불면 용이 울음 우는 소리를 내었다. 봄철마다 부친 박사석朴師錫은 마을 사람들을 불러 꽃구경하는 모임을 만들고 집에 소국주少麴酒를 담아 사람들을 대접하였다. 또 여름에는 그의 집이 시원하여 사람들이 피서를 왔다. 위의 글에도 나오는 하인 이강이 접붙이는 데 재주가 있어 정원에는 과실나무가 매우 풍성하여 제수용으로 하기에 충분하였다. 밭에는 오이와 무가 자라 자급할 만하였다. 박윤원朴胤源과 박준원 형제에게는 세심대 집이 이러한 추억이 어린 곳이었다. 박윤원은 〈세심대유거기洗心臺幽居記〉를 지어 이런 사실을 자랑한 바 있다.

이 집에는 오래된 질화로가 있었다. 그다지 값나가는 것이 아님에도 애지중지하였으니 사람들이 이상하게 여긴 모양이다. 이에 대해 박준원은 잔잔한 어투로 조부와 부친과의 추억을 말하면서 어버이의 정이 깃든 물건이 무엇보다 중요하다고 하였다. 부친이 손수 화로에 밤을 구워 조부께 바치거나, 조부가 병환이 났을 때 부친이 하인을 데리고 밤새 약을 달인 일화를 말하여, 질화로가 효의 상징임을 증명하였다.

조선시대 선비는 이처럼 부모가 물려준 기물을 효의 상징으로 받들었다. 이 집에는 창강경滄江鏡이라는 거울도 하나 있었다. 창강滄江 조속趙涑이 사용하던 거울인데, 창강은 이를 대대로 딸에게 전하게 하였다. 박윤원의 조모가 그 집안의 딸이었기에 이 거울을 물려받게 되었는데 나중에 이를 아들 박사석에서 주었다. 박사석은 어머니가 물려받은 이 거울을 애지중지하였다. 그러나 워낙 오래된 것이라 자루가 부러졌기에 나무로 갑을 만들어 칠을 한 후 보관하였고, 나중에 이를 장남 박윤원에게 물려주었다. 박윤원은 이를 역시 애지중지하고는 그 사연은 명銘으로 지은 바 있다. 어버이가 물려준 것은 물질적인 재산이 아니라 효였던 것이다.

사람은 누구나 생일을 맞는다. 어린 시절에는 부모와 친지들의 축하를 받고, 나이가 들면 자식과 형제, 벗들의 축하를 받는다. 이처럼 기쁜 날에는 모든 일이 생일을 맞은 사람을 중심으로 돌아간다. 그러나 생일이 있게 해준 부모를 잊어서는 안 된다.

3
위백규

생일을 맞은 뜻

　천지가 생긴 지 오래인데 내가 한 번 세상에 태어났으니 행운이요, 수많은 만물 가운데 내가 사람으로 태어났으니 행운이다. 이 두 가지 행운을 가지고 부모에게서 태어났으니 이보다 더 큰 은혜가 없고, 태어나 이 몸을 이루게 되었으니 이보다 더 귀한 존재가 없다. 이같이 큰 은혜를 받고 이같이 귀한 존재를 이루어 태어날 날에 태어나게 되었으니, 이 날이 어찌 기쁘고 즐거운 날이 아니겠는가? 예로부터 이 날 잔치를 한 것은 기쁨을 기념하기 위해서였다.

　이 날을 맞이하여 더 클 수 없는 은혜를 생각하면 부모를 차마 잊을 수 없고, 더 귀할 수 없는 귀함을 생각하면 내 몸을 잊어서는 안 된다. 부모를 차마 잊을 수 없다면 내가 어버이를 섬겨야 하는 도리를 알 수 있고, 내 몸을 잊어서는 안 된다면 내가 몸을 수양해야 하는 도리를 알 수 있게 된다.

내가 어버이를 제대로 섬기지 못하고 내 몸을 제대로 수양하지 못하면 눈과 코가 제대로 된 사람의 모습을 지니고 있더라도 절로 사람답지 못한 사람이 될 것이다. 그렇다면 한 번 살아도 허사가 되고 사람으로 태어나도 짐승이 될 뿐이다. 돌이킬 수 없는 삶이 허사가 되고, 거듭날 수 없는 몸이 짐승이 되어 버린다면 이 어찌 슬프지 않겠는가? 게다가 우리 부모가 낳고 기르시느라 고생하시고 정성을 다하셨는데 이렇게 사람답지 못한 사람을 낳아서 짐승의 부모가 되고 만다면, 부모는 원통하고 분하여 피눈물이 나고 애간장이 다 녹을 것이다.

상황이 이러한데도 풍속을 따라 술과 음식을 차려놓고 잔치를 벌여 즐기면서 "이 날은 내 생일이다"라고 한다면 과연 어떻겠는가? 이렇게 짐승으로 태어난 날을 드러내놓고 칭송한다면 하늘의 태양도 성나고 부끄러워 대낮조차 어두컴컴해질 것이다.

백 년 인생에서 이 날은 해마다 돌아온다. 정말 사람의 마음을 지닌 자라면 늘 이 점을 명심하여 어버이를 잊지 않고 내 몸을 잊지 않을 것이니, 스스로 경계하고 두려워할 바가 무엇인지도 알 수 있을 것이다. 그렇다면 해마다 생일이 돌아오는 것이 어찌 큰 행운이 아니겠는가? 생일을 행운으로 여긴다면 당연히 술과 음식을 차려 놓고서 어버이를 대접하고 형제를 즐겁게 하며 이웃을 불러야 할 것이다. 그러나 내가 만약 사람답지 않은 사람인데도 이렇게 잔치를 벌인다면, 이것은 어버이와 형제를 속이고 이웃에게 부끄러운 일이 될 것이다.

그러면 스스로 경계하고 반성하는 것은 어떻게 해야 하겠는가? 나와 뜻을 함께하는 사람 열 몇 명이 의견을 모아서 생일잔치를 함께하기로 하고 각자 자기 생일날 술과 음식을 차려놓고 초대하기로 하였다. 그러면 한 해 동안 모이지 않는 달이 거의 없을 것이다. 그날 태어난 사람은 다른 사람이지만 모임의 이름이 생일회生日會이니, 내 마음을 스스로 경계하는 일을 매달 이 날에 할 수 있는 것이다. 일 년 열두 달 중에 달마다 생일이 있으니 일 년 동안 나는 행운을 얻은 사람이 되고, 1200개월 중에 해마다 생일이 있으니 백 년 동안 나는 행운을 온전하게 한 사람이 될 것이다. 내가 과연 행운을 얻어 내 행운을 온전하게 한다면, 내 부모의 행운도 지극하게 될 것이다.

그렇다면 내가 마음을 경계하고 몸을 수양하는 방법은 과연 어떠해야 하겠는가? 사람 중에 더 귀할 수 없는 존재가 성인이다. 옛글에 요堯는 신실함과 공경함[允恭]을 말하였으며, 순舜은 온화함과 공경함[溫恭]을 말하였고, 우禹는 자만하지 말라[弗滿] 하였다. 탕湯은 성스러움과 공경함[聖敬]을 말하였으며, 문왕文王은 아름답고 공경함[懿恭]을 말하였고, 공자孔子는 온화함과 공경함[溫恭]을 말하였다. 공경이란 덕의 기본이다. 이것으로 어버이를 섬기면 효가 되고, 형제와 함께한다면 우애가 되며, 벗과 사귄다면 조화가 될 것이고, 자녀를 양육한다면 자애가 될 것이며, 사물을 접하면 잘 다스려질 것이다. 더 나아가면 성현이 될 것이요, 못해도 좋은 사람은 될 수 있을 것이니, 부모를 위태롭게 하거나 욕보이는 일은 면할 수 있을 것이다.

그렇지만 공경이라는 말이 겉으로 지나치게 신중하고 공손히 구는 것을 말하는 것이 아니다. 그것을 실천하는 데 요령이 있으니, 《논어》에서 "자기가 하고자 하지 않는 일을 남에게 하게 하지 말라"고 한 것이 그것이다. 우리 모임에 참여한 사람들은 각자 이렇게 스스로 힘써야 할 것이다.

원문323쪽

〈선묘조제재경수연도〉 _작자 미상

일 년 열두 달 중에 달마다 생일이 있으니 일 년 동안 나는 행운을 얻은 사람이 되고, 1200개월 중에 해마다 생일이 있으니 백 년 동안 나는 행운을 온전하게 한 사람이 될 것이다. 이것이 생일잔치의 의미이다.(고려대학교박물관 소장)

존재存齋 위백규魏伯珪(1727~1798)는 조선 후기 호남을 대표하는 큰 학자다. 학자는 사소한 일상사에서도 의미를 캐내는 사람이다. 위백규는 사람들이 생일잔치를 벌이는 풍습을 보고서 생일의 의미에 대해 생각하였다.

오랜 시간의 흐름 속에서 수많은 만물 가운데 내가 인간으로 태어났으니 참으로 행운이다. 사람들은 이 행운을 기뻐하여 생일잔치를 벌인다. 그러나 생일은 부모가 낳아준 은혜를 헤아리고 부모가 만들어준 신체를 수양하는 기회로 삼아야 한다. 부모님의 은혜를 알지 못하고 자신의 신체를 잘 수양하지 못하면 외모가 사람 꼴을 갖추었다 하더라도 짐승과 다를 것이 없다. 짐승과 다를 것이 없다면 자신의 부모도 짐승의 부모가 되는 것이다.

부모가 낳아준 은혜를 되새기고 부모가 만들어준 신체를 수양하는 방법은 매사에 공경하는 마음을 갖는 데서 출발한다. 자신의 생일을 맞이하여 공경하는 마음을 가질 것은 물론이요, 타인의 생일에도 공경하는 마음을 지녀야 한다. 그러면 생애의 모든 날이 자신의 공경하는 마음을 돌아보는 생일이 될 것이라 하였다. 이것이 내가 이 세상에 태어난 행운을 온전하게 하는 법이다.

사람은 일 년에 한 번 생일을 맞는다. 그러나 벗이나 친지 등의 생일까지 합하면 매달 생일을 맞게 된다. 매달 생일을 맞고 매일 생일로 삼아 그때마다 생일의 의미를 생각하여 자신의 마음을 반성하고 몸을 수양하는 날로 삼아라. 이것이 성인이 되는 길이니, 성인까지는 이르지 못하더라도 못난 인간은 되지 아니할 것이다.

위기지학, 곧 남이 아닌 자신을 위한 공부를 목적으로 하는 학자의 꿈은 조그마한 서재를 짓고 수천 권의 책을 갖춘 후, 마음이 내키는 대로 책을 읽는 일이다.

유도원

죽은 벗의 뜻을 따라 지은 토실

내 죽은 벗 난곡蘭谷 김탁이金濯以가 매양 나에게 이렇게 말하곤 하였다.

"평소 토실土室 하나를 지어 책 수천 권을 소장하고 그 가운데 거처하면서 여생을 보내고자 하지만 힘이 미치지 못합니다."

내가 이를 듣고 기뻐하여 그렇게 해보고자 하였으나 또한 겨를을 내지 못하였다.

지난 갑진년(1784) 겨울 시골사람들이 풍수설에 휘둘려 종종 집을 옮기는 이가 있었는데, 나 또한 시끄러운 곳을 피하여 조용한 곳으로 들어갈 생각이 있었다. 노봉蘆峯 아래 집터를 정하고 모임을 만들어 몇 년간 기거할 계획을 세웠다. 약간의 서책도 의당 가져가야 하는데, 초가집에 책을 소장하면 실로 자칫 화재가 일어날지 모른다는 우려가 있었다. 이에 토실 둘을 지어, 하나는 서실書室로 삼고 하나는 식솔이 거처하게 하였다. 토실을 만드는 방법은 이러하다. 먼저 사방에 벽을 쌓은 다음 벽에 구멍을 내어 창을 만든다. 벽 위에 쓸모없는 나무를 가로세우고 흙으로 발라 나무 끝이 바깥에서 보이지 않도록 하였다. 그런 다음 서까래를 얹고 짚으로 지붕을 이었다. 만일 화재가 일어나면 짚만 태우고 화염이 서가에까지 이르지 않도록 한 것이다.

나는 난곡에게 그 기술에 대해 문의를 할 수가 없어 바로 내 생각대로 만들었으니, 과연 난곡의 뜻에 부합하는지는 알 수 없다. 그렇지만 그곳에 거처한 지 두 해가 지났는데, 대체로 겨울은 따뜻하고 여름은 시원하였으며, 낮에는 조용하고 밤에는 적막하였다. 이에 노인은 요양하는 곳으로, 젊은이들은 독서하는 곳으로 삼기에 딱 맞았다.

아, 사람들은 제각기 좋아하는 바가 있고 제각기 뜻하는 바가 있다. 뜻이 번화한 데 있는 자는 반드시 조용하고 궁벽한 곳을 좋아하지 않고, 뜻이 큰 누대에 있는 자는 반드시 누추한 방을 좋아하지 않는다. 나의 뜻을 생각해보면 반드시 번화한 것을 사모하는 것은 아니라서 끝내 조용하고 궁벽한 곳으로 돌아가게 된 것이니, 이는 정황이 그렇게 몰고 간 것이라 하겠다. 또 반드시 큰 누대에 뜻을 둔 것은 아니어서 갑작스럽게 누추한 방으로 나아가게 된 것이니, 이는 가난이 그렇게 만든 것이다. 정황으로 인해 그렇게 몰리고 가난 때문에 그렇게 된 것이다. 이에 순응하여 이를 편안하게 여긴다면, 여기가 곧 몸을 편안히 하고 천명을 받들면서 살 땅이요, 그 가운데 절로 하나의 편안한 집이 있게 되는 것이다. 저 토실이 좋고 나쁜 것이나 거처하기에 편하고 불편한 것을 또 어찌 따질 만하겠는가?

내가 옛 성현들을 보면 현재 지내는 자리에 나아가 평범하게 일상을 즐기는 것이었다. 이윤伊尹이 시골에 거처하면서도 그 즐거워한 바는 요순의 도였고, 안연顔淵이 누추한 골목에 살면서도 그 즐거워한 바는 박약博約을 잘하는 일이었다.[01] 나는 젊어서 문장을 일삼고 과거공부에 빠져서 명예를 이룬 바가 없었다. 백발이 이미 어지럽게 되어서야 비로소 머리를 돌리고 발길을 돌려 화려함을 물리치고 실질로 나아가게 되었다. 스스로 황량하고 적막한 물가에 나아가는 것[02]을 가지고 노년을 잘 마무리할 계책으로 삼았으니, 감히 옛사람의 즐거움에 빗대어 망녕되게 떠들 수는 없지만 또한 그 가운데서 아무 일도 하지 않는다고는 말할 수 없을 것이다.

아, 난곡은 나를 사랑한 사람이다. 늘 백발이 되어서 과거장에 출입하는 것을 경계하였지만, 내가 그 말을 따르지 못하여 스스로 인생을 그르치게 되었다. 늙어 죽을 때가 되어서야 그저 토실 한 칸을 지어서 죽은 벗의 뜻을 이루고자 할 뿐이다. 만약 난곡이 살아 있다면 빙그레 웃으면서 와서 함께 거처하려 할 것이다. 아, 탄식하노라. 원문 324쪽

김강한金江漢(1719~1779)이라는 잘 알려져 있지 않은 학자가 있었다. 본관은 의성이며, 호는 난곡蘭谷이고 자는 탁이濯以다. 유도원柳道源(1721~1791), 이상정李象靖, 김낙행金樂行 등과 절친한 사람이었다. 그는 토실을 만들어 장서의 공간으로 삼고 그 속에서 책을 읽으면서 평생을 마치고자 하였으나 재력이 뒷받침이 되지 않아 뜻을 이루지 못하였다.

01 《논어》에 안연은 "부자께서 차근차근 사람을 잘 이끌어 나로 하여금 글을 넓게 배우고 예로 단속하게 하였다[夫子循循然善誘人, 博我以文, 約我以禮]"라고 하였다.
02 주자의 〈진승상에게 보내는 편지[與陳丞相書]〉에 "스스로를 황량하고 적막한 땅에 팽개쳐놓고 그 뜻한 바를 더욱 구하려 한다[自放於荒閒寂寞之境, 以益求其所志]"라는 말이 보인다.

김강한은 유도원과 사돈지간이었다. 유도원은 사돈이자 벗인 김강한의 꿈을 듣고 그 역시 그 꿈을 따르고자 하였지만 차일피일 미루었다. 환갑을 훨씬 넘긴 64세가 되었을 때 김강한의 문집 간행을 위한 교감 작업을 마치고, 토실을 짓고 싶다는 그의 꿈을 떠올리고, 이에 봉화군 물야면의 노애蘆厓에 토실을 짓게 된 것이다.

유도원이 토실을 만든 것은 화재 예방을 위한 것이었다. 벽을 쌓고 그 위에 나무가 노출되지 않도록 흙으로 바른 다음 그 위에 짚으로 지붕을 이었다. 이렇게 만들었기 때문에 화재가 나도 지붕만 탈 뿐 화염이 아래로 이르지 못하게 되었다. 당시 수많은 책들이 화재로 소실한 것을 알고 있기에 이런 고안을 한 것이었다.

유도원은 이러한 내용의 토실기土室記를 지어 뜻한 바를 스스로 진술하여 산중의 고사로 삼고자 하였다. 그러나 상세하게 다루지 못한 대목이 있어 이 글 다음에 몇 조목을 덧붙여 자신이 사랑한 토실과 그 주변에 대하여 두루 기록하였다.

그가 살던 노애는 상박곡上朴谷이라고도 하는데, 고려 말 경주에서 이주하여 세거한 손씨孫氏의 집성촌이었는데 당시 어지러운 세상을 피하여 숨어 산 곳으로 알려져 있었다. 그래서 유도원이 이곳에 약간의 땅을 구입하여 들어와 살게 된 것이다. 유도원은 이름이 없는 노애의 여러 곳에 이름을 부여하였다. 뒷산은 노애에서 따와 노봉蘆峰이라 하였는데 주자가 회암초당晦庵草堂을 짓고 살던 운곡雲谷의 원래 이름이 노봉이었으니 더욱 마음에 흡족하였을 것이다. 또 인근에 있는 큰 대여섯 개의 바위는 총암叢巖이라 하였고, 총암 아래 샘물이 그의 집 처마 아래 있는데 그 물을 마시면 장수한다 하여 수정壽井이라 하였다. 노애를 휘감아 흘러가는 개울은 남간南澗이라 하고 그곳에 정자를 세워 남간정이라 하였는데, 남간은 유도원의 호이기도 하다. 남간의 초당 중간 문 이름은 집화문集和門이라 하였는데 장남을 제외한 두 아들을 분가시킨 후 며느리들이 이 문을 오가면서 우애를 돈독하게 하기 위한 것이었다. 토실 동쪽에 샘이 있어 작은 연못을 이루는데 이곳에 물고기 십여 마리를 풀어놓아 즐겼다. 토실 동쪽에 있어 토실에서 정면을 향하고 있는 산은 만석산萬石山이라 하였고, 남쪽으로 바라다보이는 산은 복지산福地山이라 하였다.

  유도원은 어지러운 세상을 피하여 이런 토실을 짓고 책을 읽고 가족들과 단란한 삶을 살고자 하였다. 그곳에서 책을 읽으면서 직접 가르침을 받지는 못하였지만 마음의 큰 스승 이황의 문집을 고증하는 일을 하였다. 그렇게 살다가 일흔한 살에 세상을 떠났다.

철원의 보개산에 청련암이라는 작은 암자에
대궐에서 나온 궁녀가 살고 있었다.
그 여인의 간절한 바람은 내세에 여자로 태어나지 않게 해달라는 것이었다.

김도수

대궐에서 물러난 궁녀의 발원

불교에서 말하는 윤회설의 이치는 과연 존재하는가? 사람들이 욕심을 부리고 쾌락을 취하는 것은 단지 오늘이 있을 뿐 내일이 있는 것을 알지 못하기 때문이다. 스스로 현세의 삶을 괴롭게 하면서 내세의 즐거움을 도모하고자 한다면 어찌 엉성하고 모자란 방법이 아니겠는가? 그러나 왕공王公과 귀인들 가운데에는 종종 제 몸을 손상시켜 가물가물 숨이 넘어가는데도 후회하지 않는 사람이 있다. 저들은 후세의 즐거움을 도모하려는 자들이다. 그들이 바라는 것은 어떤 일인가? 영달하여 알려지기를 바란다면 왕공과 귀인보다 더한 것이 없고, 건강하게 장수하기를 바란다면 제 육체를 손상시키면서도 슬퍼하지 않으니, 건강과 장수가 그들에게 무슨 기쁨이 되겠는가? 이는 천명을 알지 못하므로 빠져들어 헤어날 줄 모른 채 경거망동하는 것에 지나지 않는다.

부녀자들의 경우는 살아가기가 매우 괴로우니 남의 압제를 받기 때문이다. 더구나 궁중에서 홀몸으로 답답하게 살면서 한을 품고 있는 여인이야 어떠하겠는가? 나는 경자년(1720) 겨울 보개산寶盖山 영주동靈珠洞에 머물고 있었다. 언덕 너머에 청련암青蓮菴이 있었는데, 바로 나인 김씨 여인이 거처하는 곳이었다. 달 밝은 밤이면 김씨 여인은 《법화경》을 외웠는데, 그 소리가 맑고 고우면서도 애절하였다. 나는 그 소리를 들을 때마다 서글퍼졌다. 승려를 통하여 그 여인이 어디에 살며 무엇을 먹는지에 대해 알아보니 모두 사람들이 감당할 수 있는 정도가 아니었다.

아, 김씨 여인은 궁녀인지라 고운 얼굴에 검은 눈동자를 지녀 사람들이 모두 절대가인이라 하였다. 입으로는 맛좋은 고기를 물리도록 먹고 몸으로는 아름다운 비단을 질리도록 걸쳤을 것이니, 남편과 자식은 있지만 변변한 옷이나 끼니도 잇지 못하는 가난한 시골 아낙네들의 부러움을 받기에 충분할 것이다. 그런데 이제 모든 것을 다 팽개치고 궁벽한 산골 으슥한 숲속에서 외로이 덤덤하게 살면서도 후회하지 않고 있다. 이는 마음에 필시 큰 슬픔이 있어 그러한 것이다. 화려한 비단으로 몸을 감싸고 넓은 침상에서 잠드는 것은 그 여인이 원하는 바가 아니다. 정말 원하는 것은 내세에 여자로 태어나 남에게 압제를 당하는 신세를 면하는 것뿐이다. 불교의 이치는 비록 황당하여 입증할 수 없지만 사정이 곤란하고 행동이 구애되어 마음을 둘 데가 없으면 부득이 이렇게 할 수밖에 없으니, 어찌 슬프지 않겠는가? 저 왕공와 귀인들은 부인의 몸도 아니요, 당대에 기염을 토하여 모든 것을 마음대로 하였을 터인데 마음에 무슨 불만이 있어 천명을 편히 여겨 순종하지 못하고 저렇게 빠져들어 헤어나지 못하는가?

청련암을 중수할 때 김씨 여인이 나에게 기문을 청하였다. 나는 김씨 여인의 사정이 슬퍼 이렇게 글을 써주고, 아울러 왕공과 귀인을 위한 경계로

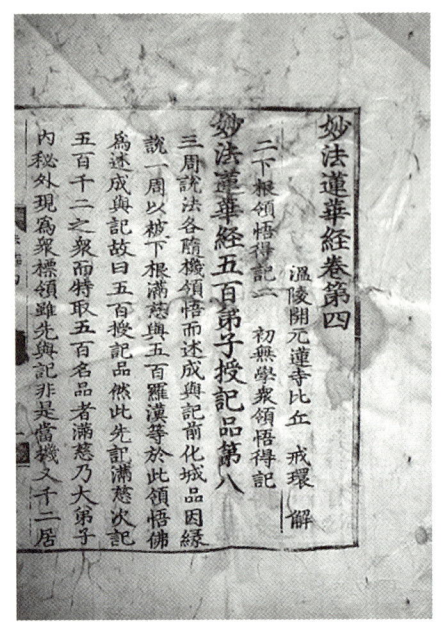

《묘법연화경》
화려한 비단으로 몸을 감싸고 넓은 침상에서 잠들기를 바라지 않는다. 내세에 남자로 태어나 남에게 압제를 당하는 일을 면하는 것뿐. 《묘법연화경》을 외우면서 이렇게 발원하였다.(문화재청)

삼는다. 절간의 기둥을 새로 단청한 일이나 안개와 구름이 변화무쌍한 풍경에 대해서는 말할 겨를이 없어 줄인다. 원문 325쪽

18세기의 문인 김도수金道洙(1699~1733)는 흥미로운 인물이다. 김도수는 청풍김씨淸風金氏 명문가의 후예로, 증조부는 김육金堉이다. 그러나 부친이 측실의 소생이라 속세의 부귀영달을 꿈꾸기 어려웠다. 그래서인지 젊은 시절 패설에 탐닉하였고, 절간을 전전하면서 불경과 장자를 탐독하였다. 이 때문에 한때 《창선감의록》의 저자로 소개되기도 하였다. 그의 스승 이덕수李德壽는 당시 조선에서 가장 많은 책을 소장하고

있었는데, 불교에 관심이 많았기에 그 대다수가 불교 서적이었다. 김도수로서는 자신을 이해해줄 스승을 찾은 셈이다.

김도수는 이처럼 자유로운 정신의 소유자였다. 1720년 22세 때 철원의 보개산 영지동에 살면서 불서를 읽었는데, 인근 청련암에 한 궁녀가 살고 있었다. 그 궁녀는 대궐에 있을 때 부귀영화를 누렸지만, 나이가 들어 대궐에서 나와 절간에 몸을 의탁하는 처지였다. 궁녀는 열심히 염불을 외우며 내세에는 사내의 압제를 받지 않도록 여인으로 태어나지 않기를 빌었다. 최근 원효사라는 절에서 발견된 《묘법연화경》에도 상궁 최씨가 쓴 발원문이 적혀 있는데, 공덕을 닦아 내세에는 남자로 태어나게 해달라고 한 바 있다.

김도수는 불교의 이치가 허황하다고 거듭 말하였지만, 그만큼 불교에 탐닉한 문인은 조선에서 그리 흔하지 않다. 드러내놓고 불교의 이치를 고평할 수는 없는 처지였기에 이렇게 말한 것으로 보인다. 부족할 것이 없는 왕공과 귀인들이 불교에 빠진 것은 천명을 따르지 못한 잘못이라 하였지만, 부귀와 수명을 넘어선 무언가가 있기에 불교에 귀의할 수밖에 없었다는 은근한 뜻을 읽을 수 있다. 사람이 너무나 슬퍼 마음을 붙일 데가 없으면 종교에 귀의하게 되는 것은 어쩔 수 없다는 긍정의 논리가 엿보인다. 내세에는 여자로 태어나지 않도록 해달라는 발원은 그 궁녀가 실제로 말한 것이겠지만, 이를 그대로 옮긴 김도수의 마음 한켠에도 조선시대의 가련한 여인에 대한 동정심이 있었으리라.

옛날 백성은 병이 나도 의원을 찾기 어려웠다.
그저 인근에 온천이 있으면 몸을 담가 병을 치유하고자 하였다.
그러나 이름난 온천이면 왕과 귀족들의 전유물이 되어 얼씬하기 어려웠다.

조수삼

임금이 내리신 만병통치약

온천의 밑에 유황이 있으므로 그 물맛이 떫고 성질이 따스하다. 여석礜石에서 분출하는 것은 세고 뜨겁지만 병을 치료하는 데는 유황에서 분출하는 것보다 낫다. 단사丹砂에서 분출하는 것은 맛이 달고 냄새가 나지 않아 수명을 연장하고 양생하는 데 도움이 된다.[01] 단사 온천은 천하에서 오직 여산驪山에서만 나는데 한나라의 감천궁甘泉宮과 당나라의 화청궁華淸宮이 그러한 예이다.[02] 여석 온천 또한 백 개나 천 개 중 하나 정도로 귀하

[01] 《오잡조五雜組》에 따르면 온천수 아래에는 주사나 유황, 여석이 있다고 하였는데 여석은 독성이 매우 강한 물질이다.
[02] 여산에 있는 감천궁甘泉宮은 한무제 때의 피서궁이며 화청궁華淸宮은 당명황唐明皇이 지은 별궁으로 양귀비와 온천욕을 즐기던 곳이다. 감천궁에 온천이 있다는 기록은 확인하지 못하였다.

다. 유황 온천은 곳곳에 흔하게 있는데, 일체의 종기나 습종, 마비 증세 등을 귀신같이 치료한다. 이러한 것은 옛사람들이 지은 글에 나온다.

내가 어릴 때부터 병이 많아 온천욕을 좋아하였다. 중국의 여산은 내가 본 적이 없지만 계주薊州의 행궁行宮이나 봉성鳳城의 탕점湯站,[03] 그리고 우리나라 선천宣川과 희천熙川, 평산平山, 명천明川 등의 온천은 한두 번 가 보았다. 그러나 하나같이 유황 온천이었다. 오직 평산의 온천은 뜨겁고 세며 물이 한 자 정도의 높이로 솟구쳐 나오는데, 또 야채를 데치거나 닭과 돼지를 삶을 수도 있다고 한다. 아마도 여석에서 나오는 온천이 아닌가 싶다.

온양온천은 고려 때부터 우리나라에서 명성을 날렸고 우리 역대 임금님들이 여러 번 나들이를 하셨다. 지금 온천 곁에 행궁이 있으며 온천 위쪽에 욕실 전각이 있다. 행궁 동쪽에 쓰지 않는 온정이 둘 있다. 예전 목욕간이라 하는데 담장을 두르고 궐문이 만들어져 있다. 안쪽으로는 시중 드는 궁녀와 내시들의 처소, 바깥쪽으로는 호종한 신하들의 숙소가 두루 잘 갖추어져 총총히 늘어서 있다. 대부분 기울어지고 무너졌지만, 휘장이나 발, 병풍, 서안 등 여러 가지 임금께 올리던 기물들은 먼지 속에 버려진 채 쌓여 있어도, 아직은 사용할 수 없을 정도로 심하게 못 쓰게 되지는 않았다. 대개 영조 경오년(1750) 이후 거둥이 없었으니 지금까지 85년이 되었다. 부로들도 남아 있는 이가 없어, 당시의 일을 얻어들을 데가 없으니, 탄식할 만하다. 우리 임금님은 질환이 없는 듯하니, 이것이 진실로 우리 백성들이 기뻐하고 다행으로 여기는 것이다.

[03] 모두 중국으로 사신 갈 때 행로에 있어 들르던 곳으로 온천이 있었다.

욕실 전각은 남북 방향으로 기둥이 다섯이고 동서 방향으로 기둥이 넷이다. 옥돌로 함 가운데를 빙둘러 붙여서 두 개의 온정을 만들었다. 마치 한 방인 것 같지만 가운데를 막아 놓았다. 온정의 깊이는 6자 정도인데 세로는 16자가 되고 가로는 8자가 된다. 그 곁에 세 개의 구멍이 나 있어 그곳에서 고인 물이 흘러나온다. 전각의 벽 밑으로 나오기 때문에 안쪽의 두 온정을 상탕上湯, 중탕中湯이라 하고 바깥으로 나오는 것을 하탕下湯이라 한다. 온천수가 상탕 서북쪽에서 분출되어 동쪽으로 꺾여 중탕으로 들어가 분출되고 다시 남쪽으로 꺾어지면 바깥으로 나와 하탕이 된다.

온천수는 처음에는 뜨겁지만 한참 앉아 있으면 따뜻하여 좋아할 만하다. 만약 분출되는 구멍을 막아 물을 고이게 해놓으면 밥 한 끼 먹을 정도의 시간에 두 온정에 몇 자 높이로 찬다. 가물다거나 아니면 겨울이나 여름이라 하여 수량이 줄어들거나 수온이 변화하지는 않는다. 상탕에서 하탕까지의 거리는 적어도 10여 보는 족히 될 듯하다. 그 땅 크기만큼 큰 솥을 만들고 땔감을 준비하여 물을 덥히고자 한다면 날마다 천 명의 젊은이들이 손에 굳은살이 배도록 일을 하더라도 온천에서 끊임없이 뜨거운 물이 나오는 것처럼 할 수는 없을 것이다. 아, 참으로 기이하다.

온정에는 여산이나 계주와 같이04 거북이나 물고기, 게와 같은 동물이나 연꽃과 마름과 같은 물풀도 없고 완상할 만한 보옥이나 기교 있게 아로새긴 치장도 없지만, 돌의 재질이 뛰어나고 제작이 완벽하고 치밀하다. 조종祖宗의 태평성세에 공업이 위대하고 화려하며 규모가 굉장하면서도 질박하였다는 것을 우러러 살필 수 있다. 정말 요즘 사람들이 사모하여 비슷

---

04 여산에 당 현종의 별궁 화청궁이 있는데, 매년 10월 1일 양귀비를 데리고 가서 온천욕하고 놀았다. 계주의 행궁에 온천이 있고 그곳이 화려하였다.

하게나마 본뜰 수 있는 것이 아니다.

선비나 서민들은 감히 상탕에서 목욕을 하지 않는 것이 예의다. 그런데 오직 우리 돌아가신 선왕께서 이렇게 하교하셨다.

"나에게 온정에 가라고들 하는데, 백성들도 병을 치유해야 한다. 내가 목욕을 하지 않을 때는 백성에게 주어라. 게다가 매일 사용하는 것도 아니고 예비용으로 둔 것에 불과하지 않은가? 이제부터 영원히 두 온정의 출입을 금지하는 규정을 풀어 우리 백성들로 하여금 하늘의 은혜로운 물에 함께 목욕을 하여 모두 태평성대에서 천수를 누리게 하라."

위대하도다, 대왕의 말씀이여. 이는 성덕의 일이다.

이에 귀가 먹은 자, 말을 못하는 자, 다리를 저는 자, 종기나 부스럼이 난 자 등이 지팡이를 짚고 들것에 실리고 등에 업히고 수레에 실려서 줄줄이 길을 메우며 찾아와 사시사철 빈 날이 없게 되었다. 비록 병이 심한 자라 하더라도 열흘이 되지 않아 누워서 왔다가 걸어서 돌아가게 되었고, 신음하면서 들어왔다가 노래를 부르면서 돌아갈 수 있게 되었다. 아아, 온천의 영험함이 이런 정도라니!

갑오년(1834) 8월 내가 옴에 걸려 온천에 목욕하러 왔는데, 머문 지 며칠 만에 나았다. 온천의 물을 마셔보았더니 달콤하고 또 약간 유황 냄새가 났다. 이른바 단사에서 분출하는 온천이 아니겠는가? 어떤 사람은 이 온천에서 목욕을 하면 병이 낫지만, 오래 목욕을 하지 않으면 병이 재발한다고 한다. 아, 이 어찌 온천 때문이겠는가? 병이 들어 온천에서 목욕을 하는 사람은 모두 바깥으로부터 육기六氣[05]의 병증에 걸리고 칠정七情이 그 마

---

[05] 한의학에서 한寒, 열熱, 조燥, 습濕, 풍風, 화火의 여섯 가지 병증을 말한다.

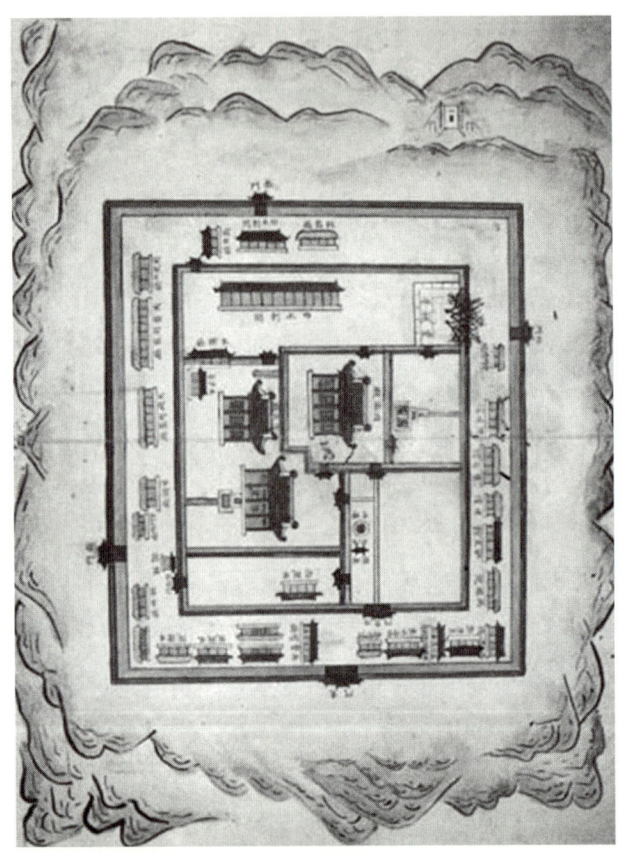

〈온양온천행궁도〉_영괴첩 중

온양온천은 온천욕을 위한 공간이지만 역사가 서려 있는 문화의 공간이다. 정조는 사도세자가 이곳을 찾은 것을 기념하여 온양온천에 느티나무를 세 그루 심고 영괴대비를 세웠다.(규장각 한국학연구원 소장)

음을 손상시켜 음침한 기운이 굳게 엉겨 오래되면 병이 생긴다. 이를 치료하자면 또한 적셔주고 걸러주며 씻어줄 수 있는 것을 가지고, 음침한 것은 씻어내고 엉긴 것은 풀어준 다음에야 비로소 병이 사라지게 된다. 그러니 어찌 갑작스럽게 이르는 병이 있을 수 있겠는가? 그저 살갗에 조금 차도가 있는 것만 보고 마치 오래 있으면 몸이 더럽혀질까 재빨리 가버렸다가, 조금 있다가 질병이 다시 도지게 되면, "온천 때문이다", "온천 때문이다" 하니, 어찌 심히 어리석은 것이 아니겠는가?

내가 듣자니, 광동에 도화천桃花泉이 있는데, 북쪽에서 온 등짐장사들이 한번 그곳 사람과 정을 통하게 되면, 돌아가는 길에 반도 못 가서 큰 종기가 생겨난다고 한다. 백약이 무효라서, 부득이 도화천으로 되돌아와 물을 마시면 하루도 되지 않아 정상이 되고 이 때문에 그 땅에서 늙어가는 사람이 대부분이라 한다. 또 온천수를 마시더라도 남녀관계를 맺지 않은 사람은 아무 탈 없이 돌아간다고 한다. 나는 그 말이 사실인지 알 수 없다. 그러나 사실이라도 그 사람이 자초한 일일 뿐이니, 어찌 도화천이 그렇게 한 것이라 하겠는가?

내가 장차 돌아가려 할 때 어떤 사람의 말을 기록하여 온천의 입장을 밝히고, 겸하여 목욕하러 오는 사람을 경계한다. 원문 326쪽

우리나라에 이름난 온천이 많았다. 이수광은 《지봉유설》에서 우리나라 도처에 온천이 있는데 평산, 연안, 온양, 이천, 고성, 동래가 가장 널리 알려져 있는데 그중 이천의 갈산葛山이 가장 최고라 하였다. 또 이규경李圭景은 《오주연문장전산고》에서 온양의 온천은 한 온정에서 찬물

과 뜨거운 물이 동시에 나온다고 하였고 길주吉州의 온수평溫水坪에는 길가의 개울에 온천수가 거세게 분출하여 한겨울 눈 속에서도 김이 몇 리에 걸쳐 자욱하다고 하였다. 또 울진과 삼척 경계의 온천은 바위에서 물이 나와 폭포를 이룬다고 하였다.

우리나라에 이러한 기이한 온천이 많았다. 그중에서 왕실에서 자주 이용하던 온천이 바로 온양에 있었다. 온양온천은 세종과 세조가 자주 찾았고, 그 이후에도 꾸준히 왕실에서 애용하였다. 아예 그곳에 행궁을 세웠는데 위의 조수삼 글에서 보듯 상당히 화려한 시설을 갖춘 것으로 보인다.

그런데 온양온천은 임금이 사용하는 온정과 백성들이 사용하는 온정이 따로 있었다. 제일 위쪽 상탕은 임금이 이용하고 하탕은 백성이 이용할 수 있게 배려하였다. 이러한 전통은 세조 때 이미 확립되어 임금이 직접 사용하는 온정 외에는 일반 백성도 자유로이 사용하게 조처하여 여민동락與民同樂의 정신을 잊지 않았다. 영조는 여기에 더하여 상탕과 중탕 모두를 백성들이 사용할 수 있게 허락하였다.

금제가 풀리자 사람들이 온양온천으로 몰려들었다. 들것에 실려 온 자는 걸어서 가고, 신음하면서 온 자는 노래하면서 돌아갔다고 하니, 병이 나은 백성들은 영조의 성덕을 노래하였음직하다.

그러나 온천이 만병통치의 효험이 있는 것은 아니다. 사람들은 온천에 와서 몸을 씻으면 병이 낫기는 하지만 한참 지나면 다시 병이 도진다고 불평을 하였다. 조수삼은 병이 갑자기 이르는 것이 아니요, 또 한꺼번에 낫는 것이 아니므로, 온천욕을 만병통치의 약으로 여겨서는 안 된다고 하였다. 전설에 나오는 도화천을 예로 들었다. 도화천에 온천욕을 온 이가 그곳 사람과 정을 통하면 창병이 생겨 온천욕을 하여야만 병이 나았다. 결국 병 때문에 그곳을 떠나지 못하게 되는 것이다. 조수삼은 온천욕에 매달리는 것이 도화천의 정사와 같다고 하였다.

온양온천은 온천욕을 위한 공간이지만 역사가 서려 있는 문화의 공간이기도 하다. 정조는 온양온천에 느티나무를 세 그루 심었는데 사도세자가 이곳을 찾은 것을 기념해서다. 그리고 비를 세웠는데 바로 영괴대비靈槐臺碑다. 규장각에 소장되어 있는 《영괴대기靈槐臺記》에 온양온천의 행궁 그림이 채색으로 그려져 있다. 지금 그곳에는 온양관광호텔이 들어섰다. 서민이 이용하기 어려우니 세조나 영조의 여민동락의 뜻이 근대에 다시 퇴색한 것이라 하겠다.

* 온양온천의 역사에 대해서는 김남기, 〈조선왕실과 온양온천〉《문헌과해석》 23호, 2003년 여름)에 자세하다.

사람들은 먼 길을 돌아 연변으로 가서 두만강을 보곤 한다.
130여 년 전 두만강 하구에 버드나무를 심은 사람이 있었다.
그가 두만강에 버드나무를 심은 뜻은 무엇일까?

버드나무를 심은 다섯 가지 이로움

공주성孔州城(경흥의 옛이름) 동북쪽은 두만강을 임하고 있다. 강 너머는 모두 산으로 숲과 맹수가 많으니, 바로 예전 생여진生女眞의 터전이다. 강 안쪽은 모두 평야인데 수목이 없다. 백성들은 척박한 언덕에서 밭을 가는데 매번 여름 홍수가 나면 강둑이 잘 무너져 땅이 날로 줄어들었다. 얼음이 얼면 백성들이 혹 강을 건너가서 나무를 해오기도 하는데 발각되면 죽게 된다. 이곳은 큰 바람이 자주 불어 종종 지붕을 뽑고 기와를 날려버린다.

정유년 겨울 내가 죄를 받아 공주로 폄적되었다. 추위로 감히 바깥출입을 하지 못하다가 이듬해 3월에 얼음이 비로소 녹자 이에 가마를 타고 강가를 순회하였다. 두만강은 북쪽에서 남쪽으로 대략 8백여 보가 되는데, 성 인근의 장정 7천 5백 명을 선발하여 한 사람당 버들가지 다섯 개씩 가지고 가서 강가에 줄지어 심게 하였다. 한 보에 네 그루를 심어 목책처럼 빽빽하게 하였다.

어떤 객이 나에게 말하였다.

"이는 그다지 급한 일이 아닌 듯하오. 백성들이 너무 고생하지 않소? 옛말에 십 년 머물려 하면 나무를 심는다 하였는데, 이제 당신이 이 고을에 머물 날이 짧으면 반년이요 길게 잡아도 일 년 정도일 터인데, 무슨 일로 나무를 심으시는가요?"

내가 다음과 같이 대답하였다.

"저 변방이라는 새塞는 막는다는 색塞의 뜻이 있다. 안과 바깥을 격리시키는 곳이라는 말이지요. 따라서 예선에는 느릅나무를 심은 유새楡塞니 버들을 심은 유성柳城이라는 이름이 생긴 것이라오. 지금 우리는 여진과 강 하나를 끼고 살아가고 있어 말을 타고 사냥하는 저들이 아침저녁 강 언덕 아래까지 이르고 있소. 대개 우리가 기거하면서 먹고 마시는 모습이 저들의 눈에 보이지요. 어찌 하루라도 평안할 수 있겠소?

이제 내가 버드나무를 심은 것은 다섯 가지 이로움이 있지요. 첫째는 우리 강역을 은폐하기 위한 것이요, 둘째는 말을 타고 돌격하는 것을 막기 위한 것이요, 셋째는 강둑이 물살에 파먹히는 것을 대비하기 위한 것이요., 넷째는 땔감용 나무를 대기 위한 것이요, 다섯째는 바람을 막기 위한 것이지요. 하나의 이로움을 생기게 하면 하나의 해로움을 제거하게 된다오. 이 때문에 백성들에게 노역을 시키는 것이지 백성을 골병들게 하려는 것은 아니지요. 게다가 한 번 일을 하여 다섯 가지 이익

〈만류제비〉
_홍양호

일 년의 계책은 곡식을 심는 일이요, 십 년의 계책은 나무를 심는 일이다.(서울대학교 규장각 소장)

이 함께 이르게 되니 어찌 급하지 않다 하겠소?

내가 비록 이곳에 오래 머물지 않는다 하더라도 나를 이어서 오는 사람이 도끼질을 하고 불살라 버리지 않는다면 몇 년이 되지 않아 백성들이 그 이익을 누릴 수 있지 않겠소? 어찌 길게 십 년까지 기다릴 것이 있겠소? 백성들이 정말 이롭다면 온 고을 사람들이 이를 보호하게 되겠지요. 비록 백 년 천 년이라도 그렇게 될 터이니, 어찌 십 년 계획으로 그칠 뿐이겠소? 공자는 '사람이 멀리 생각함이 없으면 가까운 근심이 반드시 생긴다'고 하였소. 가까운 공효만을 급하게 여기지 말고 먼 일을 도모하여야 할 것이오. 그러니 이 일이 바로 급한 것이라 하지 않겠소?"

마침내 이 글을 관아의 벽에다 써서 훗날의 군자를 기다린다. 원문 327쪽

1776년 정조가 즉위하자 홍양호洪良浩(1724~1802)는 시련을 맞게 된다. 1774년 도승지와 대사성에 올라 청운의 꿈을 펼쳐가던 홍양호는 정조가 즉위하자 정조의 등극을 방해한 정후겸鄭厚謙의 앞잡이로 몰렸다. 조정에 더 이상 발을 붙이지 못하여 1776년 10월, 겨울을 앞둔 날 함경도 경흥의 부사로 먼 길을 떠났다.

홍양호는 자신의 앞날이 어떻게 될지 몰라 불안한 마음이었을 것이다. 그러나 홍양호는 황량한 두만강 강둑에 버드나무를 심었다. 홍양호는 7천5백 명에게 다섯 그루씩 강둑에 심게 하였다. 그리하여 도합 3만 7천5백 그루의 버드나무를 심게 된 것이다. 이런 거대한 역사를 일으켰기에 사람들은 이를 두고 이러쿵저러쿵 말을 해대었다. 이에 대해 홍양호는 다섯 가지 이점을 들었다. 적대적인 여진으로부터 우리나라의 실

정이 드러나지 않게 하고 강성한 기마병이 돌진하는 것을 막기 위한 국방정책의 일환이 될 수 있다고 하고, 또 홍수 때 토지의 유실을 방지하고 풍해로부터 민가를 보호하며 땔감용 목재를 확보한다는 백성의 편의를 들었다.

홍양호는 일찍부터 제방의 중요성을 인식하였다. 강동현江東縣 남쪽의 시냇물이 해마다 범람하여 백성들을 괴롭히자 강동현감으로 부임한 홍양호는 1759년에 백성들과 제방을 쌓고 버드나무를 심은 다음 그 이름을 만류제萬柳堤라 하고 이를 기념하는 비를 세웠다. 그 탁본이 지금도 규장각에 소장되어 있다.

홍양호에게 경흥은 참으로 의미 있는 땅이었다. 도성에서 먼 변방으로 물러나 있었지만 좌절하지 않았다. 목민의 뜻을 잊지 않아 제방에 나무를 심었고 또 목민의 정신으로 48수의 〈북새잡요北塞雜謠〉를 지어 두만강 일대의 풍속을 노래로 기록하였다. 이와 함께 홍양호는 호고의 취미가 있었기에 옛 숙신肅愼의 땅인 경흥에서 석노石弩와 석부石斧, 그리고 황송통보皇宋通寶, 경덕원보景德元寶, 원풍통보元豊通寶, 원우통보元祐通寶 등 중국의 오래된 동전을 구하여, 서울로 돌아온 후 자신의 집 사의당四宜堂을 문자향文字香과 서권기書卷氣로 채울 수 있었다.

옛말에 "일 년의 계책은 곡식을 심는 일이요, 십 년의 계책은 나무를 심는 일이다一年之計, 樹之以穀, 十年之計, 樹之以木"라는 말이 있다. 십 년을 살 계획이 있어야 나무를 심겠지만, 홍양호는 햇수를 따지지 않고 자신의 영리가 아니라 백성을 위하여 나무를 심었다. 두만강 하구에서 북한 땅을 바라보는 이는, 혹 그곳에 아직 남은 버드나무를 보게 된다면 그 나무가 바로 홍양호가 심은 버들의 자손임을 기억하고 불우한 시절에도 백성을 사랑하는 마음을 기억하기 바란다.

공교육이 무너지면서 교사의 지위가 땅에 떨어졌다.
이러한 일은 200년 전에도 있었다. 명성이 높은 선생이 있으면 그를 좇아 권력에
빌붙으려 하거나, 신분이 낮은 선생은 제 집에서 데리고 있으면서 부려먹기도 하였다.

바른 스승을 구하는 법

예전 사람들은 덕을 보고 스승을 택하였지만, 지금 사람들은 권력을 보고 스승을 택한다. 덕이 있는 사람이 반드시 권력을 갖지 말라는 법은 없겠지만, 대개는 권력이 없는 경우가 많다. 정말로 사모하는 것이 덕에 있다면 나날이 발전할 것이요, 권력에 대해서는 마치 종과 북을 연주하여 가을 풀벌레 울음소리를 없애는 것처럼 그저 즐기면서 잊고 살 것이다.[01] 이에 비하여 권력을 가진 사람이 반드시 덕이 없으란 법은 없겠지만, 대체로 덕이 없을 때가 많다. 정말로 사모하는 것이 권력에 있다면 나날이 경쟁이 될 것이요, 그렇게 되면 덕이라 하는 것이 마치 여름날 얼음이 쉽게

---

01 한유韓愈의 〈위시강성산십이시서韋侍講盛山十二詩序〉에서 제방을 막아 물이 새는 지붕을 막고 금석의 악기를 연주하여 귀뚜라미 소리를 사라지게 한다고 하였다. 군자가 효용을 생각하지 않고 대범하게 생활하는 것을 비유한다. 이하의 비유도 같은 글에 나온다.

녹고 끓는 물에 눈이 쉽게 없어지는 것처럼 어떻게 사라져버리는지조차 알지 못하게 된다. 덕과 권력은 애초에 구분이 되어 있는 것은 아니었으니, 사모하는 바가 어디에 있는가에 따라 좌우될 뿐이다.

　지금 사대부들은 툭하면 인재가 예전 사람만 못하다고 생각하면서도 스승을 찾을 줄을 모르고 재주꾼만 찾으려고 한다. 맹자는 아성亞聖이다. 그로 하여금 학교 곁에 나아가 공부를 하게 하지 않았다면 맹자가 오늘 우리가 아는 맹자가 될 수 있었는지 알 수 없다. 아성도 그러한데 이보다 아래인 사람은 말할 것이 있겠는가? 지금 사람들은 어린 시절 똑똑하다고 칭찬을 받다가 장성하여서는 그 명성이 사라져버리고, 명성이 있다 하더라도 어릴 때의 똑똑함을 확충시켜 나가지는 못하고 있다. 이는 스승으로 삼은 바가 스승으로 삼을 바가 아니었기 때문이다.

　우리 집은 가업이 공부 가르치는 것이어서, 사람들을 많이 보아왔다. 가장 뛰어난 자질을 갖춘 사람은 쉽게 볼 수 있지 않지만, 그렇다고 자질이 매우 뒤떨어지는 사람 또한 많지는 않다. 요컨대 가르칠 수 없는 사람은 없는 법이다.

　돌아가신 조부께서는 집이 매우 빈한하여 초가조차 때맞추어 지붕을 이지 못하여 여름철 비가 내리면 비가 새어 앉아 있을 수 없었고, 겨울이면 얼음과 서리가 벽에 가득하여 잠을 이룰 수 없었다. 보리밥에 나물국도 거를 때가 있었다. 그런데도 서울의 사대부들 중에 찾아와 배우는 이들이 많았고, 모두 담박한 생활을 함께하면서 고통스럽게 여기지 않았다. 성실하게 공부하여 곁을 떠나지 않았기에, 마침내 성취를 이룬 사람이 매우 많았다. 당시에 조부께서는 스승의 역할을 잘한다는 칭송을 받았다. 이는 사람들이 사모하는 것이 덕에 있었지 권력에 있지 않았기 때문이다.

　그런데 백 년 사이에 풍속이 나날이 허물어져 제 집으로 스승을 끌어들여 사육하듯이 하면서 그 자제를 가르치게 하고 있다. 그들의 자제는 평소 교만한 데다 또 사육하는 듯이 권세를 가지고 스승을 대한다. 스승 또한 권위를 세울 수가 없으니, 꾸짖을 수도 없고 회초리를 들 수도 없다. 그저 자기 일만 할 뿐이다. 자제들이 스승을 비하하고 그 가르침을 받으니 정말로 학업이 진보될 리가 없다. 그러면 또 스승이 힘이 없다고 책망하니 이는 썩은 고삐를 주고서 사나운 말을 몰도록 하는 것과 같을 뿐이다. 이 때문에 똑똑한 이들은 이러한 사람을 스승으로 여기지 않는다. 그렇게 스승이 된 자는 다만 무엇인가를 구하는 것만 있을 뿐이기 때문이다.

어릴 때부터 습관이 이렇게 들고 나면, 장성한 후 산림에서 명망이 높아 권력을 줄 만한 사람을 가려서 스승으로 삼지만, 한 해가 다 지나도록 학업을 익힌 적이 없고 그저 그 문인이 되었다는 이름만 빌려서 대중들에게 호가호위하여 떠벌리게 된다. 그러다가 마침내 그 스승을 재앙으로 모는 이도 많다. 이는 사모하는 바가 권력에 있지 덕에 있지 않은 것이다. 그러니 스승 삼는 일이 또한 어려운 것이 아니겠는가?

그렇다면 자제를 가르칠 때 어디에서부터 시작하여야 하는가? 스승에게 가서 공부를 하도록 하여야 할 것이며, 관사(가정교사)에게 맡겨서는 아니 된다. 어릴 적부터 스승의 도리가 엄중하다는 것을 안 다음에야 비로소 배움으로 나아가야 옳다. 임금과 아버지는 그 지위가 정해져 있지만, 스승은 정해진 지위가 없다. 오직 도가 있는 바를 스승으로 삼는다. 또 어찌 그 귀천과 존비를 가릴 수 있겠는가? 덕은 자신에게 있는 것이요, 권력은 남에게 있는 것이다. 배우는 사람이 자신을 위한 위기지학을 해야 하겠는가, 아니면 남을 위한 위인지학爲人之學을 해야 하겠는가? 원문 328쪽

연경재研經齋 성해응成海應(1760~1839)은 부친 성대중成大中과 함께 반듯하지 못한 신분임에도 큰 학문을 이룬 위대한 인물이다. 조부 성효기成孝基 역시 서얼로 포천에 은거하면서 후학을 가르치는 것을 업으로 삼았던 사람이다. 비록 권력과는 거리가 멀었지만 덕으로 학생을 지도하여 큰 성과를 이루었다.

그러나 바람직한 스승의 상은 성해응 당대에 이미 찾아보기 어려웠다. 17세기 무렵 집 안에서 숙식을 제공하면서 아이를 가르치게 하는 입주 가정교사 제도가 있었는데, 이를 관사, 혹은 숙사塾師라 하였다. 유수원柳壽垣의《우서迂書》에 '관사' 제도를 중요한 교육 제도의 하나로 들었지만 그 폐해를 지적하지는 않았다. 그러나 1970년대 입주 가정교사의 체험이 있는 사람들이 느꼈던 것처럼 조선시대 가정교사도 스승으로 옳은 존경을 받기 어려웠다. 성해응은 이러한 사실을 들어 '관사'는 바람직하지 않다고 하였다. 산림의 명망 높은 큰 학자를 스승으로 맞는 것 역시 우려할 만하다. 스승의 명망을 권력으로 삼아 호가호위하기 쉽다는 점은 오늘날의 고등교육에서 확인할 수 있는 일이다.

권력을 좇아 스승을 구하는 것은 위인지학을 하고자 하는 사람이요, 덕을 좇아 스승을 구하는 것은 위기지학을 하고자 하는 사람이다. 위기지학을 원하는 사람은 적고 위인지학을 하고자 하는 사람만 넘쳐 나니, 사표師表가 절로 땅에 떨어질 수밖에 없는 것이 당연하다.

스승에 대한 글로는 한유의 〈사설師說〉이 유명하다. 이 글의 마지막에, 도道가 있는 곳에 스승이 있고 도를 갖춘 사람만 스승이 될 수 있다고 한 대목이 바로 한유의 글에 나온다. 그러나 한유의 글은 자신의 뛰어난 능력을 과시하는 오만함이 행간에 드러나 점잖은 문인들의 비판을 받기도 하였다. 스스로를 낮춘 성해응은 자신의 현실에 밀착하여 당대의 세태를 보여주고 스승을 대하는 바람직한 태도를 제시하였다. 이 점에서 한유의 큰 목소리보다 오늘날의 세태에 더 큰 가르침이 될 수 있다.

옛사람의 즐거운 지혜

5부

인생의 쾌락은 길지 않다. 맛난 음식, 아름다운 음악, 예쁜 얼굴도 돌아서면 허 망하나. 가난하고 외로운 처지라도 문을 닫고 차분히 책을 읽으면 마음을 함께 할 수 있는 벗이 나오고, 만나 함께 학문과 문학을 논한 고인을 만날 수 있다. 이들과 책상을 함께하여 나란히 있으니 이보다 즐거운 일이 무엇이겠는가?

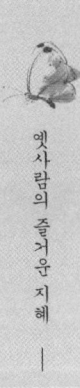

옛사람의 즐거운 지혜 —

예나 지금이나 사람들은 누구나 넓은 창이 있는 집에 살고자 한다.
옛사람들은 주위의 맑은 풍경을 바라보며 마음을 다스렸다.
하지만 지금의 젊은 사람들은 집의 창은 넓지만 마음은 넓지 못하다.

박윤원

내가 동서남북으로 창을 낸 이유

집에는 반드시 창이 있다. 창은 따스한 햇살을 받고 서늘한 바람을 들이니, 사람이 출입하도록 만든 것만은 아니다. 창이 많으면 겨울에 탁 트여 춥고 창이 적으면 여름에 꽉 막혀 답답하다. 탁 트인 곳은 막을 수 있지만 꽉 막힌 곳은 통하게 할 수 없다. 이 때문에 창은 많은 것이 좋다. 서실은 더욱 그러하니, 책을 볼 때 밝아야 하기 때문이다.

내가 있는 방은 동서남북에 모두 창이 있다. 환하고 상쾌하며 시원스럽게 사방으로 통한다. 나는 그 사이에 앉아 책을 읊조린다. 산빛은 창에 닿고 샘물 소리는 문으로 들어온다. 이름 모를 새가 와서 엿보기도 하고, 창기로운 꽃잎이 날아 들어오기도 한다. 한여름 무더위에도 꽉 막혀 답답한 고통이 없는 것은 모두 창의 덕택인지라 나는 매우 즐거워한다.

그리하여 사방의 창에다 각기 정자程子와 주자朱子 두 선생의 말을 뽑아 글을 썼다. 동창에 쓴 "한가로와 무슨 일이든 여유롭지 않음이 없으니, 자다가 일어나면 동창에 붉은 해가 떠오른다〔閒來無事不從容, 睡起東窓出日紅〕"는 글은 정자의 시다.01 남창에 쓴 "어제는 흙담이 면전에 서 있고, 오늘 아침에는 대나무 창이 해를 향해 열렸네〔昨日土墻當面立, 今朝竹牖向陽開〕"라는 글은 주자의 시다.02 서창에 쓴 "묵정밭에는 호마를 심고, 초가를 솔그늘에 지었다. 진중하고 무심한 사람은, 쓸쓸한 집에서 밝은 달을 희롱하네〔畬田種胡麻, 結草寄松樾, 珍重無心人, 寒棲弄明月〕"라는 글은 주자가 서료西寮에 붙인 시인데,03 '요寮'가 바로 창이다. 북창에 쓴 "북창에서 신음하니, 기운이 답답하여 풀리지 않네. 내 책을 내가 읽으니, 병이 낫는 듯하구나〔呻吟北窓, 氣鬱不舒. 我讀我書, 如病得蘇〕"라는 글 역시 주자의 말씀이다.04

늘 여기에 눈을 두고 있노라니 감정을 유발하고 흥취를 일으키기에 충분하다. 좌우명을 둔 것과 무엇이 다르겠는가? 그리하여 다시 총괄해서 벽에다 이렇게 썼다. "환한 창가 궤안에 기대어, 맑은 낮에는 화로에 향을 피우고, 책을 펴고 엄숙하게 나의 천군을 마주한다〔明牕棐几, 淸晝爐薰, 開卷肅然, 事我天君〕". 이것은 진서산眞西山의 〈심경찬心經贊〉에 나오는 말이다.05

---

01 정이의 〈가을날 우연히 읊조리다[秋日偶成]〉라는 작품인데 원문에는 1구와 2구가 바뀌어 있어 바로잡았다.
02 주희의 〈범석부의 경복승개창시에 차운하다[次范碩夫題景福僧開窓韻]〉의 기구와 승구다.
03 주희의 〈서료〉 전문이다. 전구의 '무심인無心人'이 '무심자無心子'로 되어 있으나 《회암집晦菴集》에 의거하여 고쳤다.
04 주희의 〈지락재명至樂齋銘〉의 앞부분이다.
05 진덕수眞德秀의 〈심경찬〉 마지막 부분이다.

박윤원朴胤源(1734~1799)은 노년에 삼청동의 교하정皎霞亭을 매입하여 그곳에서 한가하게 살았다. 조선시대의 가옥은 추운 겨울을 나기 위해서 창을 많이 내지 않았지만, 박윤원은 탁 트인 조망을 위하여 사방에 창을 내었다. 창을 통하여 푸른 산빛도 받아들이고 샘물 소리도 듣는다. 자연과 함께하여 기심機心이 없기에 새도 창으로 날아들고 바람에 날리는 꽃잎이 들어오기도 하였다. 그는 이렇게 운치 있는 삶을 살았다.

박윤원은 김원행金元行의 제자로 평생 성리학을 연구하였다. 그래서 문을 제외한 세 방향의 창에 돌아가면서 정자와 주자의 글을 적어 진정한 음풍농월을 실현하고자 하였다. 학자의 음풍농월은 곧 《논어》에서 이른 대로 기수沂水에서 목욕하고 무우舞雩에서 바람을 쐬면서 노래를 읊조리는 일이다. 정호는 〈봄날 우연히 읊조리다[春日偶成]〉에서 "엷은 구름에 산들바람 정오가 가까운 때, 꽃 찾고 버들 따라 앞개울을 건너노라[雲淡風輕近午天, 傍花隨柳過前川]"라고 하였다. 여기서 꽃을 찾고 버들을 따르는 일이 학자의 음풍농월이다. 명의 학자 여곤呂坤은 "천욕天欲이 있고 인욕人欲이 있으니, 음풍농월하면서 꽃을 찾고 버들을 따르는 일은 천욕이다. 천욕은 없어서는 아니 되니, 없으면 적막하다. 인욕은 있어서는 아니 되니, 있으면 더러워진다" 하였다.

박윤원은 음풍농월의 천욕을 따라 살고자 하는 뜻을 좌우명처럼 창에다 적었다. 그리고 벽에다 다시 진덕수의 〈심경찬〉을 붙여 천군, 곧 마음을 다스리는 학자의 맑은 뜻을 드러내었다. 삶에서 지향하는 바를 방에 적어두는 일은 이제는 잊혀진 옛사람의 운치이다.

잊혀져가는 옛사람의 지혜가 한둘이 아니겠지만, 자신의 처지를 돌아보며
남의 어려움을 헤아리고, 인간의 처지를 생각하여
동물의 곤란함을 생각하는 마음은 각박한 현대 사회에서 매우 그리운 것이다.

채
제
공

지렁이 탕을 먹지 않는 뜻

제공濟恭은 아뢰오. 비록 병으로 누워 있는 중이지만, 어떤 이가 성안에서부터 왔기에 대감의 기거에 대해 물어 자세히 알게 되니 배가 불러진 듯 마음이 든든해졌소. 자세하게 알지 못하였더라면 굶은 듯 배가 고팠겠지요. 내 마음으로 대감의 마음이 어떤지를 헤아릴 수 있소. 얼마 전 정중하게 편지 한 통을 보내어 내가 죽었는지 살았는지 캐물어주시니, 그 말씀이 진지하고 그 정이 듬뿍 담겨 있었소. 이는 대감과 나에게 있어 정말 늘 그러한 것이겠지요. 요즘 속담으로 말하자면 기이하고 희한한 일이 아니라고는 말하지 못하겠지요. 보아하니 이리저리 다니느라 허둥댄다니 어찌 걱정하지 않을 수 있겠소?

나는 한 가지 병이 수십 일을 끌어 의원도 재주를 발휘하지 못하여 왔다가 바로 돌아갈 뿐, 내 마음속을 시원하게 휘저어 놓기에는 부족하였소.

저 하늘의 운명을 즐긴 이가 하필 팽택령彭澤令 도연명 한 사람에 그칠 수 있겠소. 적어 보낸 약방문을 보니, 대감이 나를 사랑하여 살리겠다는 뜻을 볼 수 있었소. 대감이 아니라면 어디에서 이런 것을 받을 수 있겠소? 비록 그렇지만, 나는 이 문제에 대해 마음에 슬픔이 없을 수 없소이다.

살기를 기뻐하고 죽기를 싫어하는 것은 지렁이나 나나 한 가지라오. 저 지렁이는 위로는 마른 흙을 먹고, 아래로는 흙탕물을 마시니 일찍이 나와 다툴 바가 없고, 뱀의 이빨도 없고 또 모기 주둥이도 없으니 일찍이 나에게 독이 된 적이 없다오. 지금 나의 우연한 병으로 인하여 저 허다한 생명을 죽인 다음 불로 익히고 녹여서 탕으로 만들어 가지고 복용하여 즉시 효험이 있다면, 효험을 얻은 사람은 다행이겠지만 효험을 나게 한 지렁이로서는 또한 너무나도 불행한 일이 아니겠소?

내가 늘 말하거니와, 불가에서 평생 초식을 하고 차마 하나의 생물도 해치지 않는 것은, 비록 우리 유하에서의 치우치지 않고 지극히 바른 성인의 법은 아니지만, 하늘이 덮어주고 땅이 실어주며 똑같이 길러줌을 입을 수 있다는 점에서는01 이 자비의 논의도 또한 충분히 중생으로 하여금 동감하게 할 듯도 하오.

세상사를 두루 겪고 나서 가만히 요즘 사람들을 살펴보았소. 만약 터럭만큼이라도 자기가 나아가는 데 이익이 될 것 같으면 곧바로 무고한 사람의 생명을 죽이더라도 난색을 표하지 않고 도리어 뜻대로 되었다고 여기는 자들이 넘쳐 나니, 모두가 다 이러하오. 그러나 이러한 무리들은 이익만 알았지 의리를 모르는 자이니, 어찌 알리오? 미래에 자기보다 지혜와 힘이

---

01 《중용》의 "하늘과 땅 사이 만물이 함께 길러져서 서로 해치지 않는다〔天覆地載, 萬物並育於其間而不相害〕"라는 생태주의적 사고를 끌어들인 것이기도 하다.

더 나은 자가 있어 자신을 죽여 그가 지금 한 것처럼 하려 든다면 자신에게서 나온 것이 자신에게로 돌아가는 법이니 그 화가 무궁할 것임을. 그러니 이 또한 슬프지 않겠소?

지금 지렁이를 탕으로 만드는 처방은 비록 크고 작은 차이가 있어 같지 않음이 있을지라도 남을 해쳐 나를 이롭게 한다는 점에서는 그 마음이 똑같소. 나는 차마 이 일을 할 수 없소. 두보의 시에서 "집 안의 닭이 벌레와 개미를 잡아먹는 것은 싫어하지만, 도리어 닭이 팔려 삶아 먹히는 것은 알지 못하네〔家中厭鷄食蟲蟻 不知鷄賣還遭烹〕"02라는 시가 참으로 좋소. 이것은 어진 사람이나 군자의 말이라오. 두보가 아니라면 내가 누구에게 귀의하겠소. 정신이 어지러워 글을 쓰기 어려워 길게 쓰지 못하오. 원문 331쪽

채제공蔡濟恭(1720~1799)은 자가 백규伯規, 호가 번암樊巖으로 18세기를 대표하는 관각의 문인이다. 이 글은 여러 정황으로 보아 1789년 무렵에 쓴 것으로 추정된다. 채제공은 이해 9월 좌의정에 올라 수원의 현륭원顯隆園 공사를 지휘하느라 바쁜 나날을 보내다가 10월에 파면되어 물러나 있었다.

이헌경李獻慶(1719~1791)은 같은 남인으로 채제공의 절친한 벗이었는데 이때 호조참판으로 있었다. 서로 만나지 못한 지 겨우 한 달 남짓밖에 되지 않았을 터인데도, 소식이 그리워 며칠 굶은 사람처럼 배가 고팠다. 그러다 소식을 듣고 나니 배가 불룩해진다고 하였으니 일흔이 넘

---

02 두보의 〈박계행縛鷄行〉에 나오는 구절이다.

은 두 노인의 농담에서 평생의 우정을 짐작하게 한다.

채제공이 병이 들어 위독하다는 말을 들은 이헌경은 수소문을 하여 지렁이탕이 좋다는 말을 듣고서 벗에게 이를 조제하여 먹도록 권유하였다. 채제공은 그 뜻을 아름답게 여기면서도, 자신의 생명을 위하여 무고한 다른 생명을 해칠 수 없다고 거절하였다. 사람이나 동물 모두가 살기를 좋아하고 죽기를 싫어한다는 말은 주자가 "추위와 더위를 알고, 굶주리고 배부른 것을 인식하며, 삶을 좋아하고 죽는 것을 싫어하는 것, 이익을 따르고 위험을 피하는 것 등은 사람과 만물이 한 가지다"라고 한 데서 유래한다.

채제공은 여기에 다시 불교의 자비를 끌어들였는데 아마도 이익의 글을 읽은 듯하다. 이익은 "백성은 나의 동포요, 동물은 나의 동류다. 그러나 초목은 지각이 없으니, 피와 살이 있는 동물과 차이가 있어 그것을 취하여 먹고 살아도 좋다. 그러나 금수가 삶을 좋아하고 죽음을 싫어하는 것은 사람과 그 정이 한 가지니, 또 어찌 차마 그에게 상해를 가할 수 있겠는가? 사람을 해치는 동물은 이치로 보아 잡아 죽이는 것이 마땅하고, 사람에게 사육이 되는 것은 곧 나를 통하여 성장을 하므로 그래도 생명을 맡길 수도 있겠지만, 산중이나 물속에 절로 나서 절로 살아가는 것조차 모두 사냥꾼과 어부의 독수를 입고 있으니 또한 무슨 까닭인가? 어떤 사람이 '동물이 사람을 위하여 생겨났으므로 사람에게 잡아먹힌다'고 하자, 정자가 이 말을 듣고 '이가 사람을 무는데 사람은 이를 위하여 태어났는가?' 하였으니 변론한 것이 분명하다. 어떤 이가 서양 사람에게 물어 '만약 동물이 태어난 것이 모두 사람을 위한 것이라면, 저 벌레가 태어난 것은 무엇 때문인가?' 하였더니, '새가 벌레를 잡아먹고 살이 찌면 사람이 그 새를 잡아먹게 되지. 그러니 저것은 곧 사람을 위해 태어난 것이지'라고 답하였다. 그 말 또한 궤변이다. 매번 불가에서 말하는 자비라는 한 가지 일을 생각해보니 아마도 타당할 듯하다"라고 하였다.

생태계 사슬의 제일 위에 있는 것이 사람이므로 사람이 동물을 잡아먹는 것은 당연하다는 인간중심주의가 서양에서 등장하였다. 이익은 주자가 말한 사람과 동물의 정이 동일하다는 것에서 더 나아가 불교의 자비까지 끌어들여 동물이 사람을 위해 존재한다는 논리를 부정하였다. 채제공은 남인의 선배 이익의 이 논리를 끌어들여 약자를 보호하여야 한다는 주장을 개진하였다. 여기에 두보의 시를 통하여 닭과 벌레와 개미를 다 함께 사랑하는 마음을 배울 것을 강조하여 운치를 더하였다.

사람들은 누구나 좋아하는 것이 있다.
좋아하면 빠지게 되고 빠지게 되면 마음의 짐이 된다.
그렇다고 좋아하는 것이 없다면 세상을 살아가는 맛이 없을 것이다.

남유용

마음을 미치게 하는 다섯 가지 물건

　사물 중에서 사람들이 좋아하여 빠지게 되는 것은 반드시 재미가 있는 것이기 때문이다. 재미가 있어 좋아하여 빠지게 되면 사람에게 마음의 누가 되는 것 또한 분명하다.
　내가 육일거사六一居士 구양수歐陽脩의 자전自傳을 읽고,[01] 육일거사가 벼슬과 작록이 누가 된다는 것만 알았을 뿐 책과 금석문, 거문고, 바둑판, 술 등 다섯 가지 물건이 누가 된다는 것은 알지 못한 점을 늘 괴이하게 여겼다. 어찌 이 다섯 가지 물건이 과연 누가 되지 않을 수 있었겠는가? 벼슬과 작록이 거사에게 누가 되는 것이 정말 이 다섯 가지 물건보다 심하였

---

[01] 구양수의 〈육일거사전〉에서 늘 곁에 책과 금석문, 거문고, 바둑판, 술 등 다섯 가지를 두고 즐겨서, 자신까지 합쳐 여섯이 되므로 육일거사라 자호하였다.

다면 그 재미가 들인 것도 반드시 다섯 가지 물건보다 심하였을 것이다. 이 때문에 육일거사가 물러나 이 다섯 가지 물건과 더불어 살아갈 때 이를 취하여 마음에 맞는 것으로 여기면서도 이 다섯 가지가 오히려 누가 된다는 것은 스스로 알지 못하였지만, 그래도 조정에 나아가 벼슬과 작록을 취할 때 그것이 바로 내 육체를 피로하게 하고 내 정신을 수고롭게 한다는 것은 이미 깨닫고 있었다. 저 이윤伊尹이나 태공太公과 같이 스스로 농사를 짓고 낚시를 하면서도 아형阿衡과 상보尙父의 벼슬에 이르렀지만[02] 시종 조금이라도 벼슬이 마음에 누가 된다고 여기지 않았으니, 이는 다른 까닭이 있어서가 아니라 천하 만물에 있어서 벼슬이 재미가 있다는 것을 알지 못하였기 때문일 뿐이다. 비록 그러하지만, 육일거사는 막 벼슬이 재미가 있을 때 이미 그것이 누가 된다는 사실을 알았으니, 육일거사가 보통 사람보다는 훨씬 뛰어난 것이라 하겠다.

나는 세상에 등용되지 못하였다. 사물 중에 내가 좋아하는 것으로는 이 다섯 가지 물건을 넘어서지 않지만, 그럼에도 그것이 마음에 누가 될까 겁이 난다. 게다가 벼슬과 작록이 내 마음의 누가 되는 것은 더욱 말할 것이 없다. 그것이 다섯 가지 물건보다 심하지 않다는 것을 어찌 알겠는가? 그러니 이제 그 누가 되는 것을 조금 줄여서 그 좋아하는 바를 간략하게 하는 것만 같지 못할 것이다. 이에 다섯 가지 물건 중에서 거문고를 없애고 또 바둑판을 없앴으며 고금의 전서篆書로 된 금석문을 없앴다. 그저 천 권의 책을 소장하고 술 한 병을 두어 나 한 사람이 이와 함께하니, 이 셋이 하나가 되는 삼일三一을 이루었다. 이것이 내 집 이름을 삼일로 삼은 까닭

02 이윤은 음식을 만드는 천한 신분으로 은의 재상인 아형이 되었고, 여망은 물고기를 잡다가 주의 재상인 상보가 되었다.

〈남유용 초상화〉

책 일만 권이 있고 술 한 병을 두면, 정말 한 번 마시고 한 번 시를 읊조리기에 충분하다.

이다.

어떤 이가 말하였다.

"물건은 많고 적은 것을 떠나 마음의 누가 되는 것은 한 가지인데 당신은 책과 술이 당신에게 누가 되지 않을 줄 어떻게 알고 이를 버리지 않으시는가?"

내가 답하였다.

"그렇소. 그러나 내가 단지 이 두 가지 물건만 취한 것은 비록 그것이 내 마음에 누가 될지라도 또한 때때로 내 마음의 누를 없애주기도 하기 때문이라오. 막 술이 내 입술을 적시면 아끼면서 그 뛰어난 맛을 즐기게 되고, 책이 내 마음에 파고들면 부지런히 그 기름진 맛을 즐기게 된다오. 그 누가 되는 것이 어찌 느린 음악과 아름다운 여인을 즐기는 것과 무엇이 다르겠소만, 이미 술 한 잔 마시고 시 한 수 읊조리면 편안하여 즐거워지고 푸근하게 기뻐진다오. 앞서 맛이 있었던 것이 끝내 맛이 없는 것이 되어, 마침내 매우 적절한 데 이르게 된다오. 마음속에 있는 것을 펼쳐내니 정신이 왕성해지고 기운이 충만해진다오. 온 천하 만물 중에 내 마음에 들어올 만한 것이 없게 된다오. 그러니 또 두 가지 물건이 내 마음의 누를 없애주는 것이 아니겠소? 누가 되는 것은 작고 짧은 데 비하여 누를 없애주는 것은 크고 오래되니, 어찌 이를 없애버리겠소? 비록 그러하지만 책만 있고 술이 없다면 너무 메마른 단점이 있을 것이요, 술만 있고 책이 없다면 점차 방탕해지리니, 반드시 이 두 가지가 함께 꼭 있어야 할 것이요. 이로서 내 즐거움이 온전해질 것이라오." 원문 331쪽

옛사람은 좋아하는 바를 자신의 이름으로 삼았다. 도잠陶潛은 버드나무를 좋아하여 다섯 그루 버드나무를 심고 스스로 오류선생五柳先生이라 하였고, 정훈鄭熏은 일곱 그루의 작은 소나무를 심고 칠송처사七松處士라 한 바 있다. 옛사람은 자신이 좋아하는 바로 자신의 집 이름을 삼기도 하였다. 남유용은 자신의 집을 삼일당이라 하였다. 보통 집 이름에 '삼일三一'을 붙이는 것은 육체적 생명과 정신적 생명, 사회적 생명을 부여한 부모와 스승, 임금을 한결같은 마음으로 섬기겠다는 뜻을 표방한 것이다. 조선 중기 마포에 살던 시인 성로成輅의 삼일당이 그러한 예 중 하나였다.

문학을 사랑하는 남유용南有容(1698~1773)의 집 삼일당은 그러한 뜻이 아니었다. 그 근원은 구양수에 있었다. 구양수는 만 권의 서적, 천 권의 금석문, 한 장의 거문고, 한 병의 술, 하나의 바둑판, 그리고 자신이 이들과 더불어 하나가 된다는 뜻에서 그 호를 육일거사라 하였다. 남유용은 이것이 번다하다 하여 서적과 술만 들어 자신과 함께 하나가 되었다며 자신의 집을 삼일당이라 하였다. 그의 나이 33세 되던 1730년의 일이다. 아직 벼슬길에 나아가지 않은 문학청년 시절 그의 꿈을 이렇게 표방한 것이다.

남유용은 사람들이 무엇인가에 재미를 느끼면 빠지게 되고 그러면 마음의 짐이 된다고 여겼다. 구양수가 벼슬을 싫어하여 물러나 살았으니, 그 점에서 벼슬을 좋아하지 않아 벼슬에 빠지지 않아 마음이 누가 되지 않은 점은 높이 살 만하지만, 책과 금석문, 거문고, 술, 바둑을 즐기면서도 그것이 마음의 누가 되는 점을 알지 못하였다고 비판하였다.

그리고 그 대안으로 묘한 논리를 내세웠다. 우선 책과 술만 취하고 나머지를 버림으로써, 마음의 누가 되는 가짓수를 줄였다. 물론 가짓수를 줄인다고 마음의 평정을 잃지 않게 되는 것은 아니지만, 책과 술은 다른 욕심을 줄여주기 때문에 결과적으로 마음의 누가 되지 않을 수 있다고 하였다. 술이 없으면 세사가 너무 무미건조하고 책이 없으면 방탕해지기 쉽다는 말로 인생에 이 두 가지는 꼭 있어야 할 것이라 하였다.

남유용이 이런 말을 한 근본적인 의도는 복잡한 세상사에서 물러나 술을 마시고 글을 지으면서 살겠노라는 작가적인 의식에서 나온 것이다. 이 글을 읽은 성리학자 이재李縡는 남유용이 든 이 두 가지가 천하만물을 들어서 바꿀 것이 없는 가장 즐거운 일이겠지만 그 귀착점을 따져보면 술 한 잔 마시고 시 한 수 읊조리는 일상일영一觴一詠에 지나지 않는다고 비판하였다. 남유용은 벗 오원吳瑗에게 보낸 편지에서 구양수의 〈육일거사전〉이 매우 아름다운 문장이라 좋아하지만 구양수의 기호가 너무 많다고 여겨 자신은 '일상일영'으로 족하므로 자신의 집을 삼일당이라 한다고 하였다. 그리고 이렇게 적었다.

"책 일만 권이 있고 술 한 병을 두면, 정말 한 번 마시고 한 번 시를 읊조리기에 충분하다. 기분이 좋아 절로 즐거우니, 작게는 세사의 득실은 다르지 않게 여기고 영욕에 대한 생각을 잊을 수 있으며, 크게는 육체적인 문제를 도외시하고 죽고 사는 것을 하나로 여기게 된다."

문인의 방이라면 이 정도로 족하지 않겠는가? 고려의 이규보가 거문고와 시와 술을 매우 좋아하여 스스로 삼혹호선생三酷好先生이라 하였으니, 그 뜻은 한 가지다. 문학을 좋아하는 사람의 기호로 이 정도면 족하리라.

책은 여유가 있는 사람만의 전유물이 아니다.
인왕산 아래 옥류동에 살던 가난한 선비 장혼은
가난하고 외롭지만 책을 읽는 것이 인생의 큰 즐거움이라 하였다.

장혼

다섯 수레의 책을 가슴에 담는 방법

사람들이 즐거워할 만한 것은 많습니다. 귀에는 소리가, 눈에는 색깔이, 입과 코에는 냄새와 맛이 그러하지요.⁰¹ 이러한 것들이 눈앞에 몰려들어 마음을 흔들면, 반드시 온갖 지혜를 다 짜내고 위험한 곳을 넘어서면서까지 내 하고자 하는 바를 즐기려고 하지요. 그러나 그 좋아하는 바는 불과 잠깐 사이의 일일 뿐입니다. 여러 가지 음악이 떠들썩하거나 맑은 노래 소리가 울려 퍼지거나 간에, 연주가 한 번 끝나고 나면 산은 텅 비고 물은 흐를 뿐이지요. 하얗게 분을 바르고 새까맣게 눈썹을 칠하고서 웃음과 교태를 바치는 여인이 있다 하더라도, 이들이 한 번 흩어지고 나면 가물거리는

---

01 《맹자》에 "입은 좋은 맛에 대하여, 눈은 좋은 색에 대하여, 귀는 좋은 소리에 대하여 사지가 안일을 취하려 드는 것이 성이다(口之於味也, 目之於色也, 耳之於聲也, 四肢之於安逸也 性也)"라 하였다.

옛사람의 즐거운 지혜 179

촛불과 지는 달빛만 비칠 뿐이지요. 난초와 사향이 향을 풍겨도 한 번 냄새를 맡고 나면 그만이지요. 맛난 고기가 가득 차려져 있어도 한 번 먹고 나면 그만이지요. 이 모두가 태허太虛의 회오리바람이 먼지를 쓸고 가버린 것02과 다름이 없겠지요.

이에 비하여 눈과 귀에도 즐겁고 마음과 뜻에도 기뻐서, 빠져들수록 더욱 맛이 있어 늙음이 오는 것도 알지 못하게 되는 것은03 책을 이르는 것이 아니겠습니까? 비록 혼자 호젓한 때 적막한 물가에 있다 하더라도, 문을 닫고 책을 펼치고 있노라면, 완연히 수백 수천의 성현이나 시인, 열사와 더불어 한 침상 사이에서 서로 절을 하거나 질타하는 것과 같으리니, 그 즐거움이 과연 어떠하겠습니까? 사람들 중에 나의 진리를 따르고 나와 동조하는 이는 거의 드물겠지요. 육예六藝에 종사하지 않는다면 그만이겠지만, 종사하는 이가 있다면 책과 더불어 놀지 않을 수 있겠습니까? 저 금과 옥은 보배고, 문장도 또한 보배지요. 백근이나 되는 묵직한 물건은 보통사람이라면 감당하기 어렵겠지만, 다섯 수레의 책도 돌돌 말면 가슴속 안에 넣어 간직해둘 수 있을 것이요, 이를 쓰면 조화에 참여하고, 우주에 충만하게 되겠지요.

아, 사람이 어찌 쉽게 늘 이를 소유할 수 있겠습니까? 지금 세상에 이를 소유한 이가 그 얼마나 되겠습니까? 저는 당신에게 명망이 알려져 있지는 않지만 가깝게 저를 만나주셨습니다. 사귐이 얕은데 말이 깊은 것은 선철

---

02 왕양명의 〈남원선에게 답하는 글〔答南元善〕〉에 "만약 눈앞의 먼지를 씻고 귀속의 마개를 뽑아 버린다면 부귀와 빈천, 득실과 애정이 이르는 것이 마치 회오리바람과 떠다니는 노을이 태허에서 오가면서 변화하는 것과 같아서, 태허의 실체는 굳게 늘 텅 비어 막힌 것이 없을 것이다〔若洗目中之塵, 而拔耳中之楔, 其於富貴貧賤得喪愛憎之相值, 若飄風浮靄之往來變化於太虛而太虛之體固常廓然其無碍也〕"라 하였다.

03 공자가 《논어》에서 "발분하여 밥 먹는 일도 잊고 학문을 좋아하여 근심을 잊어서, 몸이 늙어가는 것도 알지 못한다〔發憤忘食, 樂以忘憂, 不知老之將至〕"라 한 말을 바꾼 것이다.

〈송석원시사아회도〉 _ 이인문

눈과 귀에도 즐겁고 마음과 뜻에도 기뻐 빠져들수록 더욱 맛이 있는 것은 책이 아닐까. 가난한 위항의 지식인이 인왕산 기슭 송석원에서 책을 읽고 시를 지었다. (개인 소장)

께서 경계한 바지요.04 그런데도 족하께서는 저를 못났다 여겨 내팽개치지 않았으니, 이 때문에 감격하여 부끄럽습니다. 보답을 하고자 생각을 하면서도 그렇게 하지 못하였습니다.

예전에 당신의 문장을 보았습니다. 또한 가히 공교롭고 정치하다고 말할 만하였습니다. 그러나 공자께서 "좋아하는 것은 기뻐하는 것만 같지 못하고, 기뻐하는 것은 즐기는 것만 같지 못하다"05고 말씀하시지 않았습니까? 대략 배울 줄은 알지만 좋아할 줄 모르는 자는 어리석은 사람입니다. 좋아하지만 그 뜻을 가다듬어 그 힘을 다할 수 없다면, 앞서 말한 입과 코, 귀, 눈이 누리는 짧은 즐거움과 그 거리가 한 치도 되지 않는다고 하겠습니다. 그런데 저와 당신이 서로 권면하지 않을 수 있겠습니까? 말이 망령되다 마시고 가려 받아들이신다면 참으로 다행이겠습니다. 원문 332쪽

장혼張混(1759~1828)은 여항의 가난한 선비였다. 인왕산 자락 옥류동에서 시와 글을 사랑하면서 살았다. 가난하지만 글을 좋아하여 〈평생지平生志〉라는 글을 지어 자신이 사랑하는 삶을 담아내었다. 현실에서 누리기 어려운 많은 책과 꽃나무를 글로 담아 우아한 삶을 상상으로나마 즐겼다.

200년쯤 전 인왕산 자락 옥류동에는 가난하지만 학문과 문학을 사랑하던 이런 선비들이 많이 살았다. 장혼의 이이엄而已广 외에도 천수경千

---

04 《전국책戰國策》에 교분이 얕은데 경솔하게 깊은 내용을 말하는 것을 경계하라는 말이 보인다.
05 《논어》〈옹야〉에 "도를 아는 것은 도를 좋아하는 것만은 못하고, 도를 좋아하는 것은 도를 즐기는 것만은 못하다[知之者不如好之者, 好之者不如樂之者]"라 하였다.

壽慶의 송석원松石園, 왕태王太의 옥경산방玉磬山房, 김낙서金洛瑞의 일섭원日涉園, 이경연李景淵의 적취원積翠園과 삼우당三友堂 등 작지만 운치 있는 집이 있었다. 장혼과 절친하였던 이 편지의 수신인 김의현金義鉉 역시 근처에 살았다. 김의현은 자를 사정士貞이라 하고 호를 용재庸齋라 하였는데, 그의 시집《용재집》이 전한다. 장혼과 함께 규장각에서 하급 관리로 일하였다.

장혼과 그의 벗들은 하급 관리로서 문서더미 속에 살았지만 그럼에도 풍류를 알아 짬을 내어 자주 옥류동에서 모임을 가지고 함께 시를 짓곤 하였다. 번듯한 양반의 신분이 아니기에 후세에 시인으로서 이름을 남기기 위하여 아름다운 시를 짓고자 노력하였다.

장혼 역시 그러하지 않은 것은 아니었지만, 시에만 몰두하지 않고 문학과 교육 등에 대한 많은 책을 편찬하고 또 인쇄하였다. 장혼은 참으로 책을 사랑한 사람이었다. 그래서 벗 김의현이 아름다운 시를 지어 보였지만 시보다 책을 더욱 사랑하라는 충고의 말을 넌지시 던졌다. 학문을 진정으로 배우고 진정으로 사랑하며, 이를 위해서는 책을 진정으로 즐기는 것이 중요하다고 한 것이다. 인생의 쾌락은 길지 않다. 맛난 음식, 아름다운 음악, 예쁜 얼굴도 돌아서면 허망하다. 가난하고 외로운 처지라도 문을 닫고 차분히 책을 읽으면 마음을 함께할 수 있는 벗이 나오고, 만나 함께 학문과 문학을 논한 고인을 만날 수 있다. 이들과 책상을 함께하여 나란히 있으니 이보다 즐거운 일이 무엇이겠는가?

장혼은 여기에 더하여 명언을 하나 보태었다. 수백 근 되는 무거운 물건을 들고 다닐 수 없지만, 수백 권의 책 속에 들어 있는 지식은 돌돌 말아 가슴속에 담아 다닐 수 있다 하였다. 가끔은 어깨 위 무거운 명리의 짐을 내려놓고 가슴속에 천 권의 책을 담아다니는 것이 어떨까?

옛사람들은 주변의 사물을 보고 그 이면의 진리에 대해 생각하였다.
조선 후기의 문인 권상신은 함부로 부리는
소와 애지중지하는 나귀를 보고 인간사의 문제를 생각하였다.

권
상
신

소가 귀한가 나귀가 귀한가

　나귀는 소에 비하여 힘이 약한 동물이라, 무거운 것을 싣거나 멀리 갈 수가 없으며, 성질 또한 경박하고 괴팍하다. 이 때문에 고귀한 집안의 자제들을 태우는 일은 나귀가 오로지 도맡아 한다. 사람들은 경쟁적으로 나귀를 좋아하여 그 값이 늘 큰 소보다 윗자리에 있다. 민간의 비천한 백성들은 비록 돈이 있어도 감히 나귀를 사서 탈 수 없다. 그러니 나귀의 등은 귀하다 하겠다.

　농부는 소의 힘이 아니면 농사를 짓지 못하고, 사람들은 곡식을 먹지 못하면 죽게 되니, 소 또한 귀하게 여길 만하다. 그러나 곡식을 수북하게 쌓아놓은 부자들은 즐겨 소를 잡아 제 몸을 살찌우는 일을 하고, 그 아들과 손자는 또 곡식을 돈으로 바꾸어 나귀를 사서 제 몸을 태운다. 그 아들과 손자 중에는 곡식을 가지고서 제 나귀를 사육하기까지 한다.

괴상하지 않은가? 사람들이 소를 천시하고 나귀를 중시하는 것이 그 외모 때문에 그러한가? 나귀는 비단이 아니면 안장에 깔지 않고, 오색실이 아니면 고삐로 쓰지 않는다. 붉은 끈을 흔들면서 부드러운 고삐를 드리운 채 의관을 잘 갖추어 입은 이가 나귀를 타니, 사람들은 "나귀가 참 아름답다"고 한다. 소는 코를 뚫고 튼튼한 나무로 목덜미를 잡아매고 거친 새끼줄로 겹겹이 얽어맨 채, 벌겋게 살갗이 탄 사람이 재촉해대니, 모두들 "소가 참 사납다"고 한다.

아, 나귀가 아름답고 소가 사나운 것은 곧 사람이 그렇게 만든 것이요, 또 그렇게 됨에 따라 아름답게도 여기고 사납게도 여기는 것이다. 어찌 그리 생각이 짧은가? 소는 그 힘을 써먹고 그 고기를 먹는데, 나귀는 그 장식을 화려하게 하고 그 외모를 사랑하니, 심히 옳지 못한 일이라 하겠다. 어떤 이는 중국 사람들은 소를 귀하게 여기고 나귀를 천하게 여긴다고 한다. 중국 사람들은 과연 귀하게 여길 것과 천하게 여길 것을 아는 것일까?

원문 333쪽

권상신權常愼(1759~1824)은 본관이 안동이며, 자는 경호絅好, 호는 일홍당日紅堂 혹은 서어西漁라 하였다. 재주가 뛰어나 과거에 세 번 내리 장원을 하여 삼장장원三場壯元으로 불렸고, 벼슬은 판서에 이르렀다. 남공철南公轍, 심상규沈象奎, 김희순金羲淳, 홍한주洪翰周, 김조순金祖淳, 심노숭沈魯崇, 김이양金履陽 등 문사들과 교유하였다. 개성적인 문학 세계를 구축한 문인으로 아직 자세한 연구가 이루어진 바 없지만 좋은 글을 많이 남겼다.

조선시대 나귀는 위衛 혹은 장이長耳라고도 불렀다. 노새와 함께 조선시대 사대부들이 중요하게 여긴 탈 것이었고, 천한 사람들은 타지 못하게 되어 있었다. 이에 비하여 중국에서는 노새를 천하게 여겨 가난한 서생이나 하층민, 여성들이 탔으며 물건을 나르거나 수레를 끄는 데도 썼다. 《오주연문장전산고》에 이에 대한 자세한 고증이 실려 있다.

권상신은 이러한 나귀를 소와 비교하였다. 소는 거친 나무로 멍에를 씌운 채 벌겋게 살갗이 탄 농부들이 열심히 부려 먹고 또 나중에는 잡아 그 고기를 먹는다. 나귀는 고운 비단과 오색실로 치장을 요란하게 한 채 권귀한 자들이 타고 다닌다. 소는 농사를 지어 곡식을 수확하는 데 없어서는 아니 될 존재이므로 사람들이 귀하게 여겨야 하지만 그렇게 하지 않는다. 부자들은 오히려 곡식을 팔아서 나귀를 사서 타고 또 비싼 곡식으로 나귀를 사육하면서 애지중지한다. 과연 소가 귀한가, 나귀가 귀한가? 권상신은 이러한 문제를 들어 실용을 천시하고 허례허식을 좋아하는 세태를 풍자하고 있다.

> 사람은 나이를 먹는 줄도 모르고 살다가 문득 거울에 비친
> 자신의 늙어버린 모습을 보고 깜짝 놀란다.
> 안타까워하며 흰머리를 뽑고, 뽑을 수 없을 정도가 되면 아예 검게 물들인다.

이하곤

세상의 공평한 도리는 백발뿐

나는 일찍 노쇠하여 서른 대여섯부터 머리에 한 가닥 두 가닥 흰머리가 생기기 시작하였다. 딸아이가 이것을 볼 때마다 싫어하면서 족집게로 뽑았는데, 나는 막지 않았다. 이제 흰머리가 거의 절반이 되었는데도 족집게로 뽑는 일을 아직도 멈추지 않는다.

나는 어느덧 내 나이가 마흔다섯이 되었다는 사실을 깨닫고 이삼십 년 전을 돌아보았다. 내 모습은 나이와 함께 바뀌어 전혀 다른 사람이 된 것이나 마찬가지였다. 그러나 내가 나의 심신과 언행을 살펴보니 유독 바뀐 것이 없었다. 그러니 사람이 쉽게 바뀌는 것은 그저 외모뿐이요, 바뀌지 않는 것은 마음인가 보다. 아니면 남들은 외모와 마음이 모두 바뀌는데 나만 마음이 바뀌지 않은 것일까?

아, 옛적에 거백옥蘧伯玉은 예순이 될 때까지 예순 번 바뀌었다. 이는 외

모와 마음이 모두 바뀐 예라 하겠다. 거백옥이 훌륭한 사람이 될 수 있었던 까닭은 바로 이것이었다. 나 같은 사람의 경우, 외모는 예전의 내가 아니로되 마음만은 예전의 나와 같다. 외모는 바뀌었지만 마음은 바뀌지 않은 것이다. 마음이 바뀌지 않았는데 예전의 나를 벗어나고자 한들 가능한 일이겠는가?

내 머리카락은 허옇게 될 때마다 족집게로 뽑힌다. 이 때문에 내가 볼 수 있는 것은 오직 검은 머리카락뿐이다. 나는 한 번도 내가 늙었다는 생각을 하지 못하고 아직까지 어릴 때의 마음을 지니고 있다. 그러니 내 마음이 바뀔 법한데도 바뀌지 않은 것은 누가 한 일인가? 나는 이제부터 머리카락이 허옇게 변하지 않는 것이 두려울 뿐이다. 앞으로는 너 흰 머리카락이 늘어나도록 하리라. 아침저녁으로 너 흰 머리카락을 바라보며 바뀌지 않는 나의 마음이 너를 따라 바뀌도록 하리라. 원문 333쪽

젊은 나이에 흰머리가 돋으면 마음이 편할 리 없다. 옛사람들도 늙은 모습을 감추려고 거울을 보면서 흰머리를 뽑았다. 그때의 감회를 담은 시도 적지 않다. 이하곤李夏坤(1677~1724)은 서른 대여섯에 처음 흰머리가 생겼다. 딸아이가 아침 창가에서 그의 머리카락을 뽑아 보이자 이하곤은 경악하였다. 그때의 심정을 담은 시도 전한다.

그로부터 10여 년이 지났다. 젊은 날에는 흰머리가 나기 시작하였다는 사실에 충격을 받았지만 불혹의 나이를 넘기자 조선의 학자답게 내면을 돌아보았다. 나이가 들면서 외모는 바뀌는데 자신의 마음은 바뀌지 않아 원숙한 경지에 이르지 못함을 개탄하였다. 거백옥이 마흔아홉

이 되어서야 그간의 삶이 잘못된 것이었음을 깨달았다는 고사가 있거니와, 예순의 나이까지 예순 번 잘못을 고쳤다는 이야기도 전한다. 이하곤은 거백옥을 본받고자 하였다. 그리하여 열심히 흰머리를 뽑던 일을 그만두겠노라 하였다. 게다가 한 걸음 더 나아가 흰머리가 많아질수록 그에 맞추어 마음을 바꾸어 바르게 만들겠다고 다짐하였다.

사람들이 흰머리나 수염을 뽑는 것은 늙기를 싫어하기 때문이다. 홍양호의 〈소영거사가 백발을 장사지낸 글에 쓰다〔題小瀛居士葬白髮記〕〉라는 글을 보면, 홍상철洪相喆이라는 사람은 흰머리가 다시 나지 않도록 하려고 뽑은 머리카락을 아예 매장하고 장사까지 지냈다고 한다. 흰머리가 나는 것은 예나 지금이나 이렇게 싫은가 보다.

조선시대 유행하던 우스개 중에 이런 것이 있다. 노수신盧守愼이 흰머리를 열심히 뽑자 사람들이 그 이유를 물었다. 노수신은 "사람을 죽인 자는 사형에 처한다. 백발은 사람을 죽이므로 백발을 죽이지 않을 수 없다"라고 하였다. 《지봉유설》에 나오는 이야기다.

《해동잡록》에는 이런 이야기가 전한다. 부지런히 흰머리를 뽑은 나머지 늙어서도 검은 머리를 유지한 사람이 다섯 가지 장점을 들었다. 추하고 늙은 것을 숨긴다, 얼굴을 곱게 해준다, 젊은이들을 따르게 한다, 처첩을 즐겁게 한다, 벼슬에서 물러나지 않아도 된다. 그러자 흰머리 뽑기를 포기하여 백발이 된 사람이 말하였다. "형체가 있는 머리카락이야 숨길 수 있겠지만 형체가 없는 나이야 끝내 숨길 수 있겠는가?"

흰머리는 사람이 죽음에 이를 징조임에 분명하다. 그렇다고 무작정 뽑다 보면 무엇이 남겠는가? 흰머리는 공평하다. 두목杜牧이 〈송은자送隱者〉라는 시에서 "세상의 공평한 도리는 백발뿐이라, 귀인의 머리라도 봐준 적이 없으니〔公道世間惟白髮, 貴人頭上不曾饒〕"라고 한 이래, '백발공도白髮公道'는 유명한 고사성어가 되었다. 나이가 들면 어김없이 찾아오는 흰머리를 너그럽게 받아들이고, 아울러 마음도 올바르게 바뀌어 표변豹變하는 군자가 되기를 바라는 것, 이것이 옛사람의 마음이었다.

양반다리는 결가부좌라 하여 불가에서 유래한 것으로 보이지만,
조선의 선비들이 누구나 앉을 때 이렇게 앉았다.
그런데 양반다리를 제대로 하지 못하는 선비가 있었다.

양반다리를 하는 까닭

이제 저 광대들의 놀이는 지극히 미천한 자들의 기예이지만 일반 사람들에게는 지극히 어려운 것이다. 그러나 그 사지와 온 몸의 움직임과 변화가 내가 하고자 하는 바를 따르지 않음이 없는 것은 천부적인 것이 아니라 연습을 하여 그 방도를 터득한 결과다. 그러나 옷과 밥이 달린 문제가 아닌데도 그 정성을 쌓는 일은 또 누가 이렇게 할 수 있겠는가?

양반다리로 앉는 일은 온 세상 사람들이 다 쉽게 할 수 있는 일이다. 이 때문에 군자가 갖추어야 할 아홉 가지 몸가짐[01] 중에 양반다리로 앉는 것

---

01 《예기》에서 이른 구용九容을 말한다. 곧 발걸음은 무겁고[足容重], 손 모양은 공손하며[手容恭], 눈 모양은 단정하고[目容端], 입 모양은 고요하며[口容止], 목소리는 조용하고[聲容靜], 머리 모양은 곧으며[頭容直], 기상은 엄숙하고[氣容肅], 서 있는 모습은 덕이 있으며[立容德], 얼굴빛은 장엄하다[色容莊]는 것을 가리킨다.

을 말하지 않은 것이니, 그 일이 말하지 않아도 쉽게 할 수 있는 일이기 때문이다. 그러나 미천한 광대들은 여러 사람들이 지극히 어렵게 여기는 바도 능히 할 수 있지만, 나는 온 세상에서 쉽게 할 수 있는 양반다리로 앉는 일을 할 수가 없다.

이는 무슨 이유 때문인가? 연습을 하지 않았기 때문이라고 말할 수 있겠지만 나도 또한 연습을 하였다. 하루에 되지 않으면 이틀 하고, 이틀 해도 되지 않으면 사흘 하였다. 열흘을 하고 스무 날을 하였지만 끝내 되지 않았다. 그 방도를 터득하지 못하였다고 말할 수 있겠지만 나 또한 그 방도를 찾아보았다. 왼발을 오른발에 올려놓으면 오른발이 저렸고, 오른발을 왼발에 올려놓으면 왼발이 또 저렸다. 발을 포개지 않으니 양쪽 발 모두 저리지 않았다. 그러므로 연습을 하지 않은 잘못이 아니요, 방도를 구하지 않은 잘못도 아니었으니 바로 병 때문이었다.

내 귀는 온 세상의 소리를 다 들을 수 있고 내 눈은 온 세상의 색을 다 볼 수 있으며, 내 입은 온 세상의 말을 다 할 수가 있고, 내 마음은 온 세상의 사물을 다 분간할 수 있다. 정말 그 도를 얻는다면 양반다리로 앉지 못한다 하더라도 성현이 되기에 무엇이 방해가 될 것인가? 정말 그 도를 얻지 못한다면 비록 양반다리를 잘한다 하더라도 장차 이를 어디에 쓸 것인가? 이에 내가 그 마음과 입과 귀와 눈이 온전한 것을 스스로 다행으로 여기고, 다리가 저린 것을 불행으로 여기지 않았다.

비록 그러하지만 바깥의 용모를 바르게 하는 것은 안을 편안하게 하기 위한 것이다. 이 때문에 사람들이 갓을 씀에 있어서, 젖히면 오만해지고 구부리면 거칠어지며, 기울이면 삐딱해지고 똑바로 하면 단정해지는 것이다. 갓은 하나의 사물일 뿐이지만, 구부리고 젖히고 기울이고 똑바로 하고에 따라 마음이 변하게 되는 것이 이와 같다. 하물며 앉고 눕고 일어나고 멈추고 하는 큰 일은 말해 무엇하랴. 내가 이에 양반다리를 하지 못하는 것을 다행스럽게 생각할 수 없었다.

아, 내가 성현이 되고자 하는 마음이 어찌 옷과 밥을 구하고자 하는 것과 비교할 수 있겠는가? 그런데도 끝내 내 신체의 병을 탓하여 양반다리를 할 수 없는 것을 편하게 여긴다면 광대들이 정성을 모아 기예를 부리는 것에 부끄럽지 않겠는가? 이로써 경계를 삼는다. 원문 334쪽

홍낙명洪樂命(1722~1784)은 자가 자순子順, 호가 신재新齋로, 18세기 정국을 주도한 명문 남양홍씨 집안사람이다. 대제학을 지내고 판서 벼슬을 하였으니 청요직을 다 누렸다 하겠다. 학문뿐만 아니라 문학에도 뛰어나 주목할 만한 글을 많이 남겼으나, 그 문집《신재집》이 간행되지 못하고 연세대학에 필사본 한 질만 전하여 깊이 있는 연구가 이루어지지 못하였다.

홍낙명은 누구나 쉽게 하는 양반다리를 하지 못하였다. 양반의 상징이라 할 양반다리를 할 수 없었기에 각고의 노력을 기울였다.《맹자》에 나온 대로, 손가락 하나라도 남과 같지 못하면 천리를 멀다 하지 않고 고치려 든 것처럼, 열흘이고 스무 날이고 꾸준히 연습을 하고, 또 여러 가지 다른 자세를 취하여 자신에게 알맞은 양반다리를 해보고자 하였다. 그러나 되지 않았다. 결국 자신의 다리 구조 때문에 양반다리를 할 수 없는 것이라 여기고 포기하였다.

맹자는 무명지 하나가 펴지지 않으면 고치려 들지만, 마음이 남과 같지 못하면 걱정할 줄 모르니, 이는 작은 것만 알고 큰 것은 알지 못하는

것이라 개탄하였다. 이 말로 홍낙명은 위안을 삼았다. 비록 양반다리를 하지는 못하지만, 남보다 눈이 밝고 귀가 밝으며, 말도 잘할 뿐만 아니라 이치를 잘 분별할 줄 아는 마음을 지닌 것을 다행으로 여겼다.

그러나 홍낙명은 다시 생각하였다. 광대들이 각고의 노력을 통하여 기예를 익혀 공연을 하면 사람들은 남들이 감히 따라할 수 없는 일이라 여기지만, 이는 타고난 재주가 아니라 끊임없는 노력의 결과에서 나온 것이다. 홍낙명은, 광대가 먹고살기 위하여 남들이 하지 못하는 재주를 가지게 되었지만, 자신은 신체구조를 탓하면서 누구나 하는 양반다리조차 하지 못하는 것은 노력이 부족한 때문이라 여겼다. 맹자가 이른 대로, 하지 않은 것이지 할 수 없는 것이 아니라고 여겨 생각을 바꾸어 먹은 것이다.

잠시 교외로 나가면 꽃은 피어 있으되 그 이름을 아는 것이 많지 않다.
학문은 사물의 이름을 아는 것에서부터 비롯한다 하였으니,
꽃의 이름을 알지 못하여 부끄럽다.

8
신경준

이름없는 꽃

　순원淳園의 꽃 중에 이름이 없는 것이 많다. 대개 사물은 스스로 이름을 붙일 수 없고, 사람이 그 이름을 붙인다. 꽃이 이미 이름이 없다면 내가 이름을 붙이는 것이 좋을 수도 있지만 또 어찌 꼭 이름을 붙여야만 하겠는가?
　사람이 사물을 대함에 그 이름만을 좋아하는 것은 아니다. 좋아하는 것은 이름 너머에 있다. 사람이 음식을 좋아하지만 어찌 음식 이름 때문에 좋아하겠는가? 사람이 옷을 좋아하지만 어찌 옷의 이름 때문에 좋아하겠는가? 여기에 맛난 회와 구이가 있으니 그저 먹어보기만 하면 된다. 먹어 배가 부르면 그뿐, 무슨 생선의 살인지 모른다 하여 문제가 있겠는가? 여기 가벼운 가죽옷이 있으니 입어보기만 하면 된다. 입어보고 따뜻하면 그뿐, 무슨 짐승의 가죽인지 모른다 하여 문제가 있겠는가? 나에게 꽃이 있

는데 좋아할 만한 것을 구하였다면 꽃의 이름을 알지 못한다 하여 무슨 문제가 있겠는가?

정말 좋아할 만한 것이 없다면 굳이 이름을 붙일 이유가 없고, 좋아할 만한 것이 있어 정말 그것을 구하였다면 또 꼭 이름을 붙일 필요는 없다. 이름은 가리고자 하는 데서 나오는 것이다. 가리고자 한다면 이름이 없을 수 없다. 형체를 가지고 본다면 긴 것, 짧은 것, 큰 것, 작은 것이 이름이 아닌 것은 아니다. 색깔을 가지고 본다면 푸른 것, 누른 것, 붉은 것, 흰 것이라는 말도 이름이 아닌 것은 아니다. 땅을 가지고서 본다면 동쪽, 서쪽, 남쪽, 북쪽이라는 말도 이름이 아닌 것은 아니다. 가까이 있으면 '여기'라 하는데 이 역시 이름이라 할 수 있다. 멀리 있으면 '저기'라고 하는데 그 또한 이름이라 할 수 있다. 이름이 없어서 '무명'이라 한다면 '무명' 역시 이름인 것이다. 어찌 다시 이름을 지어다 붙여서 아름답게 치장하려고 하겠는가?

예전 초나라에 어부가 있었는데 초나라 사람이 그를 사랑하여 사당을 짓고 대부 굴원과 함께 배향하였다. 어부의 이름은 과연 무엇이었던가? 대부 굴원은 《초사楚辭》를 지어 스스로 제 이름을 찬양하여 정칙正則이니 영균靈均이니 하였으니,[01] 이로서 대부 굴원의 이름이 정말 아름답게 되었다. 그러나 어부는 이름이 없고 단지 고기잡는 사람이라서 어부라고 하였으니 이는 천한 명칭이다. 그런데도 대부 굴원의 이름과 나란히 백대의 먼 후세까지 전해지게 되었으니, 어찌 그 이름 때문이겠는가? 이름은 정말 아름답게 붙이는 것이 좋겠지만 천하게 붙여도 무방하다. 있어도 되고 없

---

01 굴원이 지은 《초사》〈이소離騷〉에 "선친께서 나의 출생한 때를 관찰하여 헤아리시어 비로소 나에게 아름다운 이름을 내리셨으니, 나의 이름을 정칙으로 하시고 나의 자字를 영균으로 하시었네"라고 하였다.

어도 된다. 아름답게 해주어도 되고 천하게 해주어도 된다. 아름다워도 되고 천해도 된다면 꼭 아름다움을 생각할 필요가 있겠는가? 있어도 되고 없어도 된다면 없는 것이 정말 좋을 것이다.

어떤 이가 말하였다.

"꽃은 애초에 이름이 없었던 적이 없는데 당신이 유독 모른다고 하여 이름이 없다고 하면 되겠는가?"

내가 말하였다.

"없어서 없는 것도 없는 것이요, 몰라서 없는 것 역시 없는 것이다. 어부가 또한 평소 이름이 없었던 것은 아니요, 어부가 초나라 사람이니 초나라 사람이라면 그 이름을 당연히 알고 있었을 것이다. 그런데도 초나라 사람들이 어부에 대해 그 좋아함이 이름에 있지 않았기에, 그 좋아할 만한 것만 전하고 그 이름은 전하지 않은 것이다. 이름을 정말 알고 있는데도 오히려 마음에 두지 않는데, 하물며 모르는 것에 꼭 이름을 붙이려고 할 필요가 있겠는가?" 원문 335쪽

전라도 순창 땅에 귀래정歸來亭이라는 정자가 있다. 그 정자를 세운 사람은 신숙주의 아우 신말주申末舟다. 그 후손이 대대로 서울에서 생활하였고 귀래정에는 어쩌다 들렀을 뿐이다. 그 후 8대가 지나 신선영申善泳이라는 사람이 고향으로 내려와 귀래정에서 다시 살게 되었다. 동쪽 바위 언덕에 새로운 정자를 짓고 정자 아래 못을 팠으며, 못 안에 섬 셋을 두었다. 또 여러 기이한 바위를 모으고 온갖 꽃을 구하여 심었다. 이를 순창의 정원 순원淳園이라 하였다.

그 손자가 순원을 물려받아 그곳에서 살았으니, 바로 뛰어난 실학자로 평가되는 신경준申景濬(1712~1781)이다. 신경준 역시 학업과 벼슬로 인하여 자주 고향을 비웠지만, 그럼에도 조부가 새로 조성한 정원의 꽃나무를 사랑하여 하나하나에 짧은 글을 붙였다. 순원에는 연꽃과 난초, 매화, 국화, 복숭아나무, 철쭉, 모과, 작약, 앵두, 모란, 무궁화, 백합, 석류, 접시꽃, 영산홍, 옥잠화, 탱자나무, 동백, 창포, 산수유, 대나무, 백일홍, 원추리 등 지금도 쉽게 볼 수 있는 수많은 종류의 꽃이 있었고, 그 밖에 조밥나무, 사계화 등 이름이 생소한 꽃도 있었으며, 목가, 명사, 풍모란, 충천, 금정, 면래, 어상처럼 어떤 꽃인지 알 수조차 없는 것도 있었다.

신경준은 여러 꽃의 특성을 간단하게 설명한 후 그에 대한 고증을 겸하여 단상을 붙였다. 예를 들어 순원에 있던 난초와 유사한 풀을 설명하면서 난초와 혜초의 차이에 대해 고증하고 난초가 우리나라에 존재하는지도 따졌다. 이와 같은 방식으로 30종이 넘는 화훼 하나하나에 대해 짧지만 운치 있는 글을 지었다. 그중 하나가 이름을 알지 못한 꽃에 대한 단상이다.

신경준은 이름이 없다는 '무명' 역시 이름이라 하였다. 이름이 없어도 무명이라 하고 이름이 있지만 알지 못하면 그 역시 무명이 이름이 될 수 있다 하였다. 굴원의 《초사》로 인하여 후세에 존재가 알려진 어부가 이름이 아닌 행적 때문에 세상 사람들의 사랑을 받은 것이라 하였다.

'무명'은 인위를 배격하는 무위와 닮은 사유 구조이며, 송나라의 학자 소옹邵雍의 고사에서 비롯한다. 소옹은 그 집을 안락와安樂窩라 하고 아침에 그곳에서 태화탕太和湯을 마시고 흥이 일면 시를 짓고 살았다. 그리고 자신의 그러한 삶의 지향을 〈무명공전無名公傳〉에 담은 바 있다.

소옹을 배운 조선의 문인들은 사물에 붙인 이름이 인위와 명리, 차별을 조장한다 하여 '무명'을 긍정하였다.

   김수증金壽增은 화천의 곡운에 무명와無名窩를 경영하였는데 이때의 명名은 명리로 속세의 명예와 이익에 마음을 두지 않는다는 뜻이다. 또 채제공은 마포에 잠시 우거하던 집을 무명정이라 하였는데 구별을 없앤다는 신경준의 뜻과 닮아 있다. 채제공은, 이름은 구별을 위한 것인데 구별하고자 하는 마음에서 차별이 생기고 여기에서 천리를 잃어버리게 된다고 비판한 바 있다.

막걸리가 널리 사랑받고 있다.
조선시대 막걸리를 자신의 집 이름으로 삼은 사람이 있었다.
술 마시기를 좋아해서였을까? 그 이유가 궁금하다.

이세화

막걸리로 집 이름을 삼은 까닭

    집을 막걸리로 이름 붙인 것은 무엇 때문인가? 주인이 술 마시기를 좋아하여 막사발에 막걸리를 담아 앞에 둔다. 그 맛이 진하고 그 색이 하얗다. 가격이 저렴하고 만들기도 쉬워 장만하기가 어렵지 않다. 배고플 때 요기가 되고 목마를 때 갈증을 풀어주는 것이 전적으로 여기에 달려 있다. 이에 그 집 이름을 이렇게 붙인 것이다.
    아, 천지 사이에는 다섯 가지 색이 있으니, 청색, 황색, 적색, 흑색이 각기 그 빛깔로 행세하지만, 맑고 깨끗하며 질박하고 곧은 것은 오직 흰색뿐이다. 사물 중에 흰 것은 그 종류가 한두 가지가 아니지만 사람 중에서 흰 것은 온 세상에서 찾아보기 어렵다. 사물은 그 본바탕을 보존할 수 있지만 사람은 잃어버리는 것을 면하지 못하여 그러한 것이 아니겠는가?
    슬프다. 주인은 하루살이 신세에 흙덩이, 나무토막 같은 몸뚱이인지라,

〈음중팔선도〉_가이호 유쇼
백발에 가장 잘 어울리는 것은 초가에서의 청빈한 삶이요, 청빈한 삶에 막걸리가 제격이다.(교토박물관 소장)

가만히 들어도 궁宮·상商·각角·치徵·우羽의 오음을 듣지 못하고, 자세히 보아도 청·황·적·백·흑의 오색을 보지 못한다. 산중에서 늘그막에 보는 것이라곤 거울 속의 백발과 막걸리 한 동이뿐이다. 귀밑머리를 쓰다듬고 한 동이 막걸리를 마시고 취하여 노래를 부른다. 노래는 이러하다.

  백발의 흰빛이여, 막걸리의 흰빛이여.
  너는 내 마음에 꼭 드는구나.
  옥쟁반의 진수성찬은 천금의 값이라 장만할 수 없는데,
  막사발에 부어 마시는 일은 정말 초가집이라 마땅하지.
  내 흰빛으로 너의 흰빛을 얻으리니
  막걸리야, 막걸리야,
  빈방에 늘 흰빛이 돌게 하기를. 원문 336쪽

옛사람의 즐거운 지혜 201

이세화李世華(1630~1701)는 육조의 판서를 두루 역임한 명환名宦이요, 절조가 높은 선비였다. 숙종이 희빈 장씨를 사랑하여 인현왕후를 폐하려 할 때 오두인吳斗寅과 함께 이를 반대하는 상소의 소두疏頭에 이름을 올렸다. 숙종이 크게 분노하여 밤중에 친국을 하자, 이세화는 "국사로 인해 죽기를 원했는데 이제 그 소원을 이룰 수 있게 되었지만, 신의 죽음이 성덕에 누를 끼칠까 두려우며 신에게 용서할 수 없는 죄가 있다 하더라도 옥리에게 맡겨 다스리게 하면 될 것을 밤새도록 친국하니 옥체를 상하게 할까 두렵습니다"라고 말한 일화가 후세에 널리 알려져 있다.

그는 본관이 부평이며 자는 군실君實이다. 호는 쌍백당雙栢堂이라고 알려져 있지만 파주의 칠정七井이 고향인지라 칠정 혹은 정곡井谷이라는 호도 사용하였다. 그의 문집 《쌍백당집》이 목판본으로 간행되어 장서각에 보관되어 있으며 규장각에는 필사본이 전한다.

중국에서 백주白酒는 고급 소주를 가리킬 때도 있지만 보통은 막걸리를 지칭한다. 도연명이 중양절에 막걸리에 국화를 띄워 마신 고사가 알려져, 우리나라에서도 이른 시기부터 소탈한 문인의 멋을 돋우는 술이 되었다. 막걸리를 읊은 시에 늘 국화꽃이 등장하는 것도 이 때문이다. 이와 함께 이백의 "막걸리 막 익을 때 산속으로 돌아오니, 기장 쪼는 누런 닭이 가을 되어 살쪘네. 아이 불러 닭을 삶고 막걸리 들이켜니, 아녀자들 웃고 장난치며 옷자락을 끄네〔白酒新熟山中歸, 黃雞啄黍秋正肥. 呼童烹雞酌白酒, 兒女嬉笑牽人衣〕"(《남릉에서 아이들과 헤어져 서울로 돌아와서〔南陵別兒童入京〕》)라는 한시가 널리 알려져 있어, 막걸리에 닭백숙도 은일을 지향한 선비의 시에 자주 등장한다.

이세화는 자신의 집 이름을 막걸리라는 뜻에서 백주당이라 하였다. 막걸리는 값이 싸서 쉽게 구할 수 있고 허기와 갈증에 보탬이 되니 예나 지금이나 서민에게 잘 어울린다. 이세화는 여기에 더하여 막걸리의 백白에 의미를 부여하여 청백淸白의 뜻을 끌어들였다. 이 글의 핵심어는 바로 백이다. 사물은 백의 본바탕을 그대로 유지하고 있지만 사람은 청백의 절조를 끝까지 지키는 이가 거의 없다고 하여 세태를 개탄하였다. 자신의 백발에 가장 잘 어울리는 삶이 초가에서의 청빈한 삶이요, 청빈한 삶에 막걸리가 가장 잘 어울린다 하였다. 이렇게 사노라면 절로 마음이 맑아진다고 하였다. 《장자》에 텅 빈 방 안에서 흰빛이 생겨난다는 허실생백虛室生白이라는 말이 나온다. 이세화는 이 말을 끌어와 빈 방이라야 훤한 햇살이 잘 드는 것처럼 마음을 비우고 맑게 살겠노라 다짐하였다. 이세화는 노년에 청백리에 뽑혔으니 실제 이렇게 살았다고 하겠다.

조선 선비의 공부법

6부

조선시대의 선비는 자연을 스승과 벗으로 삼았다. 김시습은 〈사심이 없음〉이라는 글에서 자신이 학문을 닦는 방법을 이렇게 설명하였다. "산에 오르면 그 높음을 배우려 하고, 물가에 임하면 그 맑음을 배우려 하며, 바위에 앉으면 그 굳음을 배우려 하고, 소나무를 보면 그 곧음을 배우려 하며, 달빛을 대하면 그 밝음을 배우려 하라."

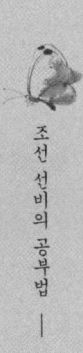

조선 선비의 공부법 —

마음을 다스리는 방법을 가르쳐줄 수 있는 스승은 만나기가 쉽지 않다.
차라리 자신을 위한 학문을 하겠다는 굳은 의지를 지녔다면 삼라만상,
우주만별이 모두 스승이 될 수 있다. 이것이 옛사람의 공부방식이다.

안석경

홀로 하는 옛사람의 공부방식

학문을 할 때 스승이나 벗과 떨어져 있어도 학문이 거칠어지지 않고 굳건히 대성하는 사람이 있다. 뜻을 굳게 정하여 마음대로 할 수 있다면 산천과 목석이 모두 나의 스승이요 벗이기 때문이다. 만약 뜻이 정해지지 않아 스스로 학문을 내쳐버린다면 앞에 엄한 스승이 있고 곁에 곧은 벗이 있다한들 아무리 작은 도움이라도 받을 수 있겠는가?

마천瑪川의 이휘백李輝伯은 자못 학문에 뜻을 두고 있는 사람인데 나에게 외가 동생뻘이 된다. 올해 나는 그를 만나러 갔다. 그의 집은 강가에 있는데 맑은 강물과 흰 모래가 시원하게 10여 리 뻗어 있다. 강가에는 신이 있고 산은 높고 깊어 우뚝 자란 나무들이 푸르다. 산의 겉면은 모두 바위인데, 그 모습이 강물에 어리비친다. 정원의 대나무는 수천 그루쯤 된다. 마을 주위에는 큰 소나무가 푸르고 울창하다. 휘백은 책을 읽으며 그사이

에 조용히 앉아 있다가 나를 보고는 기뻐하며 함께 이야기를 나누었다.

내가 말하였다.

"휘백의 집은 참 좋소."

휘백이 말하였다.

"내 집은 좋은 곳이 아니오. 가까운 주변에 어울려 노닐 스승과 벗이 없어 종일 외롭게 지내고, 본받을 사람이 없으니 내가 어떻게 분발할 수 있겠소? 내 집은 좋은 곳이 아니오. 나는 어릴 적에 아버지를 잃어 집이 가난하고 형제도 없소. 다행히 노모를 모시고 살고 있는데, 아침저녁 문안인사를 거르고 봉양을 그르치면서까지 스승을 따르고 벗을 찾으려고 멀리 갈 수가 없소. 나는 고단하고 무식하여 학문을 이루지 못할 것 같소."

내가 말하였다.

"어찌 그렇겠소? 이것은 휘백에게 달린 일이요, 휘백의 뜻에 달린 일일세. 뜻이 정해지지 않았다면 스승을 모신 자리에서 가르침을 받더라도 바람으로 바위를 씻는 격이요, 벗과 강학을 하더라도 기름이 물 위에 뜬 격이니, 오랫동안 스승을 따르고 부지런히 벗을 찾더라도 스승과 벗의 도움을 바라지 못할 걸세. 뜻이 정해졌다면 멀리서 찾을 것도 없이 스승과 벗의 도움이 바로 여기에 있다네. 물에서 스승 삼을 점은 맑게 흘러 멀리까지 이르는 것이요, 산에서 스승 삼을 점은 육중하여 움직이지 않는 것일세. 문식이 빛나고 바탕이 확고한 점은 바위가 스승이고, 마음이 비고 절조가 분명한 점은 대나무가 스승이며, 늠름하여 남에게 잘 보이려 들지 않고 우뚝하여 시세에 따라 변하지 않는 점은 소나무가 스승이라네. 묵묵한 가운데 오고 가는 것이 있어 성품과 기질이 절로 통할 것이니, 어찌 번거롭게 말을 할 필요가 있겠는가? 학문을 이루면 또 벗으로 삼을 수 있을 테니 벗으로 삼을 방도가 없다고 근심할지언정 벗이 없다고 근심할 필요는 없고, 스승으로 삼을 방도가 없다고 근심할지언정 스승이 없다고 근심할 필요는 없네. 그러니 휘백은 먼저 뜻을 세우도록 하시게."

숭정崇禎 기원 후 두 번째 계해년(1743), 홍주후인興州後人 안석경安錫儆이 이 내용을 휘백의 정사精舍에 적는다. 원문 337쪽

삽교霅橋 안석경(1718~1774)은 은자다. 세상에 나아가 벼슬하는 데 뜻을 두지 않았다. 이 글을 지은 것은 26세 때인 1743년이다. 안석경은 충주 가흥에서 태어나 부친을 따라 서울을 오가다가 이해 원주의 홍원으로 내려와 살았다. 이 무렵 외가 쪽으로 아우가 되는 휘백(輝伯) 이영봉李榮鳳이 양주의 한강가에 있는 마천정사에 기거하고 있었는데, 그를 위하여 이 글을 지어준 것이다.

안석경은 젊은 시절 산사를 오가며 홀로 독서를 하였다. 그는 뛰어난 스승이나 벗을 구하려 하지 않았다. 심지만 굳으면 자연이 스승이 될 수 있다고 여겼기 때문이다. 안석경은 자연이야말로 훌륭한 스승과 벗이라 하였다. 높이 솟은 산에서 흔들리지 않는 몸가짐을 배우고, 흐르는 물에서 맑고 원대한 정신을 배우라 하였다. 바위를 보면 찬란한 문식과 단단한 바탕을 배우고, 대나무를 보면 텅 빈 마음과 분명한 절조를 배우며, 소나무를 보면 늠름하고 우뚝한 기상을 배우라 하였다. 이처럼 자연을 스승과 벗으로 삼을 방도를 생각하여야지, 스승과 벗이 없다고 근심할 필요가 없다고 하였다.

조선시대의 선비는 자연을 스승과 벗으로 삼았다. 김시습은 〈사심이 없음[無思]〉이라는 글에서 자신이 학문을 닦는 방법을 이렇게 설명

하였다.

"산에 오르면 그 높음을 배우려 하고, 물가에 임하면 그 맑음을 배우려 하며, 바위에 앉으면 그 굳음을 배우려 하고, 소나무를 보면 그 곧음을 배우려 하며, 달빛을 대하면 그 밝음을 배우려 하라."

김시습의 공부방식과 안석경의 공부방식이 비슷하지 않은가?

근년에 호질기의라는 낯선 말이 유행하였다.
병을 감추고 의사를 찾지 않는 것도 문제지만, 치료 방도를 찾지 않고
서툰 아마추어의 말을 듣다가 병을 덧나게 하는 것도 큰 문제다.

최
충
성

공부로 생긴 병

  병이 들었으면 치료하는 것이 사람의 정이요, 치료하면 낫게 하는 것이 세상의 이치다. 병이 들었는데도 치료할 수 없고, 치료하지만 근실하지 못한 것은 부모님이 물려주신 육체를 길거리에 버리는 것이라 하겠다. 그리고 치료를 근실하게 하지만 도리어 덧나는 것은 그 또한 불행이 아니겠는가? 그렇다면 누가 그 책임을 질 것인가? 이제 내가 그러한 예이다.

  내가 남아로 태어나 세상에 뜻을 품어 나이가 채 열둘이 안 되었을 무렵, 형을 따라 서울로 공부를 하러 갔다. 두세 명의 벗과 사귐을 맺고 성균관에서 책을 읽었는데, 문방도구는 깔끔하였지만 서재가 추워서, 틈으로 들어오는 바람과 냉기가 살갗과 뼛속까지 스며들었다.

  장성하고 나서는 성현의 책을 읽고 제자백가의 글을 이해하여 옛사람의 원대한 의지와 도량을 알게 되었다. 비록 한 줌의 흙과 한 덩이의 돌과 같

은 사소한 것이라도, 이를 보고서 그 지식을 축적하고자 하면서 발분하여 고인을 본받고자 하였다. 계묘년(1483)에는 월출산으로, 갑진년(1484)에는 용암산으로, 을사년(1485)에는 한양의 삼각산과 백악, 송도의 천마산과 성거산으로, 병오년(1486)에는 서석산(무등산)으로, 정미년(1487)에는 두류산(지리산)으로, 스승을 찾고 벗을 좇아서 책상을 지고 마구 돌아다녔다. 여행의 상황이 매우 열악하여 산기운은 상쾌하였지만 안개를 쐬고 바람을 맞아 한기와 습기가 거듭 몸에 쌓였다.

무신년(1488) 봄에는 또 방장산(지리산)에 있었는데 뒤늦게 김대유金大猷(김굉필金宏弼) 선생이 상을 당하였다는 소식을 들었다. 의리로 보아 서둘러 허겁지겁 달려가야 마땅하겠지만 갑작스럽게 말을 구할 겨를이 없어 도보로 영남으로 달려가 곡을 하였다. 돌아올 때 발이 이미 부르트고 기운이 이미 소진하였다. 그해 또 꾀꼬리 울어 봄이 깊어갈 무렵 전주로 갔다. 6월에는 옥천, 7월에는 설악산으로 억지로 여러 유생들을 따라 무리를 지어 갔다. 8월에는 창평의 감시監試에 나아갔고, 9월에는 김제의 과거장으로 갔다. 봄부터 가을까지 동서로 마구 다니느라 나귀 등에 자리를 깔고 지냈고 길가에다 밥 지을 솥을 걸었다.

잠시도 쉴 겨를이 없었기에, 이 때문에 기운이 빠지고 몸이 바짝 말랐으며 얼굴빛은 새카맣게 되었다. 스스로 머물러 쉬면서 몸을 조절할 줄을 알지 못하였다. 도리어 우물 안 개구리처럼 좁은 식견으로 달나라의 계수나무를 꺾는 과거 시험에 망령된 뜻을 품고, 벗 유생 김자허金子虛, 유익지兪翼之와 더불어 월출산의 정사에서 학업을 익혔다. 이때 신부인愼富仁, 이가수李可售, 성방옹成放翁 등이 광주에서부터 연이어 왔다. 조카 의숙義叔이 이백원李伯元을 데리고 봉성鳳城에서부터 가장 늦게 이르렀다. 여러 벗들이 다 모이자 그 기세가 철연鐵硯[01]을 뚫을 정도였다.

그렇지만 사마광의 둥근 베개[02]로 경각심을 갖지 못하고 어쩌다 손강孫康의 졸음[03]을 면하지 못할 때도 있었다. 나는 찬 곳에서 거처하면 마음이 상쾌해질 것이요, 그렇게 되면 정신이 절로 또렷해져서 졸음을 피할 수 있을 것이라 여겼다. 그래서 늘 찬 자리를 차지하고 앉았는데, 이른 아침부터 저녁 늦게까지 그렇게 지내다보니, 바람을 맞고 한기를 쐬어 기운이 다시 조화롭지 못하게 되었다. 평소 쌓인 풍기가 갑자기 몸이 약해진 틈을 타고 드러났다. 처음에는 기침을 하다가 중간에는 천식이 급해져 거듭 계속되더니 끝에는 중풍을 맞게 되었다. 사지가 뻣뻣해지고 이목구비 등이 꽉 막혔으며 정신이 오락가락하여 이 세상 사람이 아닌 듯하였다. 거의 대엿새가 되어 다행히 우리 형님께서 동분서주 구완하신 데 힘입어 소생하여, 천지의 일월을 다시 볼 수 있게 되었다. 그러자 마치 만물이 겨울을 만났다가 다시 봄을 맞고 해와 달이 깜깜해졌다가 다시 밝아진 듯하였다.

해에 사는 까마귀가 날고 달에 사는 토끼가 달려[04] 어느덧 봄이 되었다. 말이 점점 어눌해지고[05] 눈이 점점 어두워졌다. 그리고 걸음걸이도 불안

---

01 오대五代 진晉쯤의 상유한桑維翰이 철연을 만들어 남에게 보이면서 "이 벼루가 뚫어지면 내가 다른 길을 통해서 벼슬을 하겠다"고 말한 고사가 있다. 의지가 견고하여 본업을 바꾸지 않는 것을 비유하는 말로 쓰인다.
02 사마광은 나무를 공처럼 둥글게 깎아 만든 베개 경침警枕을 사용하여, 잠이 들면 목침이 머리에서 빠져나가 바로 깨도록 하였다는 고사가 있다.
03 손강은 집에 불을 밝힐 기름이 없어 눈빛으로 책을 읽었다는 영설독서映雪讀書의 고사를 남긴 인물인데, 손강이 독서를 하다가 졸있다는 고사는 확인하지 못하였다.
04 해에 금까마귀가 있고, 달에는 옥토끼가 있다는 전설에서, 까마귀가 날고 토끼가 달린다는 말은 세월이 흘러가는 것을 뜻한다.
05 원문의 기기期期는 '기필코'를 거듭하여 '기필코 기필코'라고 한 것으로, 한고조가 만년에 태자를 폐하고 태자를 척희의 소생 여의로 바꿔 세우려고 할 때, 본디 어눌하여 말을 잘 더듬던 어사대부 주창이 강력하게 간쟁하면서 말하기를, "신이 입으로 말은 잘 못하지

정하기는 하지만 지팡이를 짚으면 다닐 만하게 되니, 마치 수레바퀴 자국에 고인 물 속에서 파닥거리던 붕어가 통쾌하게 흐르는 서강西江의 강물을 만난 듯이 처음엔 빌빌거리다가 차츰 활발해져서 유유히 헤엄쳐 가는 것 같았다.[06] 우리 형이 또 궁벽한 시골의 외로운 오두막에서는 의원이 서툴고 약이 부족하여 치료할 방도가 없다고 여겨, 역원의 군사들에게 부탁하여 가마에 병든 나를 태워 갔다. 형제가 회포를 풀 수 있게 되니 황홀하기가 마치 엎어놓은 동이 아래 갇혀 있다가 빠져나와 푸른 하늘의 햇살을 보는 것과 같았다. 멀고 험한 곳을 다 거쳤는데도 몸은 오히려 건강하였으니 이 또한 족히 기쁜 일이었다. 다만 아쉬운 것은 나는 새가 오른쪽 날개를 부러뜨린 것과 같다는 점이었다. 천 가지 처방과 만 가지 약을 동원하는 등 온 힘을 다 들였다. 사람들은 한증을 하면 곧바로 효험을 볼 수 있을 것이라 하여, 나도 그렇게 믿었다.

이에 2칸의 한증막을 지어 하나는 휴식하는 공간으로 삼고 하나는 온실로 만들고 네 벽을 두껍게 발라, 송곳 끝도 들어갈 틈이 없게 하였다. 바닥은 돌을 쌓아 온돌을 만들고 모래와 자갈로 틈을 메워 삼사 인이 앉을 수 있게 하였다. 많은 나무를 태워 매우 뜨겁게 하고는 아궁이를 막아 온기가 빠져나가지 않게 하였다. 창포, 창이, 질경이, 생쑥 등을 아궁이 위에 쌓아 놓고 동이에 물을 들이부었다. 그러고는 발가벗은 채 그 안에 들어가 거처하였다. 증기가 연기나 안개처럼 위로 피어올랐다가 엉겨 이슬이 되었다.

만, 신은 기필코 기필코 그것이 불가한 일인 줄은 압니다. 폐하께서 아무리 태자를 폐하려 하시더라도 신은 기필코 기필코 조서를 받들지 않을 것입니다"라고 한 데서 온 말이다.
[06] 《맹자》 만장상萬章上에 "처음 풀어줄 때는 힘을 못 쓰고 빌빌거리더니 조금 있다가는 팔팔하게 움직여 시원스럽게 가버렸다[始舍之圉圉焉, 少則洋洋焉, 悠然而逝]"라는 말을 차용한 것이다.

땀까지 빗물처럼 흘러 턱 아래로 타고 내리니, 마치 갑작스럽게 폭우가 내려 처마의 낙숫물이 떨어지는 듯하였다. 불기운이 주변으로 사납게 번져, 호흡과 기침을 마음대로 할 수가 없어 반드시 수건으로 입을 감싸야만 숨을 쉴 수 있었다.

나와 그 고통을 함께 참아낸 이가 몇 사람 되었는데, 센 사람은 겨우 밥 한 끼 먹을 정도만에 나갔고 약한 사람은 백 걸음 갈 정도에서 그쳤다. 심한 경우에는 잠시 잠깐도 참지 못하였다. 나는 고통을 참을 때 의지하는 바가 없으면 더욱 어렵다고 생각하여, 마음속으로 한유의 〈원도原道〉 한 편을 다 외울 때까지 있기로 정하였다. 다 외워가다가 심장이 뜨겁고 창자가 탈 정도가 되면 바로 외는 것을 서둘러 끝낸 다음 밖으로 나왔다. 소금물로 몸을 씻고 두꺼운 면에 솜을 넣은 옷을 입고서 입을 헹구고 죽을 마셨다. 한참 휴식을 취하다가 다시 안으로 들어가곤 하였으니. 이와 같이 한 것이 하루에 네댓 차례가 되었다. 연이어 아흐레 동안 뜨거운 한증막 속에서 이렇게 고생하였다.

이로부터 날로 병이 심해지고 기운이 점점 조화를 잃어, 장차 질병을 치료하려다 오히려 질병을 더욱 심하게 할 판이었다. 실로 무익할 뿐만 아니라 게다가 해치기까지 한다는 말[07] 그대로였다. 내가 예전에 의학서를 보니, 토하고 땀을 내고 설사를 하는 세 종류의 방법은 천하에서 근원적으로 병을 치료하는 모든 방법인데, 저 한증막은 땀을 내기 위한 것이다. 땀을 내어 치료하는 것은 갑작스럽게 찬바람이나 냉기로 피부가 손상된 정도로 그다지 깊게 병이 들지 않은 사람을 위한 것이지, 나의 병을 두고 이른 것

---

07 《맹자》에 알묘조장揠苗助長의 고사에서 "무익할 뿐만 아니라 해치기까지 한다非徒無益, 而又害之"라 한 말을 이용한 것이다.

〈추성부도〉_ 김홍도
쓸쓸한 가을밤, 늙은 단원의 서글픈 애상이 메마른 화폭 위에 황량히 그려지다. (호암미술관 소장)

은 아니었다.

아, 의원은 삼대를 가지 않으면 그 약을 복용하지 않는 법이요, 강자康子가 약을 보내었는데 공자께서 맛을 보지 않으셨다.[08] 옛사람이 이처럼 질병에 대해 신중하였다. 그런데 지금 나는 처음부터 경계하고 조심하지 못하여, 이 질병이 이렇게 되도록 만들었다. 곁에 백형이 있어 정성껏 몸소 구완을 하셨고 멀리 중형이 있어 은근하게 약을 쓰게 하셨는데, 여러 부친과 형의 뜻을 헤아리지 못하여, 이제 나무하는 아이나 시골 사내의 말을

---

[08] 《예기》〈곡례曲禮〉에 "의원은 삼대를 가지 않으면 그 약을 복용하지 않는다[醫不三世, 不服其藥]"라 하였고 《논어》(〈향당鄕黨〉에 "강자가 약속을 보내자 절하고 받은 다음 '공구는 통달하지 못하여 감히 먹을 수 없습니다[康子饋藥, 拜而受之, 曰丘未達, 不敢嘗]"이라 하였다.

가벼이 믿고서 예전 질병이 덧나도록 자초하였다. 비단 우리 형에게 책망을 받을 뿐만 아니라 선현에게도 한갓 죄인이 되었다. 후회해도 소용이 없기에, 글을 써서 기록하여, 후인 중에 나 같은 사람을 경계하는 자료로 삼는다. 원문 338쪽

최충성崔忠成(1458~1491)은 나주 태생으로 세종 때 집현전 직제학을 지낸 최덕지崔德之의 손자다. 신진사류의 한 사람으로 김굉필의 문하에 출입하여 소학을 학문의 근본으로 삼은 사람이다. 훗날 조부를 따라 영암의 녹동서원에 제향되었지만 생전에 과거에 합격하지 못하고 벼슬에도 오르지 못하였으며 내세울 만한 저술도 남기지 못한 채 34세의 젊은 나이에 죽었다. 호를 산당서객山堂書客이라 하였는데 산당은 산속의 집이라는 뜻으로 젊은 시절 산사를 돌아다니면서 책을 읽었기에 스스로 호로 삼은 것이다.

젊은 시절 최충성은 열심히 책을 읽었다. 졸음을 쫓기 위하여 겨울에도 불을 피우지 않은 산속의 방에서 기거하면서 책을 읽었다. 그러다 보니 몸이 병들었다. 기침이 심해지더니 마침내 중풍에 걸렸다. 사지가 뻣뻣하여 바깥출입이 힘들게 되었다. 그 형이 극진히 보살폈지만 병이 완쾌되지 못하였다. 그래서 고안한 것이 증실 곧 한증막이다.

한증은 당시 널리 유포되어 있던 치료 방법이었다. 세종 때 서민을 위해 만든 활인원活人院에도 한증막을 두었다. 정약용의 《목민심서》에 따르면 한증은 예맥 지역의 풍속이었는데 조선시대에는 서북 지역에서 크게 유행하였다 한다. 병의 증상과 관계없이 무턱대고 한증을 하다가

죽은 사람이 많아 사회 문제가 된 적도 있었다.

　최충성 역시 효험을 보지 못하였다. 오히려 형의 구완으로 조금 나은 병세가 더욱 악화되어 버렸다. 제대로 된 의사의 처방을 받지 않고 민간요법을 택하였다가 낭패를 보아 후회하는 마음에 이 글을 지었다.

　최충성은 병이 도져 더 이상 바깥출입이 어렵게 되었다. 온갖 사념이 일어 불면의 밤이 이어졌다. 사념을 떨쳐야 병에 차도가 있을 것이라 여겨 최충성은 다시 경려분각警慮焚刻이라는 묘한 자명종을 하나 만들었다. 최충성은 분각이 독서를 하는 선비들이 시각을 알게 하는 데도 유용하다고 생각하였다. 몸이 건강하여 산사를 오가면서 독서를 할 때에는 생각지 못하다가 몸이 곤궁해지고 나서야 이러한 장치를 만들게 되었다고 탄식하였다.

조선후기 지식인 사회에서 서화고동에 대한 취향이 일시를 풍미하였다.
이러한 호고의 취미는 지금도 여전하다.
왜 옛것을 좋아하는가?

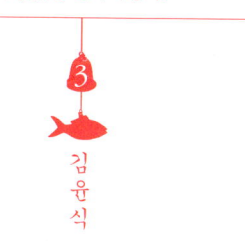

천년을거스르는교제

맹자가 말하였다.

"이른바 오래된 나라 고국故國이라는 것은 아름드리 고목이 있는 것만을 말하는 것이 아니요, 대대로 공훈을 쌓은 세신世臣이 있다는 것을 말한다."

나는 이렇게 말한다.

"오래된 집 고가라는 것은 누정이 있는 것을 말하는 것이 아니요, 고적古籍이 있다는 것을 말한다."

저 고적이라 한 것은 서화와 고기古器 등으로 모두 고대의 자취이다. 옛 사람은 만나볼 수 없다면 글로 그 마음을 보고 그림으로 그 모습을 보고 고기로 그 풍속을 볼 수 있다. 천 년 뒤에 태어나 천 년을 거슬러 올라가 교제를 하면 그 마음과 모습, 풍속이 눈앞에 또렷하게 드러나니, 어찌 즐거운 일이 아니겠는가? 이 때문에 고적은 천지 사이의 지극한 보배요, 그저 세상 사람들이 진기하게 여기는 바일 뿐 아니라, 또한 신선도 좋아하는 바라 하겠다. 예전에 이른바 군옥산群玉山과 책부冊府, 낭현瑯嬛의 기이한 책01은 모두 세상에서 보기 어려운 비밀스러운 보배이지만 그 말이 모두 황당하고 기이하여 믿을 수 없다. 설사 이러한 것이 있다 한들, 그 글은 우리가 이해할 수 있는 것은 아닐 것이요, 그 그림은 우리가 볼 수 있는 것이 아닐 것이며, 그 그릇은 우리가 사용할 수 있는 것이 아닐 것이다. 꿈속에 신선이 사는 땅을 유람한 것과 같아서 말로 표현할 수 없다. 요컨대 또한 세상에 무익한 것이니, 어찌 업후鄴侯가 삼만 축의 도서를 소장하고02 구양수가 천 권의 금석문을 소장하여03 지식을 확충하고 고증의 자료로 활용하며 성정을 도야하는 데 도움이 되었던 것과 같을 수 있겠는가?

내 벗 윤동암尹東庵이 박학하고 옛것을 좋아하는 선비인데 평생 좋아하는 것이 없지만 오직 서화와 고기만은 목숨처럼 중시하였다. 고가의 후예들이 대개 영락하고 빈곤한 사람들이 많은지라, 대대로 소장해온 보배를 꺼내어 시장에 헐값에 팔아버리니, 보배들이 이곳저곳 해외에서 흘러다니게 된 것을 이루 헤아릴 수 없을 정도이다. 동암은 이를 애석하게 여겨 값비싼 재물을 아끼지 않고 구입하였다 세월이 오래 지나자 점점 많이 모으게 되어 대대로 벼슬을 해온 세족들보다 풍성하였다. 이 모든 것을 비단으

---

01 군옥산과 책부는 모두 전설에 나오는 제왕의 도서를 소장하던 도서관이다. 낭현 역시 《낭현기》에 보이는 낭현동으로 고대의 역사서와 지리지 등을 소장하던 전설에 나오는 공간이다.
02 당의 업후 이필李泌이 도서를 많이 소장하였는데 한유가 〈송제갈각왕수주독서送諸葛覺往隨州讀書〉에서 "업후의 집에는 서책이 하도 많아서, 서가에 삼만 축이 꽂혀 있는데, 하나 하나 상아 책갈피를 달아 놓아, 손을 대지 않은 것처럼 깔끔하다네[鄴侯家多書, 架揷三萬軸. ──懸牙籤, 新若手未觸]"라고 한 바 있다.
03 송의 구양수는 〈육일거사전〉에서 삼대 이래의 금석 유문을 집록한 것 천 권을 소장하였다고 하였고, 이를 바탕으로 《집고록集古錄》을 편찬하였다.

로 장정하고 옥축玉軸을 달아 서가와 함에 넣어두었다. 그리고 그 쌓아둔 방 이름을 집고루集古樓라 하였다. 이에 한 시대 고가의 정화精華가 이곳에 다 모이게 되었고, 사방에서 이를 구경하려는 이들이 매일 문에 몰려들었다. 이는 정말 이른바 고가라 할 만한 곳이다.

손님이 이르면 문득 인도하여 집고루에 오르게 하고 추위를 물리치도록 맛난 차를 갖추어 대접하였다. 사람들이 들추어 보느라 하루가 다 지나더라도 지겨워하는 기색이 없었다. 이에 또한 공익의 정신을 볼 수 있으니, 제 개인의 사유물로 삼지 않았던 것이다. 예전 정의丁顗가 그 집 재산을 다 털어 서책 8천 권을 모아두었는데, 일찍이 "내가 책을 모은 것이 많으니, 반드시 학문을 좋아하는 이가 내 후손 중에 있을 것이다"라 하였다. 그 손자 도度가 과연 문학으로 재상이 되었다.04 나는 동암의 후손 중에 반드시 크게 창성할 이가 있을 것을 안다. 원문 340쪽

《논어》에 이런 말이 나온다. "나는 나면서부터 아는 사람이 아니다. 옛것을 좋아하고 민첩하게 찾는 사람이다[我非生而知之者, 好古敏以求之者 也]." 공자는 스스로 천재가 아니라 옛것을 좋아하여 지혜를 얻었다고 하였다. 호고는 바로 새로운 학문을 위한 정신이다.

김윤식金允植(1835~1922)은 옛것과 새것이 충돌하는 시대에 새것에 관심이 높았던 사람이다. 정부의 개항정책을 지지하여 영선사로 젊은 학자와 기술자를 데리고 중국으로 가서 신문물을 배우게 하였고, 새로운

---

04 정의는 송의 문인으로 이 고사는 《산당사고山堂肆考》 등에 보인다.

국제질서를 수립하는 일에 앞장서서 조미수호통상조약을 체결하였다. 나중에 독판교섭통상사무와 외무아문대신 등 외교를 맡아하였다.

김윤식은 새것을 좋아하였지만 옛것에 대한 사랑도 버리지 않았다. 전통이 오래된 고가는 누정을 갖추고 있는 것을 말하는 것이 아니라 '고적'이 있음을 말한다고 선언하였다. 고적은 책만 지칭하는 것이 아니다. 서화나 기물 등 문화유산을 가리키는 말이다. 옛사람은 만나볼 수 없으니 책으로 그 마음을 보고, 그림으로 그 모습을 보며, 또 고기로 그 풍속을 볼 수 있다. 고적의 가치는 바로 여기에 있다.

김윤식의 벗 중에 윤동암이라는 사람이 있었다. 김윤식과 친한 사람 중에 윤씨 성을 가진 사람이 적지 않지만 동암이라는 호를 쓴 사람이 누구인지 정확하게 알 수 없다. 윤동암은 누대에 걸쳐 내려온 고적을 모으는 일에 관심이 많았다. 나라가 망하였으니 명문가 역시 몰락의 길을 걸었다. 가난을 버티지 못한 명문가에서 대대로 전해온 서적과 서화, 고기를 팔았다. 더러는 해외에 유출되었다. 이를 안타깝게 여긴 윤동암이 재산을 아끼지 않고 구입한 다음 새롭게 장정을 하여 집고루라 이름한 방에 두었다.

집고루는 개인이 세운 박물관의 기능을 하였다. 사람들은 고적을 보려고 집고루에 몰려들었고, 윤동암은 공익의 정신으로 찾아오는 사람들이 고적을 볼 수 있도록 배려하였다. 자신의 재물을 풀어 구입한 고적을 사유물로 생각하지 않았던 것이다. 일제강점기 간송 전형필 선생이 사재를 털어 해외로 유출되는 문화재를 구입하여 간송미술관을 만든 일이 널리 알려져 있다. 윤동암은 그 이름조차 알 수 없지만 그 정신은 전형필 선생의 선배라 하겠다. 그 이름을 찾아 세상에 알리지 못함이 안타깝다.

옛사람들은 등산을 세상살이에 비유하였다.
이이는 학문에 뜻을 둔 사람은 모름지기
산의 정상에 오르기를 기약해야 한다고 했다.

이이

등산과 학문은 무엇이 같은가

사람의 식견에는 세 단계가 있습니다. 성현의 글을 읽고 그 명목을 이해하는 것이 첫 번째 단계입니다. 성현의 글을 읽어 명목을 이해한 사람이 다시 깊이 생각하고 정밀하게 살피면, 그 명목의 이치가 마음과 눈 사이에 뚜렷이 있다는 사실을 퍼뜩 깨우칠 것입니다. 그러면 성현의 말씀이 과연 나를 속이지 않았다는 것을 알게 됩니다. 이것이 두 번째 단계입니다.

다만 이 단계에는 여러 층위가 있습니다. 한 가지 단서만 깨우친 사람도 있고 전체를 깨우친 사람도 있습니다. 그리고 전체를 깨우친 사람 중에서도 깨우침의 깊고 얕은 차이가 있습니다. 하지만 둘 다 입으로만 읽고 눈으로만 본 것에 비할 바가 아니라, 마음으로 깨우친 것이므로 모두 두 번째 단계라고 할 수 있습니다.

명목의 이치가 마음과 눈 사이에 뚜렷이 있다는 사실을 깨우친 사람이 직접 행동하여 아는 것을 실천에 옮긴다면 급기야 직접 그 경지를 밟고 몸소 그 일을 경험하게 될 것입니다. 이것은 비단 눈으로 보고 마는 데 그치는 것이 아닙니다. 이렇게 된 다음에야 비로소 참된 지식이라 할 수 있습니다.

가장 낮은 단계는 다른 사람의 말만 듣고 따르는 것이고, 중간 단계는 바라보는 것이며, 높은 단계는 그 땅을 밟고 직접 보는 것입니다. 비유하자면 이러하지요. 여기에 높은 산이 하나 있습니다. 산 정상은 경치가 매우 빼어나 이루 말할 수 없을 정도입니다. 한 사람은 그 산이 어디에 있는지도 모른 채 남의 말만 듣고 믿습니다. 누군가 산 정상에 물이 있다고 하면 물이 있다 여기고, 누군가 산 정상에 바위가 있다고 하면 역시 바위가 있다 여기겠지요. 직접 보지 못하고 남의 말만 따르므로 어떤 사람이 물도 없고 바위도 없다고 하면 그것이 정말인지 거짓인지 알 수가 없습니다.

사람들의 말이 일치하지 않고 자기 의견이 정해지지 않았으니, 어쩔 수 없이 사람을 골라 그의 말을 따르게 됩니다. 믿을 만한 사람이라면 그의 말도 믿을 만하겠지요. 성현의 말씀은 반드시 믿을 만하니 어김없이 따르면 될 것입니다. 하지만 그 말씀을 따르더라도 그 뜻이 어디에 있는지는 알 수가 없습니다. 그러므로 어떤 사람이 믿을 만한 사람의 말을 잘못 전하는 경우라도 따를 수밖에 없는 것입니다.

지금 학자들의 도에 대한 소견 역시 이와 같습니다. 성현의 말씀만 좇을 뿐 그 뜻을 알지 못하므로 그 본뜻을 잃어버리는 사람도 있고 잘못된 기록을 보고서 억지로 맞추어 따르는 사람도 있습니다. 직접 보지 못하였으니 그렇게 될 수밖에 없는 것입니다.

어떤 사람이 다른 사람의 도움을 받아 산이 어디에 있는지 알게 되었다고 합시다. 그 사람이 고개를 들어 바라보면 산 위의 빼어난 경치가 눈에 가득 찰 것입니다. 직접 바라보았으니 다른 사람들이 잘못 전한 말이 어찌 그를 동요시킬 수 있겠습니까? 이렇게 되면 빼어난 경치를 좋아한 나머지 반드시 그 땅을 직접 밟고자 산 정상에 오르려는 사람도 있을 것이요, 그 경치를 직접 보고나서는 좋아하면서 그저 말만 좇아다니는 사람들을 내려다보며 저도 모르게 박장대소하고 있지만, 여기에 만족하여 산을 오르려 하지 않는 사람도 있을 것입니다.

산을 바라만 보는 사람들 중에도 차이가 있습니다. 동쪽에서 그 동쪽 면을 보는 자가 있고, 서쪽에서 서쪽 면을 보는 자가 있으며, 동쪽과 서쪽에 구애되지 않고 그 전체를 보는 자도 있습니다. 한쪽만 보았는지 전체를 보았는지 하는 차이는 있지만 이들은 모두 직접 본 것입니다. 직접 보지 않고 남의 말을 따르는 사람도 전체를 말할 수는 있습니다. 하지만 그것은 자신의 말이 아니라 앵무새가 사람의 말을 전하는 것과 같습니다. 그렇다면 어찌 한쪽 면만이라도 직접 바라본 사람의 마음을 감복시킬 수 있겠습니까?

또 어떤 사람이 빼어난 경치를 바라보고 너무나도 좋아한 나머지 옷을 걷어붙이고 달려가 애써 산을 오르게 되었다고 합시다. 하지만 맡은 짐이 무겁고 길이 먼 데다 역량에 한계가 있으므로 정상까지 다 올라갈 수 있는 사람은 드물 것입니다. 하지만 일단 정상에 오르고 나면 빼어난 경치가 모두 나의 것이 됩니다. 이것은 바라보기만 하는 사람에 비할 바가 아닙니다.

그렇지만 산 정상에 도달한 사람들 중에도 차이가 있습니다. 동쪽을 바라보고서 동쪽으로 오르는 사람도 있고, 서쪽을 바라보고서 서쪽으로 올라가는 사람도 있으며, 그 전체를 바라보고서 이르지 않는 곳이 없는 사람도 있을 것입니다. 한쪽으로만 오른 사람은 끝까지 오를 수는 있겠지만 산을 오르는 사람이 이룰 수 있는 가장 큰 성과를 이루지는 못할 것입니다.

대체로 이와 같은 세 단계가 있습니다만, 그중에도 곡절이 있어서 일일이 헤아리기 어렵습니다. 그 산이 있는 곳을 먼저 알고서 비록 바라보지 못했더라도 산을 오르는 일을 그치지 않으면 하루아침에 산 정상에 도달하게 될 것입니다. 그러면 발과 눈이 함께 도달하여 곧 자신의 것으로 만들게 됩니다. 증삼曾參이 그러한 사람입니다. 또 그 산이 어디에 있는지도 모르다가 우연히 산길을 만나 산을 오르게 되었지만, 애당초 산을 알지 못한 데다 산 정상을 바라보지도 않았기에 끝내 산 정상에 도달하지 못한 사람도 있습니다. 사마광司馬光이 그러한 사람입니다. 이와 같은 사람들을 어찌 다 열거하겠습니까?

이렇게 비유하자면 요즘 학자들은 대부분 남의 말을 따르는 사람일 것입니다. 비록 별 탈 없는 말을 할 수야 있겠지만 겉모양을 따라 흉내를 내는 것에 불과합니다. 하지만 겉모양을 따라 흉내를 내면서도 별 탈 없는 말을 하는 사람조차 많이 볼 수가 없으니 더욱 한탄스럽습니다.

공자의 제자나 정자와 주자의 문하생 중에서 근성이 온전하지도 깊지도 않은 사람들은 모두 멀리서 한쪽만 바라본 사람입니다. 증점曾點은 전체를 바라보았지만 이것만 좋아하며 더 이상 산을 오르려 하지 않았기에 광狂으로 끝나고 말았습니다.01 증점의 학문으로 말하자면 사람의 욕심이 모두 사라진 곳에 하늘의 진리가 흘러 부족한 곳 없이 곳곳마다 충만하다는 것을 깨달았으니, 그가 가슴속으로 느낀 즐거움이 어떠하였겠습니까? 그저 한 면만 보고서 말단적인 행동에 급급해하는 다른 제자들을 내려다보

---

01 왕양명의 〈월야〉에 "봄바람 속에 쟁그랑 비파를 내려놓으니, 증점은 광이라도 내 마음을 얻었네[然舍瑟春風裡, 點也雖狂得我情]"라 하였다.

았다면 어찌 박장대소하지 않을 수 있었겠습니까? 비록 그러하나, 이를 즐거워하였을 뿐 머리를 들어 산에 올라가려는 노력을 하지 않았으니, 그의 조심스러운 몸가짐은 도리어 다른 제자들의 부지런함만 못하였던 것입니다.

자기가 보았다고 해서 어찌 자기의 소유가 될 수 있겠습니까? 안자顔子, 증자, 자사子思, 맹자, 주자周子, 장자, 정자, 주자朱子는 바라만 보는 데 그치지 않고 직접 그 땅을 밟은 사람들입니다. 주자는 예순 살에야 비로소 '나는 올해가 되어서야 의혹이 없게 되었다'고 하였으니,[02] 이는 직접 본 것입니다. 맹자의 이른바 '자득'[03]이라는 것도 이러한 경지를 가리키는 말입니다. 이 분들 중에 안자와 명도明道(정이程顥)는 힘을 들이기가 매우 수월하였습니다. 비유하자면 사람이 거처하는 곳이 본디 산의 정상과 멀지 않으므로 눈만 들고 발만 옮기면 힘들이지 않고 도달할 수 있는 것과 같습니다. 원문 341쪽

율곡栗谷 이이李珥(1536~1584)는 뛰어난 학자이면서 동시에 걸출한 문장가였다. 그의 글은 난삽하지 않으면서도 깊이가 있고 논리가 명쾌하다. 학문의 단계를 등산에 비유한 이 글은 이이가 벗 성혼에게 보

---

[02] 《주자어류朱子語類》에 "나는 금년에 비로소 의혹이 없어짐을 알았다(某覺得今年方無疑)"는 구절이 보인다.
[03] 《맹자》에 "군자가 도를 가지고서 학문에 깊이 나아가는 것은 자득하고자 함이다. 자득하게 되면 거처함이 편안해지고, 거처함이 편안해지면 의지하는 바가 심오해지고, 의지하는 바가 심오해지면 바로 곁에서 찾아보아도 근원을 만날 수 있다(君子深造之以道, 欲其自得之也, 自得之, 則居之安, 居之安, 則資之深, 資之深, 則取之左右逢其原)"라 하였다.

낸 편지이다. 매우 길기 때문에 여기서는 전반부만 잘라서 보였다.

이이는 이 글에서 학자를 산의 정상에까지 오른 사람, 산을 멀리서 바라보기만 하는 사람, 산에 대해 남의 말만 듣는 사람으로 나누었다. 그리고 세 단계 가운데에도 여러 층위가 있다고 하였다. 산의 정상에까지 오른 사람은 성현이라 불리는 사람이다. 공자와, 맹자, 그리고 주자 등은 산의 정상에 올라 산의 아름다움을 직접 보고 겪었다. 학문에 뜻을 둔 사람은 모름지기 산의 정상에 오르기를 기약해야 한다.

이이가 이렇게 비유한 까닭은 자득의 학문을 강조하기 위함이었다. 이어지는 글에서 이이는 조광조, 이황, 서경덕의 학문을 비교하였다. 조광조가 으뜸이요, 이황이 다음이며, 서경덕이 다시 그다음이지만, 자득의 측면에서는 조광조와 서경덕이 앞서고 이황은 주자의 학설만 따랐기에 겉모양을 흉내 낸 의양依樣의 학문이라 하였다.

의양의 학문조차 따르기 어렵지만, 그렇다고 자득의 학문을 바라보는 일을 포기할 수는 없다. 현대는 창의성의 시대라니 더욱 그러하다. 이이가 가장 높이 평가한 조광조가 한 말을 기억할 필요가 있다.

"산을 오를 때 산꼭대기에 오르기를 기약하면 꼭대기에 이르지 못하더라도 산허리에는 이를 수 있다. 산허리에 오르기를 기약한다면 산 아래를 떠나지도 못한 채 멈추고야 말 것이다〔登山, 期至山頂者, 雖不至頂, 可至山腰矣, 若期至山腰, 則不離山底而必止矣〕."

먼 길을 나서는 사람에게 무슨 말을 할 것인가?
나는 옛글에서 사사로운 이별의 슬픔을 말하는 글을 그다지 자주 보지 못하였다.
예전 선비는 떠나는 이가 자식이든 벗이든 후배든 묵직한 격려의 말을 전하였다.

김종후

내 병을 배웠으면 처방도 배우게

아우 이약화李若和가 나에게 공부를 가장 오래 배웠는데, 나에게 배울 만한 것이 없어서인지 내 병만 배웠다. 내가 매양 이를 장난처럼 생각하고 있었다. 그러나 약화가 이미 나의 병을 배워버렸는데 나의 병을 처치하는 방도를 배우지 않는다면 되겠는가? 병을 처치하는 일을 잘하게 되면 병이 도리어 자신에게 이익이 되는 법이다. 약화가 그 어르신을 모시고 예천군으로 가면서 나에게 전송의 말을 부탁하였다. 나는 답을 하지 못하고, "내 병이 더욱 심해졌다"라고 하였지만, 약화가 같은 병을 가지고 있다는 사실을 익히 알고 있었기에 글을 보내어 말하였다.

"내가 내 병을 처치한 것에 대하여 말을 하리니, 들어보게나. 음식은 사람이 원하는 것이지만, 내가 병 때문에 가까이 하지 않았고, 여색은 사람이 원하는 것이지만 내가 병 때문에 멀리하였네. 재물과 명리 역시 사람들이 원하는 것이지만, 내가 병 때문에 꾀하지 못하였네. 마음에 희노애구애오욕喜怒哀懼愛惡欲의 일곱 가지 감정이 동탕쳐서 내 병을 심하게 한다면 그 지나친 생각을 절제하고, 사지가 너무 편안하여 내 병 처치에 방해가 된다면 몸을 수고롭게 하였다네. 음식을 가까이 하지 않고 여색을 멀리하며 재물을 꾀하지 아니하며 감정을 동탕치게 하지 않고 육신을 편안하게 하지 않았으니, 내가 병이 아니었더라면 어찌 이렇게 할 수 있었겠는가? 이것이 내가 병을 잘 처치하여 도리어 이득이 된 것이라네. 이제 자네가 벼슬하러 가시는 부친을 따라가는데, 입에는 음식이 풍족할 것이요, 눈에는 여색이 풍성할 것이며, 보고 듣는 것에는 재물에 대한 것이 많을 것이니, 감정이 동탕치고 육신이 편안하게 될 것이네. 그리고 때때로 서울에 와서 벼슬길에 오를 시험을 치르게 되면 명리에 유혹되기도 할 것이네. 내가 이 때문에 자네가 내 병을 단순하게 배울 뿐만 아니라 내가 병을 처치하는 방도까지 함께 배우기를 바라는 것이라네. 어쩌면 아마도 자네는 나를 비웃으며 이렇게 생각하겠지. '스스로 병을 잘 처치한다고 하면서도 병이 낫지 않으니, 병에 대한 처치가 효과가 없는 것 아닌가?' 이는 그러하지 않다네. 내가 내 병을 처치하는 방도를 알지 못하였더라면, 어찌 병이 나을 수 있었겠는가? 병이 낫지 않았다면 나는 죽은 지 오래되었을 것일세." 원문 341쪽

김종후金鍾厚(1721~1780)는 조선 후기 산림의 학자다. 좌의정을 지낸 벽파의 영수 김종수金鍾秀의 형이기에 혼란한 정국에 일관성이 부족한 처신을 보여 비판을 받기도 한 인물이다. 사람이 어찌 흠이 없겠는가?

그 흠을 잘 고치면 오히려 득이 될 수 있다.

그의 제자 중에 이상매李商梅라는 이가 있었다. 자는 약화若和인데 나중에 이름을 의교義敎로 바꾸었다. 고모뻘 되는 사람의 아들이라 아우라 불렀다. 그 부친이 이명중李明中인데 지방관으로 나가게 되자 따라가게 되었다. 이때 김종후가 전별의 뜻으로 이 글을 지어주었다.

이 글의 핵심어는 '병'이다. 김종후는 이 병을 두 가지 의미로 사용하였다. 하나는 학문의 병이요, 하나는 육체의 병이다. 김종후는 제자가 학문의 병을 배웠을까 우려하고, 자신이 육체의 병을 치료한 방도를 이야기하였다. 김종후는 병으로 인하여 기름진 음식이나 여색을 멀리하였고 또 돈과 명예를 추구하는 일을 하지 않았다. 병이 날까 우려하여 감정을 절제하고 적당하게 운동하였다. 이러한 삶이 육체의 병을 낫게 하였다면서, 제자로 하여금 자신과 같은 산림학자의 삶을 살도록 유도하였다. 아마 제자가 부귀영화를 꿈꾸었나 보다.

김종후는 학문을 함에 있어서 병을 없애는 것이 가장 중요한 일이요, 병이 없어져야만 온전한 사람이 된다고 여겼다. 그래서 자신의 서재 이름을 담간온재淡簡溫齋라 하였다. 《중용》의 "군자의 도는 담박하면서도 싫증이 나지 않고 간략하면서도 문채가 나고 따스하면서도 조리가 있다[君子之道, 淡而不厭, 簡而文, 溫而理]"는 구절에서 한 글자씩 딴 것이다. 담박하지 못한 병 때문에 성색聲色과 부귀와 공명을 바라는 마음이 생겨나고, 간략하지 못한 병 때문에 일을 처리하면서 지나치게 세세하게 따지고 들며, 따스하지 못한 병 때문에 곧게 처신하려 하면서도 정작 일의 경중을 헤아리지 못하여 후회하게 된다고 하였다. 병의 처방으로 담간온을 내건 것이다. 그리고 "아, 스스로 병을 알고 처방을 알지만 약을 쓰는 데 힘을 쏟지 않는 것은 곧 스스로를 속이는 것이다. 스스로를 속이는 것은 또 병이다"라고 하였다. 이것이 김종후가 제시한 학문과 마음의 병을 낫게 하는 처방이었다.

사람들은 큰 슬픔을 당하면 슬픔을 잊기 위하여 잡기에 몰두한다.
잡기에 빠지면 그 생각이 머리를 떠나지 않아 마음의 병이 들게 된다.
조선시대에도 이런 일이 있었다.

정종한

슬픔을 없애려다 생긴 병

내가 호서 지방에서 떠돌이 생활을 하던 때의 일이다. 하루는 삼산三山 이주영李周永 어르신께서 나부산羅浮山[01]의 집으로 찾아와 묵게 되었는데, 한밤에 나를 불러 이부자리 곁으로 오게 하시더니 이렇게 말씀하셨다.

"요새 나는 망상이 어지럽게 일어나 밤마다 잠을 이룰 수가 없네. 지금은 또 바둑판이 눈앞에 아른거려 이렇게 뒤척이며 잠을 이루지 못하고 있으니, 마음의 병이 심하네. 병의 근원을 찾아보면 죽은 사람을 애도하느라 그런 것이요, 병이 나도록 재촉한 것은 《장자》라네. 내가 그 책을 읽으면서 외우는 데만 힘을 쏟다가 마음이 어지럽게 되었네. 약이나 침으로는 병을 낫게 할 수 없으니, 자네가 나를 치료할 수 있겠는가?"

[01] 충청도 부여 인근에 있는 산 이름.

나는 갑작스러운 일이라 대답을 하지 못하였다. 그러다 문득 예전에 이 공과 비슷한 상황을 겪었던 일이 생각났다. 그리하여 나에게 병이 생겼던 근원과 효험을 얻었던 처방을 낱낱이 말씀드렸다. 그러자 공이 기뻐하면서 이렇게 말하였다.

"자네는 나보다 먼저 팔이 부러진 사람일세.02 그 전말을 기록하여 내가 병을 치료할 처방으로 삼도록 해주게."

나는 사양하였지만 어쩔 수 없이 붓을 들고 다음과 같이 글을 지어서 올렸다.

예전에 과거 공부를 하면서 문제를 풀이하는 글을 지은 적이 있었다. 마침 가을 향시가 멀지 않았기에 서둘러 완성하려는 마음이 앞서 조금도 깊이 연구하지 않고 붓을 들어 바로 글을 써내려가는 일을 능사로 여겼다. 많은 것을 탐하며 얻는 데에 주력하다 보니03 조급한 마음에 뒤죽박죽이 되어 몇 줄만 써 내려가도 바로 망연히 뭐가 뭔지 모르게 되었다. 이렇게 몇 달을 보내자 스스로 하찮게 여겨지고 정신이 어지러워 마치 안개 속에 있는 것 같았다. 그리하여 너무나 겁이 나서 아버님께 아뢰었더니 이렇게 말씀하시는 것이었다.

"너는 마음으로 터득하지 못하였으니 병이 생기는 것이 당연하다. 학업이란 반드시 마음으로 터득한 다음에야 착실하게 되고, 착실한 다음에야 밝아지게 된다. 밝아진 다음에야 터득하는 것이 있어 저절로 알차게 축적된 생각에서 글이 시원스럽게 나오는 법이다. 그러면 어지러울 까닭이 있

---

02 《춘추좌씨전》에 "팔이 세 번 부러져 봐야만 훌륭한 의원이 된다는 것을 알 수 있다"라 한 말이 있다. 여기서는 먼저 병을 얻어 그 처방을 잘 얻을 수 있었다는 뜻이다.
03 한유의 진학해進學解에 "많은 것을 탐하고 얻기를 힘쓴다[貪多務得]"는 구절이 보인다.

겠느냐?"

이때부터 함부로 붓을 대려 들지 않고 반드시 마음으로 이해를 하여 마음이 명료해진 다음에야 썼다. 이렇게 글을 완성하고 또 잘 외우니, 정신도 날마다 조금씩 맑아졌다.

그러다가 아내를 잃고 나자 마음 둘 곳이 없었다. 비통하고 그리운 마음에 정신이 멍해지고 눈이 침침해져서 붉은 것이 푸른 것처럼 보였다. 세상사에 아무런 관심도 없어지고 마침내 늘 외우던 옛책을 덮어버렸다.

하루는 연화당鍊化堂 주인이 갑자기 음식을 마련하고 두세 명의 벗을 초청하였다. 동갑의 우의를 다지기 위함이었다. 풍악을 울리고 기생들을 춤추게 하는 등 잡다한 놀이를 시키더니 나중에는 광대를 불러다 소리까지 시켰다. 광대는 계단 앞에 서서 이쪽저쪽을 보며 판을 벌였다. 처음에는 사설이 늘어지다가 갑자기 빨라지며 어조가 격앙되었다. 마침 가을이 한창이라 바람이 스산하게 불어 뜰에 나뭇잎이 날렸다.

이때부터 잠자리에 들 때마다 눈앞에서 재주를 펼치는 모습이 가물거렸다. 소매를 펼치고 목청을 높이며 장단에 맞추어 북을 치고 부채를 흔드는데, 느려지는가 하면 빨라지고 기쁜 것 같다가도 슬퍼져 정신을 차릴 수 없을 정도로 어지러웠으니, 모두 연화당 앞에서 본 광경 때문이었다. 나는 이것이 매우 싫어서 손을 휘저어도 사라지지 않고 소리를 질러도 멈추지 않았다. 힘써 저항하였지만 어쩔 도리가 없었다. 이 때문에 마음이 날로 어지러워져 병이 될까 봐 너무 두려웠다. 그러다 홀연 이렇게 깨닫게 되었다.

'이것이 바로 객사客邪04라는 것이구나. 마음이 제자리를 지키지 못하

---

04 질병의 원인이 되는 귀신을 이르는 말.

는 틈을 타 침입하여 맞서지 못하는 지경에 이르게 되었다. 이는 주인의 힘이 약하기 때문이다. 비유하자면, 임금이 태만하고 방탕할 때 간사하고 아첨하는 신하가 함께 조정에 나오는 것과 같다. 이들을 물리치자면 덕을 닦는 것이 으뜸이다. 하지만 당장의 급박한 일을 해결하려면 어진 이를 등용하는 것이 우선이다. 그리고 경전은 우리 주인의 훌륭한 보필이다.'

그리하여 예전에 읽었던 책을 다시 궁구하는 것을 일과로 삼았다. 그러자 얼마 되지 않아 광대의 환영은 점차 사라졌다. 원문 342쪽

18세기 정종한鄭宗翰(1764~?)이라는 문인이 있었다. 본관은 초계이며, 자가 중녕仲寧, 호가 곡구谷口이다. 그의 이름을 들어본 사람은 거의 없을 듯하다. 규장각에 문집《곡구집》이 있지만 아무런 정보가 없어 누구의 저술인지 알 수가 없었다. 다행히《곡구집》에 실린 글이 고극명高克明의《삼야정유고三野亭遺稿》에 부록으로 실려 있어, 저자가 누구인지 확인할 수 있었다. 문집을 보면 신작申綽, 이안중李安中 등과 친분이 있었음은 알 수 있으나 자세한 삶의 행적은 파악되지 않는다.

정종한은 호서에 있을 때 이주영이라는 사람을 만났다. 이주영은 상을 당한 슬픔을 잊기 위해《장자》를 읽다가 망상에 빠지고 바둑에 몰두하여 잠을 이루지 못하였다. 정종한은 그를 보고 자신이 겪었던 일을 이렇게 적었다. 젊은 시절의 정종한은 급한 마음에 졸속으로 과거 공부를 하다가 조급증에 걸려 공부를 하지 못하게 되었다. 부친의 훈계를 듣고서야 조금 나아졌지만, 처를 잃은 슬픔에 다시 정신을 차리지 못하게 되었다. 그를 불쌍히 여긴 벗이 판소리 광대의 공연을 구경하도록 하였다.

정종한은 여기에 정신이 팔린 나머지 잠자리에 누워서도 허상이 아른거렸다.

  그러다가 문득 깨달았다. 이 모든 것은 마음의 병이며, 마음의 병을 다스리기 위해서는 고전을 읽는 것이 첩경이라는 것을. 슬픔은 마음을 병들게 하는 도적이다. 환락과 방탕으로는 도적을 막을 수 없다. 도적을 막는 방법은 고전에 있다. 책으로 슬픔을 잊은 사람이 정종한뿐만은 아닐 것이다.

모든 사람들은 나이가 들어도 피부가 팽팽하기를 바란다.
예순의 나이에도 노인의 기색이 없었던 이가 있었다.
청춘의 비결은 무엇인가?

이
복
휴

제 몸에 맞는 약

교검校檢 성대중成大中은 나이가 예순인데도 피부가 팽팽하고 윤기가 흐른다. 훤한 얼굴과 하얀 머리카락이 사람들의 눈을 시원하게 한다. 노인의 기색이 거의 없다. 내가 그 이유를 캐물었더니 성대중이 이렇게 말하였다.

"사람들은 저마다 몸에 약을 가지고 있지요. 다만 모르고 있을 뿐이랍니다. 나는 어릴 적에 병약하였고 태어나 열대여섯이 되도록 잡인들과 함께 거처한 적이 없어 음란한 일을 알지 못하였지요. 열일곱에 비로소 가정을 꾸리게 되었는데 남녀의 일을 잘하지 못하여 일 년에 겨우 몇 번만 관계를 가졌답니다.

불행히 일찍 과거에 급제하여 여러 번 찰방察訪과 고을원이 되었는데, 종종 관아의 물건이 흘러 들어오면 차지하고 싶은 마음이 일어났지요. 이에 발분하여 잘못을 깨달아 뉘우치면서 이렇게 생각하였지요. '여기에는

〈성대중 초상〉

예순의 나이에도 노인의 모습을 찾아볼 수 없었던 성대중은 제 몸의 약은 절제된 성생활이라 말하였다.

네 가지 해로움이 있으니, 재물을 손상하고 정신을 소진하며 재앙을 부르고 비방을 얻게 된다.' 마침내 그런 마음을 버리게 되었더니, 과연 몸에 병이 없어지고 재산도 줄어들지 않았습니다.

쉰이 넘은 뒤로는 안방에서라도 부인을 가까이하지 않았지요. 그랬더니 잠도 잘 자고 밥도 잘 먹게 되어 평생 병이 없었답니다. 집사람 역시 병이 적어지고 밥도 많이 먹게 되었으며, 피부도 한결같았지요. 그래서 마침내 부부가 해로하게 된 것입니다. 색을 좋아하는 일은 비단 남자에게만 손상을 끼치는 것이 아닙니다. 여자에게는 더욱 심한 법입니다. 여자들의 타태墮胎, 혈붕血崩, 노점勞漸01 등의 병은 모두 성관계 때문에 상처를 받아 생기는 것입니다.

저는 일생 동안 한 번도 처방을 받아 약을 먹은 적이 없습니다. 그렇지만 아침마다 약을 복용해도 병이 몸에서 떠나지 않는 사람들보다 훨씬 낫습니다. 이것은 내 약을 내가 먹은 것과 다름이 없습니다."

내가 웃으면서 말하였다.

"팽견彭鏗02이 무슨 약을 먹었기에 아내를 마흔아홉 명씩이나 장사지내면서도 혼자 아무 병이 없었단 말인가? 정말 몸속의 약을 복용하여 노쇠하지 않았다고 한다면, 승려나 도사 중에 어찌 머리가 허연 사람이 있을 수 있겠는가? 만약 봉천奉倩이나 사마상여司馬相如가 이 이야기를 듣는다면 머리를 흔들며 냉소를 머금지 않겠는가?"03 원문 343쪽

---

01 모두 부인병이다. 타태는 유산하는 것이고, 혈붕은 월경 시기가 아닌데 하혈을 하는 것이며, 노점은 폐결핵처럼 피를 토하는 병이다.
02 팽견은 장수의 대명사 팽조彭祖이다. 800년을 살았는데 아내가 49명, 자식이 54명이었다고 한다.
03 봉천은 삼국시대 위나라 순찬荀粲의 자이다. 조홍曹洪의 딸과 혼인하였는데 아내와 금실이 매우 좋았다. 벗들이 아내에 빠져 산다고 놀리자, 봉천은 "부인에게는 덕을 따질 것이

성대중成大中(1732~1809)은 학문이 대단한 인물이었으나 서얼 출신이라 제대로 재주를 발휘하지 못하였다. 그 울분에 건강을 해쳤을 법도 한데, 오히려 남들보다 건강하여 예순 살에도 노인의 모습을 찾아볼 수 없었다. 게다가 온갖 보양식과 보약을 먹는 부자들과 달리, 성대중은 평생 약조차 먹지 않았다. 그의 건강은 사람들의 부러움을 사기에 충분하였을 것이다.

이복휴李福休(1729~1800)는 성대중에게 그 비결을 물었다. 성대중은 여색을 탐하지 않는 것을 가장 큰 비결로 들었다. 젊은 시절에도 부부관계를 자주 갖지 않았고 쉰 살이 넘어서는 아예 관계를 끊었기 때문에 부부가 건강을 유지하며 해로할 수 있었다고 답하였다. 성대중에게 제 몸의 약은 절제된 성생활이었던 것이다.

이복휴는 부부관계를 갖지 않은 것이 건강과 장수의 비결이라는 성대중에게 반론을 제기하였다. 800년을 사는 동안 49명의 아내를 두었던 팽조, 금실 좋게 백년해로한 봉천과 사마상여의 예를 들면서 부부관계가 장수와 무관하다고 말하였다. 남녀 관계를 갖지 않는 승려나 도사도 늙는 것만은 피할 수 없으니, 성대중의 주장은 논리에 맞지 않는다는 것이다.

이렇게 면박을 준 이복휴는 머쓱하였던지 이 글 뒤에 짧은 글을 하나 덧붙였다. 후한의 명의 곽옥郭玉은 부귀한 이를 치료하기 어려운 네 가

없고 색을 위주로 해야 옳다"고 하였다. 그는 아내가 열병을 앓으면 밖에 나가 냉기를 몸에 받아와 부인의 열을 식혀 주곤 하였는데, 부인이 죽은 뒤에는 지나치게 상심한 나머지 요절하고 말았다. 한나라의 문장가 사마상여는 탁왕손卓王孫의 집에 초대를 받아가 청춘과부로 있던 그의 딸 탁문군卓文君과 눈이 맞았다. 이들은 함께 도주하여 가난하지만 금실 좋게 살았다.

지 이유가 있다고 하였다. 의사를 믿고 맡기지 않는 점, 근실한 태도를 취하지 않는 점, 골격이 나약하여 약이 잘 받지 않는 점, 나태하여 몸을 수고롭게 하지 않는 점이 그것이다. 이복휴는 이 말을 본떠 이렇게 말했다. "나태하게 거처하여 사심이 많은 점, 어릴 적부터 방탕한 점, 부귀를 바라느라 편안하고 담담하게 살지 못하는 점, 좌우에서 여색을 권하는 점이야말로 몸에 지닌 약으로 치료해야 할 병이다." 그리고 이것은 말하기는 쉽지만 실천하기는 어려운 일이라 하였다.

이복휴가 성대중에게 한 이야기는 사실 농으로 한 것이다. 필사본으로 전하는 이복휴의 문집에 이 글을 삭제하라는 표시가 되어 있는 것도 이 때문이다. 그러나 이런 글을 통해서 옛사람의 생생한 삶의 모습을 살필 수 있다.

우리가 익히 이름은 아는 대부분의 옛 선비는 천재들이다.
그럼에도 학문에 몰두하여 건강을 해쳐 천수를 누리지 못한 이들이 많았다.
밤에 잠을 자지 않고 무슨 공부를 어떻게 하였던가?

임상덕

꿈속의 공부

고인의 학문은 눈을 깜빡거리거나 숨을 쉬거나 말을 하거나 입을 다물 거나 늘 수양하지 않을 때가 없었다. 음식을 먹고 의복을 입을 때에는 제 도가 있지 않음이 없었다. 그릇이나 궤장에도 명銘을 새기지 않음이 없었 고, 창과 벽에도 가르침을 적어두지 않음이 없었다. 누워 있을 때에도 시 신처럼 눕지 않았으니[01] 눕는 것도 방법이 있었다. 잠자리에서 말을 하지 않았으니[02] 잠자리에도 법도가 있었다. 닭이 울면 잠자리에서 일어나고 밤이 깊으면 잠자리로 든다. 하루의 시간을 계산하여 12시간 중에 잠시 잤

---

[01] 《예기》〈곡례〉에 "앉을 때는 키처럼 펼치지 말고[坐無箕], 잠잘 때는 옆으로 눕지 말고[寢不側], 누울 때는 시체처럼 뻗지 말고[臥無尸], 놀 때는 걸터앉지 말라[遊無倨]"라고 하였다.
[02] 《논어》〈향당〉에 "잠자리에서 말을 하지 않았다[寢不言]"라고 하였다.

다가 일어날 때까지를 제하고 나면, 대개 어느 시간인들 배우지 않을 때가 없고 무슨 일이든 배우지 못할 것이 없다. 마음을 다잡고 사심이 생기지 않도록 하여 함양하고 성찰하는 사람은, 안과 밖의 구분이 없고 시작과 끝의 차이가 없어 지극히 잘 갖추어지고 지극히 치밀한 것이라 할 만하다.

맹자에 이르러 다시 청명한 밤기운이라는 뜻의 야기夜氣에 대한 논의를 펼쳤으니,03 이는 공부를 하는 사람으로 하여금 밤중에 얻을 바를 고찰하여 아침과 한낮에 잃어버린 것을 보완할 수 있게 한 것이다. 곧 앞서 말한 "잠시 잠을 잤다가 일어날 때"라 한 것 역시 무용하다 하여 버릴 수 있는 시간은 아닌 것이다. 그 후 하남河南의 정자程子 선생께서 다시 맹자가 펼치지 못한 바를 펼쳤는데, 그 말에 "사람이 꿈을 꿀 때 그 보존하고 있는 바를 확인할 수 있으니, 잠을 자고 일어나는 것처럼 멍하게 보내면 또한 학문의 힘이 굳건하지 못하게 된다"04고 하였다.

아, 맹자의 말대로 하자면 밤에 얻은 것을 마음속에 보존하라는 것이요, 정자의 말대로 하자면 낮에 수양한 바를 꿈속에서 확인하라는 것이다. 낮에 보존해서 밤에 얻는 바가 더욱 많아지고, 꿈속에서 확인하여 낮에 수양한 바가 더욱 알차진다. 이에 잠자리에 눕든 일어나든, 꿈을 꾸든 깨어나든 그 사이에 서로서로 그 공부에 이르게 하지 않은 바가 없는 것이다. 고인의 논의는 학문을 위한 공부가 여기에 이르러 다시는 흠결이 없게 되었

---

03 《맹자》에 "야기가 충분히 보존되지 못한다면 금수와 거리가 멀지 않다"라 하였다. 야기는 사람이 밤에서 아침까지 사물과 접촉하지 아니하였을 때의 청명한 기운을 가리키는 말이다.
04 《이정전서二程遺書》에 "사람이 잠을 자고 일어나는 사이에도 또한 자신이 공부한 바의 깊이를 재어볼 수 있으니, 꿈결처럼 전도되어 버리면 곧 심지가 온전하지 못하고 다잡은 것이 굳건하지 못하게 된다[人於夢寐間, 亦可以卜自家所學之淺深, 如夢寐顚倒, 即是心志不定, 操存不固]"라 하였다.

다. 《논어》에 "심하다, 내 노쇠함이여, 나는 다시 꿈속에서도 주공을 만나 보지 못하게 되었으니"라 하였다. 어찌 공자도 또한 잠을 자고 깨어날 때에 뜻한 바 학업에 진전이 있는지 퇴보가 있는지, 도를 익힐 기운이 왕성한지 노쇠한지를 스스로 확인하였던 것이 아니겠는가?

저 꿈이라는 것은 원인에서 생겨나고 원인은 상상에서 생겨난다. 이 때문에 《주례》에서 여섯 가지 꿈을 말하였는데 세 번째가 낮에 생각한 것이 밤에 꿈으로 나타난다는 사몽思夢이다.[05] 마음에 망령된 생각이 없으면 꿈에 망령된 것이 나타나지 않으니, 이 또한 그 이치가 분명하다. 나는 예전에 이를 확인한 적이 있다.

대개 내 사는 집은 세 칸인데 침소와 마루를 두고 그 좌우와 전후에 모두 서적을 두었다. 나는 일찍이 자나 깨나 밤낮으로 그 안에 있었다. 성품이 자못 독서를 좋아하였는데, 책을 읽으면 꼭 어떤 생각이 생겨나지만 종종 그 생각이 어지럽고 기운이 흐려지기도 하였다. 그러면 문득 눈을 감고 생각을 멈춘 채 새로운 생각이 생겨나도록 하였다. 눈을 감고 한참 있으면 잠이 오고 잠이 오면 꼭 꿈을 꾸었다. 꿈을 꾸면서도 또한 생각을 하였는데, 생각을 하여도 터득하지 못하던 것이 종종 꿈속에서 터득되는 일도 있었다. 어쩌다 꿈을 꾸면서도 터득하지 못하면 다시 꿈에서 깨어난 후 다시 이에 대해 생각을 하면 어떤 때는 통하였다.

내가 꿈속에서 터득하는 것이 이와 같기에 마침내 집 이름을 사색의 집 사헌思軒이라 하고 처소는 꿈의 집 몽소夢所라 하였다. 그 뜻은 공자와 맹자, 정자의 말을 가지고서 아침저녁 궤안에 기대 있을 때 참고하여 의지하

---

[05] 정몽正夢은 편안하게 저절로 꾸는 꿈이요, 악몽은 놀라서 꾸는 꿈이요, 사몽은 생각이 있어서 꾸는 꿈이요, 오몽寤夢은 잠깐 조는 가운데 꾸는 꿈이요, 희몽喜夢은 기뻐서 꾸는 꿈이요, 구몽懼夢은 두려워서 꾸는 꿈이다.

고자 한 까닭이다. 옛말에 달인이라 이른 사람은 천지를 하나의 큰 꿈으로 여기고 인생을 하나의 작은 꿈으로 여겼다.[06] 이에 멍하니 스스로 멋대로 처신하고자 하는 마음이 생겨나고 음란하고 나태한 병이 서로 뒹굴다가 함께 붙어버려 제 몸을 망치게 되면서도 유독 이를 깨닫지 못하게 되는 것이다.

저 천지의 성性은 오직 사람이 고귀한데 그 성을 다하여 천명을 안다면 비록 저녁에 죽더라도 꿈이라 할 수 없을 것이다. 까맣게 무식하면 팽함彭咸[07]처럼 장수를 누린다 하더라도, 그 사이가 모두 꿈일 뿐이다. 아, 내 나이 이제 스물여덟이다. 지나간 것은 겨우 한 번 꾼 꿈에 지나지 않을 것이요, 앞으로 꿀 꿈 또한 까마득하게 끝이 없을 것이다. 세월은 쉬 가는 법이요, 의리는 다 탐구하기 어려운 법이다. 장차 깜깜한 어둠 속에 지내면서 깨어날 때가 없어 꿈속에서 생을 마치고 말지 않겠는가? 혹 꿈속에 있을 시간이 그 몇 년이 될 것이며, 또 꿈에서 깨어난 후 또 몇 년이 남을 것인가? 반은 깨어 있고 반은 꿈을 꾸어서 있는 듯 없는 듯 지낸다면, 끝내 탁 트인 큰 깨달음을 얻을 때는 없을 것이다. 아아, 끝장이로다.

옛말에 지극한 사람은 꿈을 꾸지 않는다고 하였고,[08] 《서경》에는 고종高宗이 "상제上帝가 나를 보필할 뛰어난 인재를 내려주는 것을 꿈에

---

06 《장자》에 "꿈을 꿀 때에는 그것이 꿈인 줄 알지 못하고서 꿈속에서 또 꿈을 꾸며 그 꿈을 해몽하기도 하다가 깨어난 뒤에야 그것이 꿈이라는 것을 알게 된다. 크게 깨닫고 난 뒤에야 우리 인생이 커다란 하나의 꿈이라는 것을 알게 된다"라고 하였다.
07 팽함은 은의 대부大夫로서 그 임금에게 충간하였으나 받아들여지지 않자 물에 빠져 죽었던 사람이다. 여기서 양생술로 800년을 산 팽조의 잘못으로 보인다.
08 《장자》에 "옛날의 진인은 잠을 잘 때는 꿈도 꾸지 않고, 잠을 깨어서는 근심도 없었다[古之眞人, 其寢不夢]"라 하였다. 원문에 이른 "지인은 꿈을 꾸지 않는다[至人無夢]"는 말은 문중자文中子가 한 말인데, 주자朱子의 글에 장자가 한 말로 인용되면서 오해되었다.

서 보았다"고 하였으며, 또 "짐의 꿈은 짐이 점친 것과 맞았다"고 하였다. 꿈을 꾸지 않는 이는 생각을 하지 않는 것이며, 꿈을 꾸는 사람은 도를 생각하는 것이다. 생각이 없어야 생각이 통하는 법이니, 또한 오직 성실 하나면 족할 뿐이다. 내가 이에 느낌이 있어 글을 지어 몽소의 기문으로 삼는다. 원문 344쪽

노촌老村 임상덕林象德(1683~1719)은 윤증尹拯의 문인으로 일찍부터 문장으로 이름을 떨쳤다. 이 글을 쓴 1710년 28세의 나이에 이조정랑에 올랐다가 홍문관 부수찬을 거쳐 교리에 임명되었으니 그 재주를 짐작할 수 있다. 장수하는 천재가 없듯이 임상덕 역시 37세에 요절하여 인재를 사랑하는 사람들을 안타깝게 하였다.

임상덕이 젊은 시절에 학문과 문학으로 높은 명성을 얻게 된 것은 천부적인 자질에다 그의 부단한 노력 때문이었다. 임상덕은 잠을 자고 꿈을 꿀 때에도 공부를 하여야 한다고 하였다. 낮에 공부하고 잠을 잘 때 사색을 통하여 낮에 한 공부를 정리하고, 밤에 잠을 자면서 깨끗해진 마음으로 낮에 공부를 해야 한다고 생각하였다. 임상덕은 이것이 맹자와 정자 등 유학의 공부 방법으로 삼았다.

임상덕은 꿈에서조차 학문을 하기 위하여, 공부하는 방의 이름을 사색의 집 '사헌'이라 하고 잠을 자는 처소를 꿈의 집 '몽소'라 하였다. 낮에 책을 읽고 떠오르는 생각 중에는 정리되지 않은 것이 많다. 고민하다가 꿈을 꾸면 정리되지 않은 생각에 대한 답이 떠오른다. 꿈속에서 해결하지 못한 생각은 다시 잠에서 깨어나 다시 생각을 하면 해결이 된다. 사색과 꿈을 공부의 두 가지 방식으로 삼은 것이다.

사람들은 인생이 허망한 꿈이라 하여 나태와 방종에 이른다. 지난 세월은 꿈과 같이 흘러갔으니 앞으로 다가올 세월 역시 자칫 하나의 꿈이 되기 쉽다. 이를 경계하기 위한 한마디가 성실이다. 성실한 학문을 위하여, 임상덕의 글에서 아이디어를 따와 서재와 침실의 이름을 새롭게 부여해보는 것이 어떠할지.

하나 덧붙일 것은 임상덕은 이 글을 동문의 선배 양득중梁得中에게 보냈고, 양득중은 친절하게 첨삭해주었다는 점이다. 후학의 글을 수정해준 구체적인 양상이 보이기에 이를 소개한다. 양득중은 잠을 잘 때 시체처럼 눕지 말고 잠을 잘 때 말을 하지 말라는 대목은 논지의 전개에 방해가 되니 아예 "고인의 학문은 닭이 울면 잠자리에서 일어나고 밤이 깊으면 잠자리로 든다. 음식과 의복에 법도가 아닌 것이 없으니, 하루의 시간을 계산하여 12시간 중에 잠시 잠을 잤다가 일어날 때까지를 제하고 나면, 대개 어느 시간인들 배우지 않을 때가 없고 무슨 일이든 배우지 못할 것이 없다"라며 수정하라고 하였다. 과연 그렇게 수정하면 의미가 간명하다. 그러나 문집에 이렇게 된 것을 보면 임상덕이 수긍하지 않은 듯하다. 또 양득중이 정자의 말 앞 대목이 번잡하다고 충고하였는데, 이는 임상덕의 글에서는 이를 수용하여 모두 삭제하였다. 또 "고인의 논의는 학문을 위한 공부가 여기에 이르러 다시는 흠결이 없게 되었다" 다음에 "그러나 이는 정자의 말이 아니라 곧 공자가 남긴 말이다"라는 글이 더 있었는데 이를 삭제하라고 한 요구 역시 임상덕은 받아들여 삭제하였다. 고인의 글쓰기의 한 단면이 이러하였다

정치가는 좋은 인재가 없다고 탓하고 학자는 좋은 책이 없다고 탓하며
여행가는 좋은 산수가 없다고 탓한다.
그러나 좋은 인재, 좋은 책, 좋은 산수는 그것을 받아들이는 자의 마음에 달린 문제다.

윤
기

좋은 사람 좋은 책 좋은 산수

천하에 좋지 않은 사람은 없고, 좋지 않은 책은 없으며, 좋지 않은 산수는 없습니다. 사람이 취하는 방법이 어떠한가가 문제일 뿐입니다. 저 좋은 사람이 없다는 무호인無好人이라는 세 글자는 정말 학식이 있는 사람의 말이 아닙니다.01 좋은 책이나 좋은 산수가 없다고 말하는 사람 역시 이와 무엇이 다르겠습니까? 아, 천하 후세 사람을 그릇되게 하는 것이 반드시 이 말이 아님이 없을 것입니다. 대개 그 근본을 소급하여 따져보겠습니다.

사람이 하늘로부터 품부 받았으니 이 성품은 본디 선한 법인지라, 그 사이에 애초에 좋은 것과 좋지 않은 것이 따로 있었던 적이 있었겠습니까?

---

01 《소학》에 "좋은 사람이 없다는 세 글자는 덕이 있는 사람의 말이 아니다〔無好人三字, 非有德者之言也〕"라 하였다.

오직 그 기질에 구애되고 물욕에 의하여 가려진 것인데, 그 말단을 살펴보면 어쩌다 가지런하지 못한 것도 있지만, 그 실질은 모두 좋은 사람입니다. 글자가 만들어진 이래 바로 이러한 책이 있었으니, 삼분三墳과 오전五典, 팔색八索과 구구九丘[02]에서부터 염락관민濂洛關閩의 책[03]에 이르기까지, 어떤 책은 의리의 영역에 대하여 거듭하여 따졌고, 어떤 책은 치평의 계획을 연역하기도 하였으니, 어떤 책이든 좋지 않은 것은 없지만, 수천 년 사이에 오직 사람이 가지런하지 못함이 있었을 뿐입니다. 이 때문에 왕왕 좋은 책과 배치되는 것이 존재하였던 것입니다.

산수에 있어서도 그러하니, 온 천지 사이를 가득 채우고 있는 것이 모두 산과 물입니다. 두텁고 무거워서 옮길 수 없으니 나는 그것이 산인 줄 알고, 두루 흘러 막힘이 없으니 나는 그것이 물인 줄 압니다. 비록 어쩌다 기상과 경계가 같지 않음이 있기는 하지만, 요컨대 모두가 좋은 산수인 것입니다. 이 때문에 성인은 산을 즐기고 물을 즐긴다는 가르침이 있었지만,[04] 그렇다고 산과 물에 좋다는 호자를 붙인 적이 없었으니, 그 즐길 만한 모습을 즐긴 것일 뿐입니다.

이를 가지고 본다면 사람은 절로 좋은데도 알아보지 못할 때가 많고, 책은 절로 좋은데도 읽지 않을 때가 많으며, 산수는 절로 좋은데도 보지 못할 때가 많습니다. 정말 좋은 사람을 알고 좋은 책을 읽고 좋은 산수를 보

---

02 고대의 서적인데 구체적인 내용을 두고 여러 가지 설이 있다. 공안국孔安國의 설에 따르면 삼분은 복희·신농·황제의 글이고, 오전은 소호少昊·전욱顓頊·고신高辛·요·순의 글이며, 팔색은 팔괘에 대한 글이고, 구구는 구주의 지리지를 가리킨다.
03 염계의 주돈이周敦頤, 낙양洛陽의 정호程顥와 정이程頤 형제, 관중關中의 장재張載, 민중閩中의 주희朱熹의 저술을 가리킨다.
04 《논어》에서 이른 "지혜로운 이는 물을 좋아하고 어진 이는 산을 좋아한다[知者樂水, 仁者樂山]"는 말을 가리킨다.

〈태종대〉_강세황
천하에 좋지 않은 사람은 없고, 좋지 않은 책은 없으며, 좋지 않은 산수는 없다.(국립중앙박물관 도록 중)

는 데 뜻을 둔다면, 우리 눈앞에 있는 사람이나 책상 위의 책, 그리고 눈과 발이 미치는 산수는 모두 이른바 좋다고 말할 만한 것이 아님이 없을 것입니다. 하필이면 특별한 사람을 알아야 하고, 특별한 책을 읽어야 하며, 특별한 산수를 본 다음에야 비로소 평소의 소원을 통쾌하게 달성했다고 할 수 있겠습니까?

다시 더 따져보겠습니다. 좋다는 '호' 한 글자를 붙여놓고도 그 마음이 이미 절로 좋아하지 않으니 또 어찌 능히 진짜 좋은 것을 얻을 수 있겠습니까? 좋은 사람과 좋은 책과 좋은 산수라고 말을 해버렸다면, 그 마음에 범상한 말과 범상한 행동을 하는 사람이나 온 천하가 함께 읽는 책, 그리고 사람들이 쉽게 볼 수 있는 산수는 팽개치려 하고, 구하는 것이 기괴한 물이나 괴벽한 문장, 세속과 단절된 빼어난 땅일 것입니다. 이는 비록 죽을 때까지 분주하게 다니면서 몸과 마음을 다하더라도 끝내 과부夸父가 해를 따라가려 한 우려를 면할 수 없을 것입니다.[05] 비록 이런 좋은 것을 얻는다 하더라도 그 또한 내가 이른바 좋다고 하는 것은 아닐 것이니, 어찌 귀하게 여길 만하겠습니까?

저는 예전에 좋은 사람을 다 알고, 좋은 책을 다 읽고, 좋은 산수를 다 본 사람은 우리 주자朱子 선생뿐이라고 생각하였습니다. 왜냐하면, 알고 지낸 사람으로는 장식張栻과 여조겸呂祖謙, 황간黃榦, 채원정蔡元定 등이었고,[06] 읽은 글은 시골 선비들과 함께 글자의 수나 따지면서 보던 읽지 못

---

[05] 과부가 제 자신의 역량을 헤아리지 못하고 해를 쫓아가고자 하여 우곡隅谷까지 갔는데, 목이 말라 하수河水와 위수渭水의 물을 마셨지만 물이 부족하였고 이에 다시 대택大澤으로 가서 물을 마시려 하였지만, 도착하기도 전에 목이 말라 죽었다는 고사가 《열자》에 보인다.
[06] 모두 송나라의 학자로 주자와 절친한 벗이었다.

한 몇 권의 책이었으며,⁰⁷ 본 것은 봄날 한 번 오른 무이구곡武夷九曲이었기 때문입니다.⁰⁸ 이 외에 다시 무엇을 구하였겠습니까?

비록 그렇지만 군자가 원하는 바는 정말 기이함에 지나쳐서는 아니 되며, 또 반드시 진짜 좋은 것을 기다린 다음에야 바야흐로 그 원할 만한 것을 얻을 수 있는 법입니다. 진실로 어쩌다 사람을 알게 되었는데 속물로서 흥을 깨었다는 탄식이 나오게 하고,⁰⁹ 책을 읽었는데 비리해서 미워할 만하다는 말이 있게 되었으며,¹⁰ 유람하며 완상을 하는데 노산廬山의 진면목을 보지도 못하고 돌아가는 신세를 면하지 못하였다고¹¹ 한다면, 이는 또한 도리어 안 적도 없고, 읽은 적도 없고, 본 적도 없어 아무런 폐단이 없는 것만 같지 못하다고 하겠습니다. 또한 어찌 한 가지로 논단해버릴 수 있겠습니까?

저는 이러한 이야기를 기록하되, 책을 읽고 산수를 본 좋은 사람을 우리 시대에 한 번 만나 우아하게 토론을 하고 싶습니다. 이제 집사께서는 이를 가지고 질문을 하셨으니, 집사께서 바로 그러한 사람입니까? 그렇다면 저의 소원을 이룰 수 있을 것입니다. 원문 345쪽

---

07 주자가 〈진동보에게 답하는 편지[答陳同父書]〉에서 "나물뿌리를 씹어 먹고 남과 서로 간섭하는 일 없이 몇 권의 읽지 못한 책을 이해하여 시골의 선비들과 글의 자구나 따지는 것 또한 한 가지 일거리입니다[咬菜根, 與人無相干涉, 了却幾卷殘書, 與村秀才子, 尋行數墨, 亦是一事]"라 하였다.
08 주자가 살던 무이산武夷山에 아홉 굽이가 있어 무이구곡이라 하였는데, 주자가 구곡시九曲詩를 지은 바 있다.
09 삼국시대 위의 혜강嵇康과 완적阮籍 등이 죽림에서 술을 마시고 있을 적에 왕융王戎이 오자, 완적이 "속물이 또 와서 사람의 흥치를 깨뜨린다[俗物已復來敗人意]"라고 핀잔을 준 고사가 《세설신어世說新語》에 보인다.
10 《주자어류》에 시가 비리하여 미워할 만하다는 구절이 보인다.
11 소식의 시 〈제서림벽題西林壁〉에 "여산의 진면목을 알 수 없으니, 이 몸이 이 산 속에 있기 때문이리라[不識廬山眞面目, 只緣身在此山中]" 하였다.

조선 말기의 문인 윤기尹愭(1741~1826)는 글을 잘 지어 1791년 유생을 대상으로 한 제술 시험에서 1등을 한 바 있다. 그의 문집에 수록된 산문은 문文과 책策으로만 양식이 구분되어 있다. '문'에는 전통적인 다양한 양식이 두루 수록되어 있지만 '책'만은 따로 구분하였다. 임금으로부터 제목을 받아 지은 글을 모은 전책殿策 23편과 과거 시험관으로부터 제목을 받아 지은 글을 모은 책 80편이 실려 있다. 또 '책제策題'라 하여 책문의 제목에 대한 글을 다시 19편 실었다. 과거를 이렇게 많이 보았을 리 없으니, 스스로 과거시험 문제를 내고 스스로 답안을 쓰는 글을 지은 것이라 하겠다.

　〈좋은 사람 좋은 책 좋은 산수〉라는 이 글 역시 그중 한 편이다. 시험 문제의 연원은 송宋의 조사서趙師恕라는 사람의 고사에 있다. 조사서는 평소 세상의 좋은 사람을 모두 알고, 세상의 좋은 책을 모두 읽고, 세상의 좋은 산수를 모두 보는 것이 평생의 소원이라 하였다. 시험 문제는 좋은 사람이 어떤 사람이고 좋은 책이 어떤 책이며 좋은 산수가 어떤 산수인가를 답하라는 것이다.

　이에 대하여 윤기가 제출한 답안의 핵심은 이러하다. 좋은 사람이나 좋은 책, 좋은 산수가 따로 있는 것이 아니라 그것을 진정으로 받아들일 마음의 자세가 되어 있지 않는 것이 문제이다. 진리는 평범한 데 있다. 범상한 언행을 하는 사람, 온 천하가 다 읽는 책, 늘 가까이 하는 산수를 진정으로 사랑하면, 모든 사람과 책과 산수가 좋은 것이 될 수 있다고 하였다.

　18세기는 기奇를 추구하는 것이 큰 유행이었다. 벽癖이라는 문제에 대한 책문에서 윤기는 이렇게 답하였다. 벽은 사람들이 편벽되고 매우 좋아하는 것을 가리킨다고 정의하고 이는 하나의 질병이라고 하였다. 마땅히 벽으로 삼아야 할 것을 벽으로 삼는다면 그 벽이 심할수록 아름답지만, 이때는 이미 병이라 할 수 없고, 벽으로 삼아서는 아니 되는 것을 벽으로 삼는다면 벽이 심할수록 병이 심해지니 이를 일러 벽이라 한다고 하였다. 그러면서 학문을 좋아한다 하여 학벽이라는 말은 없고, 도를 독실하게 믿는다 하여 도벽이라고 말하는 사람은 없다는 예를 들었다. 진리가 마음을 기쁘게 하는 것과 음식이 입을 즐겁게 하는 것이 함께 즐겁게 한다는 점에서 같다고 하여 진리를 좋아하는 것을 벽이라 부를 수 없고, 여색을 좋아하는 것만큼 어진 이를 어질게 대접한다는 말이 있다 하여 어진 이를 어질게 대접하는 것을 벽이라 불러서는 아니 된다고 하였다. 윤기는 그 차이를 모든 사람들이 다 좋아하는 것이 아니라 자신만 좋아한다는 점에서 결국은 신기를 주종하는 것이 벽이라 하였다.

특이한 사람, 이상한 책, 신기한 산수만을 찾으려 든다면, 영원히 찾을 수 없을 것이다. 사람과 책과 산수를 사랑하는 마음이 지극하다면 평범한 사람, 흔한 책, 가까운 산수가 오히려 가장 좋은 것이 될 수 있다.

제 자신을 사랑하는 방법

7부

나를 사랑하는 방법이 무엇인가? 못난 사람도 자신의 생명은 사랑하는 것처럼, 지식인은 자신의 뜻을 생명처럼 알아 권력과 이익 때문에 뜻을 꺾지 않는 것이 바로 사신을 사랑하는 것이나. 사신의 뜻을 꺾시 않는 것 이것이 사신을 사랑하는 방법이다. 자신을 사랑하여 귀가 밝고 눈이 밝은 총명함으로 자신의 뜻을 굳게 지키는 것이 선비의 마음이다.

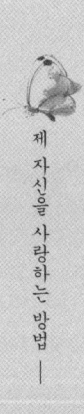

제 자신을 사랑하는 방법 —

인왕산 줄기가 서쪽으로 뻗어 무악산 건너편에 우뚝 솟은 산이 안산(길마재)이다.
그리 높지 않은 그 산에는 예전에 오래된 느릅나무가 한 그루 있었다.
지금은 사라진 그 나무에는 한 노비의 비원이 서려 있었다.

변종운

나무를 심어서 이름을 남기고자 한 뜻

뜻을 둔 사람이 이름에 현혹되는 것은 평범한 사람이 이익에 현혹되는 것과 같다. 비록 지향하는 바가 같지 않지만 애타게 반드시 구하고자 하는 마음은 한 가지이다. 다만 이익은 탐한다고 반드시 다 얻을 수 있는 것이 아니요, 이름 또한 사모한다고 하여 다 전해지는 것은 아니다.

아, 뜻을 지녔으되 전할 수 없고 재주가 있지만 쓸 데가 없으면, 어부나 나무꾼이 되고, 백정이 되고, 문지기나 순라군이 되어, 마침내 풀과 나무처럼 시들어 떨어지고, 구름과 안개처럼 흩어져 사라지는 일을 어찌 다 헤아릴 수 있겠는가? 그렇지만 어찌 남의 노예가 된 자처럼 더욱 슬퍼할 만한 일이 있겠는가? 불행히도 그 사이에 한 번 떨어지면 비록 절륜한 재주가 있다 하더라도 또한 그 무리에서 벗어날 수가 없다.

위청衛靑은 대장군이 되었고 이선李善은 그 어린 주인을 보호하여 낭장

郎將에 임명되고 마삼보馬三寶는 편장이 되었는데[01] 천고의 역사를 두루 헤아림에 이와 같은 이가 또 얼마나 되겠는가? 살면서 매를 맞고 욕을 먹지 않으면 그것으로 족할 것이다. 자밀子密이 주인을 배신하여 불의후不義侯가 되고 주이朱异의 노비가 개부의동開府儀同의 벼슬에 임명된 것 또한 말할 만한 것이 되지 못한다.[02] 재주를 아껴준 예로는 소영사蕭穎士의 노비가 있어 백수가 되도록 맷돌을 돌렸지만,[03] 이 어찌 그 이름을 말할 만하겠는가?

근세에 어떤 집에 노비 아무개가 있어 나이가 겨우 열네댓 살인데 개연히 이름을 사모하는 마음을 품었다. 하루는 그 주인을 따라 길마재 마루에 올라 도성을 내려다보니 손바닥 안처럼 훤하였다. 문득 탄식하여 "땅에 빼곡한 민가가 거의 5만 가구가 되는데 내가 한 곳도 차지하지 못하고서 이에 노비가 되었구나"라고 하였다.

또 산 북쪽에 겨우 한 자 남짓한 느릅나무가 바위 굴 속에서 자라고 있는데 흙이 그 뿌리를 덮지 못하고 그 위에 벼랑의 바위가 가지를 누르고 있어 비와 이슬을 받지 못하고 있었다. 또 탄식하여 "너도 또한 나무 중에 노비로구나. 어찌하여 태어나서 제대로 자랄 수 있는 땅을 얻지 못하였는가?" 하고 마침내 산 앞쪽 평평한 곳으로 옮겨 심어, 그 뿌리를 깊게 묻고 그 흙을 언덕처럼 높게 쌓아주며 물을 듬뿍 주었다. 그리고 축원하여 "너

---

[01] 한나라의 위청과 당나라의 이선, 마삼보는 모두 노비 출신으로 전공을 세워 각기 대장군과 낭장, 편장이 되었다.
[02] 노비인 한의 자밀은 역모를 꾀한 그 주인을 죽여 의리로는 옳지 못하지만 그 공이 크다 하여 불의후에 봉해졌고, 양梁의 주이의 한 노비가 투항하여 의동의 벼슬을 받은 후 다른 노비들을 선동하여 모두 투항하게 하였다.
[03] 소영사는 당나라의 학자로 그의 노비가 소영사의 재주를 사랑하여 매를 맞으면서도 평생을 섬겼다는 고사가 있다.

는 이제 제대로 된 땅을 얻게 되었구나. 네 본성을 따라 나날이 무성하게 자라나 울창하게 우리나라 도성 억만 사람이 바라볼 수 있게 되거라. 내가 너에게 의탁하여 내 이름을 전하리라" 하였다. 산마루에 봉화를 맡은 병졸에게 "베지 마시오. 구름을 찌를 듯 높게 자라는 것을 보게 될 것이오" 하였다.

이로부터 틈틈이 맡은 일을 하는 여가에 바삐 서쪽으로 달려가서 흙이 혹 거칠어졌는지 벌레가 혹 먹었는지, 동동거리면서 마음과 손길을 부지런히 하였다. 한 달이면 두세 번 찾아갔는데 늙어서도 해이하지 않았다. 봉수대의 병졸이 또한 그 정성에 감동하여 매일 그 나무를 살피고 아꼈다. 거기에 비와 이슬이 넉넉히 적셔주고 뿌리의 흙이 매우 두둑해졌으니, 어찌 천지 또한 감동하여 그러한 것이 아니었겠는가? 얼마 후에 아름드리 나무가 되었는데 그에 따라 점점 키도 자라고, 또 그늘이 빈성하게 되었다. 도성 10리 밖에서도 정정한 일산 같은 모습이 바라다보였다.

그 일을 알고 있는 사람이 혀를 쯧쯧 차고 나무를 가리키면서 탄식하였다. "이는 아무개 노비가 직접 심은 것이다. 노비가 죽은 지 100여 년이 되었는데 나무가 이제 높이가 백 척이 되고 굵기가 열 아름이 되었으며, 드넓은 그늘을 지어 하늘에 구름이 드리운 듯하다. 도성을 빙 두른 산 중에서 수목이 눈길 안으로 들어오는 것이 천만 그루이다. 그러나 우뚝 홀로 서 있어 울창한 모습이 볼 만한 것 중에 이 나무처럼 가장 멀리서도 높고 큰 것은 없다. 사람은 죽고 세월이 오래 지나니, 나무가 있다는 것만 알고 이 노비가 있었다는 사실은 알지 못한다. 내가 어릴 적 그 이름을 들어 알고 있었지만 지금은 잊어버렸다. 지금 세상에 아직 그 이름을 들어 기억하는 이가 있는지 모르겠다. 정말 이를 기억하는 이가 있으면 나를 위하여 알려주게나."

그는 정말 뜻이 있는 자다. 다만 이 노비는 아쉽게도 이름을 이룬 것이 없다. 이처럼 나무 하나에 구구한 이름을 의탁하려고 아등바등하였으니, 그 마음이 괴롭고 그 뜻이 슬프다 하겠다. 그러나 나처럼 들어 본 사람도 오히려 그 이름을 기억하지 못하는데 하물며 들어보지 못한 사람은 어떠하겠는가?

나는 이 나무를 보면서 노비가 이름을 좋아한 사실을 탄식하고, 다시 이른바 이름이라는 것이 인멸될 것을 슬퍼하였다. 세상 사람들 중에도 어찌 이 나무를 보고 흥감이 이는 자가 없겠는가? 몽해夢海 이이길李而吉이 이 노비를 알고 있었지만, 그 또한 그 이름을 기억할 수 없다고 한다. 원문 347쪽

19세기 변종운卞鍾運(1790~1866)이라는 문인이 있었다. 자가 붕칠朋七, 호가 소재歗齋이다. 그의 집안은 본관이 밀양으로, 조선후기 대표적인 역관 집안으로 알려져 있다. 시로 일시를 울려 이유원李裕元, 윤정현尹定鉉, 남공철南公轍 등 당대 명가들의 지우知遇를 입었다. 종2품 가선대부嘉善大夫의 자급을 받았으며, 문집 《소재집》을 남겼다. 그러니 출세를 한 사람이라 하겠다.

그러나 변종운은 칼집에서 칼을 빼보지 못한 인물이다. 중인으로 자신의 능력을 충분히 발휘하지 못하여 마음에 울분이 많았다. 〈끝이로구나〔而已矣〕〉라는 제목을 단 시에서 "평생의 뜻을 하나도 이루지 못하고, 몇 가닥 백발만 남았으니 끝이로구나" 한 것처럼 사대부들과 어깨를 나란히 하고 경세의 뜻을 펼치지 못한 것을 개탄하였다. 사대부에게 멸시를 받는 자신의 처지를 확충하여 자신보다 불쌍한 노비에게도 따뜻한

시선을 보내었다.

한 노비가 있었다. 세상 돌아가는 것을 볼 줄 아는 눈을 갖추었기에, 길마재 꼭대기에서 도성을 내려다보고 자신이 소유한 땅과 집이 없고 게다가 자유롭지 못한 노비의 신세임을 한탄하였다. 그리고 길마재 아래쪽 바위틈에 제대로 자라지 못하는 느릅나무를 우연히 보게 되었다. 흙은 뿌리를 채 덮지 못하고 그 위에 바위가 있어 햇볕이나 우로雨露를 받지 못하고 있었다.

"너는 나무 중에 노비로구나"라고 탄식하고 햇볕이 잘 드는 곳에 옮겨 심고 물을 듬뿍 주어 잘 자랄 수 있게 하였다. 자신의 분신으로 삼은 그 나무가 성장하여 넓은 그늘을 드리우는 것으로 위안을 삼고자 하였다. 그리고 후대에 그 나무를 심은 사람이 자신임을 알려, 사나이로 이 세상에 태어났다는 사취를 남기고자 하였다. 그러한 비원이 시린 느릅나무였다.

그 노비의 정성에 봉수군도 감동하고 하늘조차 감동하여 그 나무는 크게 성장하였지만, 정작 노비가 죽은 후 제 이름은 세상에 전해지지 못하였다. 변종운은 이를 참으로 아쉬워하였거니와 변종운처럼 그 노비의 이름이 전해지지 않는 것을 안타까워한 사람들이 있어 그 이름을 찾고자 하였던 모양이다. 아마도 변종운 같은 중인이었으리라. 변종운 역시 그 이름이 사라진 것을 애석하게 여겨 벗인 몽해 이일수李一邃에게 물었으나 그 역시 이름을 잊었다. 이일수 역시 잡과 출신의 중인이었으니 안타까운 마음이 있었으리라.

안산은 봉수대가 있던 그 정상 일부만 공원으로 지정되었고 나머지는 모두 주택가로 바뀌었다. 느릅나무를 심은 노비는 이름을 남기지 못하였고 그 나무도 어느 시기인가 사라졌다. 그래도 느릅나무가 자라던 그 시절 함께 안산을 푸르게 하던 나무의 후손들이 제법 남아 있다. 봉수대 곁에 느릅나무를 심어 세상에 뜻을 펴지 못하는 사람의 위안으로 삼으면 어떠하겠는가? 그 앞 서대문 교도소의 원혼 역시 그러한 사람들이 아니었던가?

집안이 어려워져 작은 가게를 여는 사람들이 많다.
<허생전>의 허생처럼 가난 때문에 어쩔 수 없이 장사를 하게 된 선비가 종종 있었다.
유배지에 가서는 먹을거리가 떨어지자 어쩔 수 없이 장사를 한 이도 있었다.

홍성민

선비 노릇이 무슨 소용

  부령에 유배된 지 몇 달이 지나자 쌀자루가 비어 먹을 것이 없었다. 그곳에 사는 사람들과 의논하니, 이렇게 말하는 사람이 있었다.
  "바닷가에서는 곡식은 귀하나 소금은 흔하고, 오랑캐 땅에서는 곡식은 풍부하나 소금은 부족하오. 바닷가의 소금을 사다가 오랑캐 땅의 곡식과 바꾸면 그 이문이 밑천으로 들인 곡식보다 몇 갑절은 남을 것이오. 그러면 입에 풀칠은 할 수 있을 것이니, 그대는 근심하지 마시오."
  내가 처음 이 말을 들었을 때는 이런 일이 장사치나 하는 짓이라는 생각이 들었다. 나는 차마 그 일을 하지 못하여 오랫동안 주저하였는데, 급기야 마른 창자에서 소리가 나고 아이 종까지 성을 내기 시작하였다. 이에 잠시나마 목숨을 부지하려는 생각에 그 계획을 실행에 옮기기로 하였다. 하지만 부끄러워 낯이 달아오르고 마음이 편치 못하였다.

결국 아이 종을 시켜 몇 말의 곡식을 가지고 90리 떨어진 바닷가로 달려가 소금을 사오게 하니, 열 말 정도 되었다. 열 말 소금을 싣고 북관 120리 길을 달려가 곡식으로 바꾸어 오게 하니, 곡식이 스무 말 정도 되었다. 이렇게 오가며 소금과 곡식을 사고파는 데 거의 보름이 걸렸다. 내 말은 골병이 들고 내 종은 지쳐버렸지만 그래도 배는 굶주리지 않게 되었다.

한창 양식이 부족할 때는 온 집안 사람들이 모두 성을 내어 살아 있는 사람의 낯빛이라고는 찾아볼 수가 없었다. 아이 종이 곡식을 가지고 떠날 때 이렇게 주의를 주었다.

"양식이 이미 떨어졌다. 너는 이틀 안에 소금을 사오너라."

그리고 아이 종이 소금을 싣고 떠날 때는 이렇게 주의를 주었다.

"굶주린 지가 이미 오래이다. 너는 서둘러 곡식으로 바꾸어 오너라."

아이 종이 떠난 뒤에는 손가락을 꼽으면서 돌아올 날만 기다렸다. 곡식으로 바꾸어 오자 온 집안 사람들이 열 말들이 곡식섬을 둘러싸고 바라보면서 이렇게 말했다.

"이 곡식을 얻었으니 우리는 아침저녁 잠시 목숨을 잇게 되었구나."

불을 지펴 밥을 짓고 숟가락으로 떠서 입에 넣으니 밥알 하나하나가 모두 맛이 있었다. 굶주린 창자가 채워지고 뼈만 남은 몸에 살이 붙자 기분이 좋아져서 모두 모여 축하하였다.

"이렇게 장사를 하지 않았더라면 우리는 죽어서 구렁텅이에 버려졌을 것이야. 이제는 변방에서 굶어 죽은 귀신이 되지는 않겠구나."

처음에는 장사하러 다니는 것이 부끄럽더니 중간에는 장사하느라 마음을 졸이고 마지막에는 양식을 얻게 된 것이 다행스럽게 되었다. 양식을 얻으면 살고, 얻지 못하면 죽는 처지인지라 밤낮으로 목을 빼고 쌀 한 되라도 얻기를 바라면서 그저 장사를 계속하지 못할까 걱정하였으니, 마음에 걸리는 것은 오직 이 한 가지일 뿐이었다. 목숨이 급박하여 수치스럽다는 처음의 마음은 모두 잃어버리고, 시간이 흐르면서 습관이 되어 마침내 완전히 다른 사람이 되어 버렸다. 때때로 웃음을 지으면서 스스로를 욕되게 하지만, 실컷 웃고 나면 다시 자신이 가련하고 애석한 마음이 들었다.

천지 사이에서 살아가는 백성은 선비와 농사꾼, 행상과 좌상 네 종류뿐이다.[01] 나는 젊어서 성현의 글을 읽고 오직 도만을 추구하면서 옛것을 살피는 일이 아니면 감히 하지 않았으니, 이는 선비 노릇을 한 것이었다. 이제 늘그막에 이렇게 구복口腹이 빌미가 되어 양식을 마련해야 하는 처지에 놓이자, 장사가 아니면 할 수 있는 일이 없게 되었으니, 이는 장사치의 노릇을 한 것이라 하겠다. 이제 스스로 몸소 겪어보지 못한 일은 오직 농사뿐이다. 농사꾼은 논밭을 지키면서 밭을 갈고 김을 매어 실컷 먹으면 배를 두드리고 대대로 슬겁게 살아가는 사람을 이른다. 백발의 노쇠한 몸으로, 밝은 시대에 죄를 짓고 궁벽한 땅에 갇히고 말았으니 구속을 받아 한 걸음도 밖으로 나갈 수가 없다. 농사꾼이 되고자 한들 가능한 일이겠는가?

예전에 선비 노릇을 할 적에는 경전과 사서를 끌어들이고 도덕과 이치를 이야기하며 내 자신이 성인을 배우는 사람이라고 내 멋대로 여겼다. 장차 우리 임금을 성군으로 만들고 우리 백성에게 은혜를 베풀어 점점 삼대 이전의 태평시대로 바꾸어보겠노라 생각한 적도 있었다. 장사치를 보면 침을 뱉고 농사꾼을 보면 눈을 흘기며 그들의 일에 대해서는 감히 입에 담으려 하지 않았다. 선비는 장사치나 농사꾼과 마치 하늘과 땅처럼 차이가

---

[01] 대개 '사농공상'을 사민四民이라 하는데, 이 글에서는 상인을 행상商과 좌상賣으로 나누어 '사농상고士農商賈'를 사민이라 하였다.

나는 것으로 여겼다. 이제는 장사치 노릇을 하면서도 달게 여기고, 농사꾼이 되는 것은 감히 바라지도 못하는 처지가 되었다.

사람이 세상에 태어나 푸른 하늘 높이 오르거나 깊은 구렁텅이 같은 어두운 곳에 빠지는 일은 잠깐 사이에 달려 있다. 몸이 굴욕을 당하면 바로 마음도 굴욕을 당하는 법이다. 이 몸이 이와 같은 장사치 노릇을 하고 있자니 스스로 부끄럽고, 스스로 우습고, 스스로 가련하고, 스스로 애석하다. 어리석은 내가 바라는 일은 임금님께서 하늘같이 넓은 아량으로 보잘것없는 나를 용서하여 시골의 농부가 되도록 허락해주시는 것이다. 그렇게만 된다면 손수 씨를 뿌리고 김을 매고 밭을 갈고 추수하여 위로는 제사를 받들고 다음으로 조세를 납부하며 아래로 목숨을 부지할 것이다. 그리하면 일개 이 몸도 제자리를 찾게 되어 태평성대에 성덕을 칭송하는 사람이 될 수 있을 것이다.

아, 소공召公이 농사에 힘쓰게 된 것은 세상을 다스리고 공업을 이룩한 뒤의 일이었다. 비천한 나는 갇힌 채로 이런 일을 하였으니 그 얼마나 어리석은 사람이 아니겠는가? 이에 감히 혀를 차면서 이렇게 말한다. 원문 348쪽

홍성민洪聖民(1536~1594)은 조선 중기의 학자로 벼슬이 판서에까지 올라 서인西人을 영도한 인물이다. 그러나 1591년 서인의 영수 정철鄭澈이 실각하자 함경도 부령으로 유배를 떠나게 되었다. 타고 갈 말이 없었기에 가산을 모두 정리하고 말 여섯 마리를 사서 길을 떠났다. 가지고 간 식량은 금방 바닥이 났다. 그러자 주변 사람들이 변방에서는 말이 귀하지 않으니 말을 팔아 소를 사서 남에게 빌려주면 곡식을 얻을 수 있다

고 하였다. 그러나 그것만으로는 부족하였다. 결국 홍성민은 주위의 권유를 받아들여 바닷가의 소금과 오랑캐 땅의 곡식을 바꾸는 장사를 하여 먹고살게 되었다.

직접 장사하러 나서지는 않았지만 물건을 사고팔도록 시켰으니, 선비로서는 참으로 부끄러운 일이었으리라. 그러나 시간이 지나자 굶는 것에 비하면 부끄러움은 아무것도 아니라는 사실을 깨닫게 되었다.

한때 선비로서 고상한 삶을 누리던 홍성민은 장사나 농사가 자신과 아무런 상관이 없는 일로 여겼다. 하지만 그는 이제 장사로 먹고살 수 있는 것을 다행으로 여기고, 농사를 짓는 것은 감히 바라지도 못하는 처지에 놓이게 되었다. 이제 그가 임금에게 바라는 것은 고향으로 돌아가 농부로 여생을 마칠 수 있도록 은혜를 베풀어 주는 것이라 하였다. 물론 속으로는 선비로 돌아갈 날을 염원하였으리라.

괜찮게 살다가 어느 날 갑자기 파산을 한 사람들이 많다.
넓은 집과 좋은 음식에 길들여져 있다가
좁은 집과 거친 밥을 먹자니 쉽지 않은 일이다.

서유구

가난한 날 거친 밥을 먹는 요령

박생朴生에게 듣자니 자네가 접때 이곳에서 돌아가서는 밥을 마주하고 젓가락을 세우고서 탄식하면서, 내가 먹던 거친 밥을 곰곰히 생각하고 밥상에 올려놓은 생선과 젓갈을 입에 넣어도 단 줄 몰랐다 하더구나. 아 자네는 잘못하였네. 어찌 그렇게 하였는가? 《원씨세범袁氏世範》을 보지 못하였던가? 그 말에 "하늘과 땅이 생육生育하는 도리가 사람에게 미치게 하는 바가 지극히 크고 지극히 넓으니, 사람이 하늘과 땅에 보답할 것이 어디에 있겠는가?"라고 하였다네.[01] 내가 매번 이 글을 읽고 눈이 놀라고 마음이 두렵지 않은 적이 없다네. 낯이 붉어지고 땀이 발꿈치까지 흘러내

---

[01] 《원씨세범》은 송의 원채袁采가 편찬한 책으로 목친睦親, 처기處己, 치가治家 세 부분으로 되어 있다.

렸다네.

생각해보게나, 내가 태어난 이래 지금까지 44번의 추위와 더위에 17,300여 일이 지났네. 그동안 겨울이면 솜옷을 입고 여름이면 갈옷을 입었으니, 그렇게 하지 못한 적이 없었거니와 또한 겹겹의 갖옷을 입고 화려한 비단옷을 걸친 적까지 있었지. 아침과 저녁에 밥을 꼬박꼬박 먹어 빠뜨린 적이 없었거니와 또한 산해진미를 한꺼번에 큰 상에 올려놓고 먹은 적까지 있었지. 조금씩 조금씩 쌓아 모아나갔다면 어찌 천만 냥인들 되지 않았겠는가? 그러나 나는 내 손으로 쟁기나 호미를 잡아본 적이 없었고 내 처자는 눈으로 길쌈하는 도구를 알아보지 못하였다네. 하지만 이러한 물건들이 다 어디에서 나온 것이겠는가?

여기 어떤 사람이 있는데 매일 자네에게 모두 빌리기만 하고 여러 해가 되도록 1/10의 이자도 갚으려는 마음이 없다고 해보세. 화려한 의복과 맛난 음식을 갖추느라 보통 사람이 이삼 년 사용할 비용을 들여 한 끼 밥을 먹느라 탕진을 해버리고, 다시 끊임없이 빌리려고 한다면 자네는 이를 참을 수 있겠는가? 나는 조물주라는 이가 장차 문서를 들고서 하루아침에 나에게 부채를 책임지라고 할까 겁이 난다네. 그러면 저 드넓은 하늘과 땅 사이에 채대債臺[02]에서 벗어나 내 몸을 둘 데가 다시는 없을 것일세.

예전 문정공文正公(범중엄范重淹)이 밤마다 침소로 들 때 그날 먹은 음식 비용과 그날 무슨 일을 하였는지 몰래 셈을 하였다고 하네. 그날 한 일이 쓴 비용에 걸맞으면 배를 어루만지면서 편안하게 잠자리에 들었고, 걸맞지 못하면 뒤척이며 잠을 이루지 못한 채 새벽을 맞았다고 하니, 반드시

---

[02] 주의 난왕이 빚이 많았지만 갚지 못하였는데 독촉을 하자 늘 둔대로 도망갔다는 고사가 있어, 부채를 채대라 부르게 되었다.

걸맞을 것을 구하고자 한 것일세.03 저 문정공은 덕망과 공업이 높은데도 오히려 변변찮은 반찬조차 이렇게 겁을 내었는데, 우리는 천지 사이에 저 버러지와 무엇이 다르겠는가? 그렇다면 한 톨의 곡식과 한 국자의 물도 오히려 과분할까 걱정하여야 하는데 감히 음식이 거칠다고 말해서야 되겠는가?

또 사람이 태어나서 음식을 받아들이는 것에 각기 양이 정해져 있어, 몸이 풍성하거나 야위었건 간에 분명 큰 차이는 없는 법이네. 인물 전기에 기록된 바를 살펴보면 평생 만 마리 양을 먹고도 죽은 이가 있고, 5년간 연잎만 먹고도 불상을 만들어 세운 이가 있다네.04 그 이야기가 허황하여 근거가 없기는 하지만, 또한 이러한 이치가 없다고 말할 수 없을 것일세. 이 때문에 내가 일찍이 안자顔子는 도시락 하나에 물 한 바가지로 누추한 거리에 사는 것을 달게 여기지 않았더라면 정히 서른까지도 살지 못하였을 것이라 생각하였지. 하증何曾05이 하루에 만전萬錢을 써서 밥을 먹지 않았더라면, 이소군李少君과 장적교여長狄僑如06처럼 장수하였을 것이라는 것은 말할 것도 없겠지. 내가 또 오늘의 거친 밥을 가지고서 허물을 속죄하고 빚을 탕감하여 그 수명을 연장시킬 수 있을 것이라 생각하는데, 자네

03 왕공王鞏의 《수수잡록隨手雜錄》에 보이는 고사인데, 이 책은 《설부說郛》에 수록되어 조선시대 읽혔다.
04 당의 이덕유가 승려를 불러 운수를 물어보았는데, 이덕유가 평생 만 마리의 양을 먹을 팔자인데 지금 9500마리를 먹었으므로 아직 수명이 남았다는 고사가 《고금사문유취古今事文類聚》에 보인다. 또 수의 승려 법경法慶은 장안의 선천사先天寺에 불상을 조성할 때 5년간 연잎만 먹었다는 고사가 풍익馮翊의 《계원총담桂苑叢談》에 보인다.
05 진의 하증은 사치를 좋아하여 날마다 만전의 음식을 차려 먹으면서도 젓가락으로 집어 먹을 만한 것이 없다고 불평하였다는 고사가 있다.
06 한의 이소군은 장생불사長生不死의 방술로 무제를 꾀었다고 하며, 춘추시대 장적교여長狄僑如는 키가 열 길이나 되는 거인이었다고 하는데 오래 살았다는 기록은 확인되지 않는다.

는 이것을 근심으로 여기는가? 참으로 생각을 깊이 하지 않는구나.

근일 한가할 때 황정견黃庭堅이 밥 먹을 때 보아야 할 다섯 가지 〈식시오관食時五觀〉을 오만하다 여겨 식결食訣 3장을 만들어보았네. 매번 밥을 먹을 때 잡다한 여러 반찬을 내지 않고 먼저 담담하게 밥 세 숟가락 들되, 첫 숟가락에는 "고르고 깨끗하구나, 내 죽과 내 밥이. 수북하구나, 위대한 상제가 내린 복이라네"라고 외우고, 두 번째 숟가락에 "화전밭 일구기 어렵고, 무논 갈기 어렵네, 농사꾼은 어려운데 나는 밥을 먹는다네"라고 외우고, 세 번째 숟가락에 "달구나, 곡식의 단맛을 달게 여기세, 달고도 향긋하구나"라고 외운다. 이렇게 세 가지를 외우다보면 밥이 이미 반 사발밖에 남지 않는다. 마침내 목구멍이 열리고 위가 편안해진다. 비록 명아주와 콩잎과 같이 맛없는 음식이라 하더라도 곰발바닥07처럼 맛난 음식과 한 가지가 된다. 누가 우리 집을 넉넉하지 않다고 여기겠는가?

내가 늘그막에 기구하여 마치 고인이 이른바 황하가 9리를 두루 적셔준 것08처럼 누군가 도와주기를 갈구하였지만 뜻대로 되지 않았으니, 내가 가지고 있어 자네에게 줄 수 있는 것이라고는 그저 이 세 가지 비결밖에 없다네. 만약 안촉顔斶이 느지막이 밥을 먹고 조태정趙台鼎이 지혜롭게 밥을 먹은 것처럼 하며,09 우리나라 이문성李文成처럼 물에 밥을 말아먹는 경

---

07 원문에 '결제웅번駃騠熊膰'이라 되어 있는데 결제는 명마의 이름이고 웅번은 곰발바닥으로 진귀한 음식이다. 소진蘇秦이 연의 재상이 되었을 때 연나라 사람이 참소를 하자 왕이 노하여 결제마를 잡아먹었다는 고사가 있지만, 맛이 뛰어나다는 기록은 보이지 않는다.
08 한의 곽급이 영천태수로 나갈 때 황제가 위로하여 "어진 태수가 도성에서 멀지 않은 곳으로 가니, 황하가 9리를 윤택하게 하여 경사가 함께 복을 입기 바란다"라고 하였다.
09 제齊의 안촉은 임금이 벼슬을 주고 수레에 태우려 하자, 늦게나마 허기진 배를 채우는 것을 육식과 맞먹는 것으로 여기고, 느긋하게 걷는 것을 수레와 맞먹는 것으로 여긴다고 하면서 사양하였다. 조태정은 명의 학자로 도가에 밝아 《맥망脈望》을 저술한 바 있다. 소식을 하는 것을 지혜롭게 밥을 먹는 지식智食이라 한 듯하다.

륜을 펼친다면[10] 모두 양생을 할 수 있는 소박한 법이 될 것이요, 가난하게 사는 좋은 방도가 될 것일세. 아울러 병풍 사이에 마구 써놓아서 밥상을 대할 때 큰 스승으로 삼아도 좋을 것일세.

내가 월초부터 양식이 끊어져 매일 이웃집에서 빌려서 먹고 있는데 이는 모두 새해 파종할 때 필요한 곡식이라네. 물건 하나를 들고 가서 전당을 잡혀 수십 냥을 빌려올 예정이지만 올해까지 견디지는 못할 것 같네. 그 본전과 이자를 다 갚아야 하겠지만 이 또한 마련하기가 쉽지 않아 더욱 마음에 걸리네. 하나하나 다 쓰지 않네. 원문 349쪽

서유구徐有榘(1764~1845)는 서호수徐浩修의 아들이지만 종조부 서명응徐命膺의 아들 서철수徐澈修의 후사로 들어갔기에 아우 서유락徐有樂은 바로 친동생이지만 따로 살아야 하였다. 여덟 살 아래인 서유락은 어려서 서유구에게 글을 배웠고 또 엄한 아버지 대하듯이 모셨다. 서유구는 아우가 자신이 빠진 집안의 대들보가 되기를 바랐다. 여러 일을 두고 간곡하게 타이르는 형의 자상한 마음이 여러 편지글에 남아 있다.

서유구는 40대 중반부터 무척 큰 경제적인 어려움을 겪은 듯하다. 1806년 중부 서형수가 김달순金達淳의 옥사에 연루되어 시파의 공격에 연루되어 유배를 떠났고, 서유구는 홍문관 부제학을 그만두고 물러났다. 이후 서유구는 17년 동안 야인으로 살았다. 도성 안 오늘날 남학동에 있던 죽동에 경저가 있었지만 집안을 지탱하던 조부 서명응과 생부

[10] 이문성공은 이이를 가리키는 듯한데 물에 밥 말어먹는 경륜이라는 고사는 알 수 없다.

서호수가 세상을 떠났고, 중부 서형수마저 귀양을 떠났으니 일시에 집안의 생계가 막막해진 것으로 보인다.

서유구는 참으로 곤궁해졌다. 이보다 앞서 아우에게 보낸 편지에 따르면 하도 추워 하인을 시켜 땔감을 해오라 하였지만 남의 숲에서 눈치를 보아가면서 한 줌도 되지 않은 마른 가지를 주어다 불을 때었다고 한다. 이 편지에도 가난한 살림살이가 잘 드러난다. 이웃에 파종할 곡식을 빌려다 먹는 형편이요, 무엇인가를 저당 잡혀 먹을 것을 구해야 하는 처지였다. 자신이나 아내, 그리고 아우 모두 생활 전선에 직접 뛰어들어본 경험도 없어 그저 남은 재산을 까먹기만 하였을 것이고, 그것도 이미 탕진하기에 이른 것이다.

이러한 곤궁한 환경에 처하여 서유구는 아우를 간곡하게 타일렀다. 아마 아우는 어떠하는 곡식을 사서라도 제대로 먹고 싶었던 모양이다. 서유구는 지난 날을 반성하였다. 한창 집안이 흥성할 무렵 진수성찬에 화려한 옷을 입으면서, 절약하여 가난할 때를 대비하지 못한 것이 한스러웠다.

그러나 이러한 것으로 아우를 달래지는 못할 것이다. 그래서 거친 밥이 오히려 수명을 연장시킨다고 하였다. 그리고 밥값을 하는지 범중엄이 밤마다 침소로 들 때, 그날 한 일이 먹은 음식비에 어울리는지 반성한 고사를 들었다. 아무 하는 일 없이 빈둥거린 일과를 생각하면 쌀 한 톨도 감지덕지하다고 하였다.

서유구는 더 나아가 황정견의 〈식시오관〉을 대신할 〈식결삼장〉을 만들었다. 황정견은 〈사대부가 밥을 먹을 때 살펴야 할 다섯 가지[士大夫食時五觀]〉라는 글에서, 첫째 밥이 이를 때까지 든 힘과 유래를 헤아리고, 둘째 자신의 덕행이 올바른지를 헤아리며, 셋째 지나친 탐욕이 없는지 헤아리고, 넷째 적당한 밥으로 건강을 지킬 방도를 헤아리며, 마지막으로 도덕을 완성해야만 밥을 먹을 자격이 있다고 하였다. 서유구는 이것이 번거롭다 하여 아예 세 가지로 변형하였다. 가장 간단하게 밥을 먹으면서 숟가락을 들 때마다, 밥을 먹을 수 있는 것을 복이라 여기고 농부가 고생하여 지은 것을 감사하는 마음으로 먹으며, 음식이 맛있다고 외치면서 먹으라 하였다. 이렇게 하면 거친 밥도 절로 꿀꺽꿀꺽 넘어간다고 하였다.

가난을 견디다 못한 아우가 형에게 도움을 청하였나 보다. 그러나 형 역시 아무것도 줄 것이 없었다. 섭섭한 아우는 휑하니 돌아가버린 모양이다. 아우를 돌보지 못한 자신의 처지가 안타까웠다. 그러나 형도 능력이 없다. 글로 때우는 수밖에 없겠다. 그저 가난하게 사는 법을 말하고 그것이 장수하는 법이라면서, 이를 병풍에 써서 스승으로 삼으라 하였다. 스스로에게 말한 것이기도 하리라.

사는 집이 좁지만 큰 집으로 옮겨갈 능력이 되지 않아
투덜대는 사람들이 많다.
그러나 집의 크기는 마음먹기에 달린 법이다.

임숙영

고대광실보다 게딱지집

집 가운데 게딱지집보다 더 큰 곳이 없고, 구름 위로 솟은 고대광실이 오히려 작은 법이다. 이른바 구름 위로 솟은 집이라 한 것은 부귀한 사람의 집이 아니겠는가? 높은 곳은 다락이라 하고, 밝은 곳은 거실이라 하며, 평평한 곳은 뜰이라 하고, 트인 곳은 정원이라 한다네. 그 안을 구획하여 첩을 숨겨두고, 그 한 귀퉁이를 따로 두어 빈객을 머물게 하며, 그 바깥을 덜어내어 하인들을 거처하게 하지. 이러한 곳은 깊숙한 대저택이라, 이곳에 수만 명을 들일 수 있을 뿐이 아니라네.

그런데도 거주하는 사람들은 주바심을 내며 스스로 불만스러워하면서 더욱 집을 넓혀서 크게 하고자 하지. 그렇다면 비록 서울의 땅을 다 차지하여 집터로 삼고, 농촉隴蜀[01]의 산을 다 차지하여 재목을 댄다 하더라도 아마 스스로 불만스러운 마음을 이기지 못할 것일세. 그러므로 천 칸 만

칸의 큰 집이라 하더라도 이미 스스로 불만스러워한다면 큰 것이 어디에 있겠는가?

큰 집을 두고도 스스로 불만스러워한다면 큰 것이 아닌 법이라네. 천 칸 만 칸의 집에 스스로 불만스러워하는 경우를 보면, 부귀를 차지한 자들이 거의 다 그러하다네. 이 때문에 구름 위로 솟은 집은 높다랗게 크지 않은 것은 아니지만 스스로 불만스러워하는 마음을 가지고 말하므로 내가 크다고 하지 않고 작다고 한 것이라네.

게딱지집과 같은 곳은 곧 매우 조그마한 집을 가리킨다네. 게딱지라 하였으니 그중 작은 것은 손가락 하나도 들어가지 않을 듯하지만, 그곳에 사는 사람은 편안히 여기며 스스로 만족한다네. 이곳보다 큰 집을 차지할 수 있다 하더라도 그렇게 하지 않으니, 이는 스스로 만족하는 것이 진심이기 때문이라네. 그러므로 비록 손가락 하나처럼 작지만 그곳에 스스로 만족한다면 작은 것이 어디에 있겠는가? 작은 것에 스스로 만족하니, 스스로 만족한다면 작은 것이 아니라네. 저 손가락 하나처럼 작은 집에 스스로 만족하는 경우를 보면, 그러한 사람도 적지 않다네. 이 때문에 게딱지집은, 매우 작지 않은 것은 아니지만 그 스스로 만족한 것을 가지고 말하므로 내가 작다고 하지 않고 크다고 한 것일세.

대개 천하의 사물이 크거나 작거나 관계없이 사람에게 만족스러운 것은 비록 작더라도 또한 크게 느껴지고, 사람에게 만족스럽지 못한 것은 비록 크더라도 또한 작게 여겨지는 법이라네. 이제 저 게딱지집은 집 가운데 지극히 조그마한 것이요, 구름 위로 솟은 집은 집 가운데 지극히 큰 것이지.

01 《후한서》〈잠팽전岑彭傳〉에 나오는 말로 "사람이 정말 만족을 모르면 농땅을 평정하고 나서도 다시 촉땅을 바라본다人苦不知足, 旣平隴, 復望蜀"에서 나오는 말로 만족을 모른다는 비유로 쓰이는 말이다.

그러나 게딱지집이 사람에게 만족스럽고 구름 위로 솟은 집이 사람에게 만족스럽지 못하므로, 내가 "집 가운데 게딱지집보다 더 큰 곳이 없고, 구름 위로 솟은 고대광실이 오히려 작은 법이다"라고 말한 것일세.

또 자네는 달팽이 촉각 위 왼쪽과 오른쪽에 만국蠻國과 촉국觸國이 있다는 말을 들어보지 못하였는가?[02] 사물 중에 이보다 더 작은 것은 없지만 그런데도 여기에 나라를 둘이나 들일 수 있었다지. 이제 조그마한 게딱지가 달팽이 촉각 정도는 아니요, 큰 집 하나의 크기가 두 나라에 비할 바가 아니라네. 달팽이 촉각 위에 두 나라를 들일 수 있다면 유독 게딱지 안에만 집 하나를 들일 수 없겠는가? 게딱지는 달팽이 촉각에 비한다면 그래도 큰 편이지 않은가?

또 비록 게딱지집에 사는 것이 괴롭다 하더라도 물고기 뱃속에 장사를 치르는 것보다야 그래도 낫지 않겠는가? 예전 굴원이 강가로 쫓겨나서 집을 구하려 하였지만 결정을 할 수 없어서 최후에 멱라수에 빠져 죽었고, 그 뼈를 물고기 뱃속에다 장사를 치르게 되었다네. 이제 자네도 또한 쫓겨난 신하가 아닌가? 게딱지도 또한 물고기 뱃속과 같은 종류라네. 그런데 굴원은 목숨을 잃고 물고기 뱃속에서 장사를 치렀고 자네는 게딱지집에 목숨을 부지하고 있지 않은가?

이러한데 자네가 바라는 것이 너무 많지 않은가? 어찌 게딱지집이 작다고 말할 겨를이 있는가? 자네는 이곳에서 눕고 이곳에서 기거하고 이곳에서 잠을 자고 밥을 먹는다지. 들어가서 마음대로 못할 것이 없으니 그만하면 좋은 것이라네. 자네가 머물고 있는 집이 비록 작기는 하지만 즐길 바

---

02 《장자》에 달팽이 두 촉각에 만국과 촉국이 있어 두 나라가 전쟁을 하여 시신이 백만을 헤아렸다는 고사가 있다.

는 작지 않으니 다시 무엇을 한하겠는가?

　비록 그러하지만 사물은 큰 것으로 작은 것을 알 수 있고 작은 것으로 큰 것을 알 수 있는 법이라네. 조그마한 게딱지집 역시 이제 크게 여길 때가 있다네. 자네는 어찌 예전 살던 집처럼 여기지 않는가? 예전 자네가 살던 집 또한 좁았겠지만, 그래도 게딱지집에 비한다면 클 것일세. 이를 가지고 본다면 자네가 예전 살던 집처럼 여기게 될 날도 그리 멀지 않을 것일세. 원문 351쪽

　임숙영任叔英(1576~1623)은 우리 역사에서 강직하기로 이름난 사람이다. 광해군 시절 문과 과거시험에서 척신戚臣을 비판하는 과격한 내용을 담아 방목榜目에서 삭제된 일이 널리 알려져 있다. 이후에도 강직한 언사로 권력층의 미움을 받아 벼슬에서 물러나 있었다. 위의 글은 1621년 사헌부의 탄핵으로 파직을 당하여 광주의 용진龍津에 물러나 살고 있을 때 지은 것이다.

　그 무렵 그의 벗 이명준李命俊 역시 벼슬에서 쫓겨나 경상도 영해 땅에 유배되어 있었다. 이명준은 청강淸江 이제신李濟臣의 아들로 대대로 벼슬을 한 명환가의 후예이니, 서울과 양평에 있던 집이 작지 않았을 것이다. 큰 집에 살던 이명준이 유배객이 되어 게딱지만 한 좁은 집에 살려니 적잖이 불편하였을 것이다. 이에 임숙영이 이 글을 지어 그 마음을 위로한 것이다.

　집의 크기는 마음먹기에 달려 있다. 아무리 큰 집이라도 만족을 모르면 서울 땅을 다 차지하고서도 부족하다 할 것이며, 초가삼간이라도 마

음 편히 살 수 있으면 고대광실보다 넓다 할 것이다. 유배지에서의 불편한 심지를 안빈낙도의 정신으로 극복하면 예전에 살던 큰 집과 다름이 없을 것이라 하였다.

조선시대 선비의 집은 대체로 넓지 않았거니와, 안빈낙도의 검소한 삶을 지향하였기에 혹 넓은 집에 살더라도 그 이름은 오히려 작은 것으로 붙였다. 이명준 외에도 게딱지집이라는 뜻의 '해갑와蟹甲窩'를 집 이름으로 사용한 예가 더러 보이는데 바로 이러한 뜻을 표방한 것이다. 곡식을 한 말 넣을 수 있을 만큼 작다는 뜻에서 두실斗室이니 두정斗亭이니 하는 이름 역시 같은 마음을 드러낸 것이다.

임숙영의 이 글에는 "이때 공사公私로 토목공사를 많이 일으켰다"라는 주석이 달려 있다. 광해군 말엽 왕과 권신들이 다투어 고대광실을 짓고자 한 일을 두고 임숙영이 벗 이명준의 일을 빌려 세사를 은근히 풍자하려는 뜻을 담은 듯하다.

> 굶주린 사람이 꿈속에서 배부르게 밥을 먹으면 기뻐서 노래하면서
> 그것이 꿈이 아닐까 의심을 하다가 깨고 나면 더욱 배가 고프다.
> 세상사가 바로 그런 것이다.

박
홍
미

꿈속에서 배가 부른 일

을해년(1635) 12월 내가 양양부사의 명령을 받았다. 이때 새로 국상國喪이 있어 조야朝野가 바쁘게 돌아가고 있기에 혼자 편안하게 행장을 꾸릴 겨를이 없었다. 해가 바뀌기 사흘을 남기고 마침내 출발을 하여 세 밤을 자고 홍천의 촌가에 이르렀다. 곧 병자년(1636) 정월 초하룻날이었다.

초가 서너 칸으로 된 집은 제도가 비록 초라하였지만 창과 벽이 제법 온전하여 훈훈한 기운이 사람을 감쌌다. 부엌과 온돌, 뜰이 깔끔하여 한 점 티끌도 없었다. 나지막한 울타리가 집을 에워싸고 있는데 탱자나무를 섞어 심어놓았다. 남향으로 출입하는 문이 나 있는데 섶을 엮어 만든 문짝도 달려 있었다. 방 바깥에는 헛간 몇 칸이 있는데 곡식 10여 말을 쌓아두었다. 그 곁에 패놓은 땔감이 있어 개울물을 길어다 밥을 지었다.

나는 돌아보고 탄식하였다.

"즐거운 인생이구나. 저들은 우리가 거느리는 하인이 많고 접대를 두로 잘 받는 것을 보고서 모두 부러워하고 경외하고 있구나. 저들이 우리가 도리어 이처럼 저들을 부러워한다는 것을 어찌 알겠는가?"

처와 첩이 함께 대꾸하였다.

"그러하네요. 부러워하는 것은 정말 그렇지요. 그러나 저들은 비록 그다지 부유하지는 않지만 안정된 재산이 있어 끼니를 이어나갈 방도가 있지요. 우리는 험한 땅을 딛고서 벼슬하는 당신을 따라다니고 있으니, 이는 한 번 배를 불리고자 하기 때문이지요. 배를 불리고 나면 바로 쓸쓸하기가 예전과 한 가지랍니다. 이것은 꿈속에서 배를 불리는 것과 무엇이 다르겠어요?"

내가 말하였다.

"그 말대로라면 정말 꿈속에서 배를 물리는 것이겠구려."

이에 느낌이 있어서 이를 설로 짓고는 제목을 꿈속에서 배를 불린다는 뜻에서 몽포夢飽라 하였다. 그 설은 이러하다.

예전에 가난한 사람이 살았다. 한 달에 겨우 아홉 번 밥을 먹었고 나머지는 늘 굶주렸다. 남들이 일 년 내내 배 불리 먹는 것을 부러워하였다. 몇 년이 지난 어느 날 밤 홀연히 꿈을 꾸었다. 성대한 밥상을 받아 배부르게 먹었다. 뒤에는 밥과 떡이 넘쳐 나고 앞에는 먹거리들이 진열되어 있었다. 배부르게 먹어 기뻐하고 배를 두드리면서 노래를 불렀다. 도리어 진짜 배가 부른 것이 꿈속인 것 같았다.

그러다 홀연 깨어나 보니, 곧 한바탕 꿈이었다. 처음 꿈에서 깨어났을 때에는 뱃속이 그래도 든든한 듯하였지만 조금 지나자 허기가 더욱 심해졌다. 밥을 먹고 싶은 마음이 전보다 배가 되었다. 차라리 꿈을 꾸지 않은 것이 더 나을 성싶었다. 그러나 굶주리나 배부르나 한번 지나고 나면 모두가 허망하다. 어느 것이 진짜이고 어느 것이 꿈속인지 알지 못하게 된다.

아, 배를 불리는 방도에는 두 가지가 있다. 제 힘으로 밥을 구해 먹어 배를 불리는 경우가 있고, 남에게 얻어서 배를 불리는 경우가 있다. 제 힘으로 밥을 구해 먹어 배를 불리는 경우는 그 배부른 것이 항상 계속되지만, 남에게 얻어서 배를 불리는 경우는 그 배부른 것이 항상 계속되지 못한다. 어찌해서 그러한가? 남에게 얻는 경우는 주거나 빼앗는 일이 남에게 달려 있고, 제 힘으로 밥을 구해 먹으면 굶주리든 배부르든 자기에게 달려 있기 때문이다.

내가 나라의 은혜를 입어 한 고을을 다스리는 일을 여러 번 하였지만, 한 번도 내 힘으로 밥을 먹은 적이 없다. 오직 벼슬하여 녹봉을 받는 것에 의존하였으니, 바깥에서 얻은 것이라 하겠다. 이 때문에 벼슬을 얻으면 배가 부르지만 얻지 못하면 굶주리게 되었다. 십수 년 이래로 여러 번 배가 불렀고 여러 번 굶주렸다. 여러 번 꿈을 꾸었고 여러 번 꿈에서 깨어났다. 굶주리기도 하고 배부르기도 하였고, 꿈을 꾸기도 하고 꿈에서 깨어나기도 하였다. 그러다 나이가 일흔이 가까워졌다. 앞으로 살 날이 얼마나 남았는지 모르겠지만, 굶주린 것과 배부른 것을 모두 하나의 커다란 꿈[01]으로 돌릴 수 있을는지. 굶주리는 것과 배부른 것, 잃고 얻는 것을 마음에 개의치 않게 되기를 바란다. 아, 이제야 나는 이런 것을 면할 줄 알겠구나.

원문 352쪽

---

01 《장자》〈제물론〉에서 "꿈을 꾸고 있을 때는 그것이 꿈인 줄도 모른 채, 꿈속에서 또다시 꿈인지 따지다가 깨고 나서야 꿈인 줄을 안다. 크게 깨어난 뒤에야 우리 인생이 커다란 하나의 꿈이라는 것을 알게 된다" 하였다.

조선 중기의 학자 박홍미朴弘美(1571~1642)는 보통의 문인처럼 과거에 급제하여 벼슬길에 나아갔다. 승문원 정자로 출발하여 사헌부와 홍문관 등에서 엘리트 코스를 밟아나갔다. 도승지도 지내고 참판에도 올랐다. 이러니 벼슬운이 그다지 나빴다고 할 수는 없을 것이다.

그렇게 일상적인 삶을 살다가 1635년 65세의 나이에 양양부사에 임명되었다. 세밑에 임명이 된 데다 마침 국상이 있어 화려한 행장을 꾸리지 못한 채 강원도로 향하였다. 1636년 1월 1일 홍천에 이르렀다. 한 시골 사람의 집에 유숙하게 되었는데 그다지 부유하지는 않지만 제법 논마지기가 있어 먹고사는 데 부족함이 없었다. 그들은 하인과 병졸을 데리고 임지로 가는 벼슬아치의 처지를 부러워하였지만, 박홍미는 오히려 욕심 없이 사는 그늘이 무러웠다. 한겨울 추운 날씨에 부임하느라 고생하는 것이 나을 것이 없다고 여긴 것이다.

박홍미가 이런 뜻을 비치자 처와 첩은 웃었다. 남편의 임지를 따라 먼 길을 나서 잠시 부귀를 누리기도 하지만, 돌아서면 다 허망한지라, 마치 꿈속에서 배불리 밥을 먹는 것과 다를 것이 없다고 하였다.

이 말에 박홍미는 깨달음을 얻었다. 송의 시인 황정견은 "굶주린 사람은 늘 배불리 먹는 꿈을 꾸고, 병든 사람은 늘 의사 만나는 꿈을 꾼다〔饑人常夢飽, 病人常夢醫〕"라고 하였다. 배고픈 사람이 꿈속에서 실컷 밥을 먹는 꿈을 꾸는 것처럼, 벼슬에 굶주린 사람은 늘 벼슬하는 꿈을 꾼다. 그러나 꿈속에서 배를 불려 보았자 꿈에서 깨어나면 허기만 더 느껴질 뿐이다.

배를 불리는 것은 두 가지 방식이 있다. 하나는 다른 사람을 통하여 밥을 먹는 것이요, 다른 하나는 제 힘으로 밥을 벌어 먹는 것이다. 다른 사람을 통하여 배를 불리자면 그 여탈권이 다른 사람에게 있으니, 먹어 보았자 꿈속의 일일 뿐이다. 이와 달리 제 힘으로 밥을 벌어 먹는 것은 적게 먹어도 배가 부른 법이다. 박홍미는 꿈속에서 배를 불리는 일이 허망한 것처럼 세속적인 출세라 하는 것이 다르지 않다고 하였다. 벼슬살이에 굶주려 허겁지겁 벼슬길에 나서지만 이는 꿈속에 배를 불리는 것처럼 허망할 뿐이다. 이러한 이유로 제 손으로 농사를 지어 밥을 먹고사는 가난한 농부의 삶이 오히려 부러웠던 것이다.

박홍미는 양양부사를 끝으로 남의 힘으로 밥을 먹는 벼슬살이를 그만두었다. 이 글을 쓴 다음해 병자호란이 일어나 강화도가 함락되었고, 이에 서산의 시골마을로 낙향하여 6년 남짓 스스로의 힘으로 밥을 먹고 살다 세상을 떠났다. 꿈속에서 밥을 먹지 않은 것이니 배가 든든하였으리라.

부귀를 누리는 일도 어렵고 한가하게 사는 일도 어렵다.
부귀를 누리는 일도 한가하게 사는 일도 우연히 얻어지는 것인지 모른다.
그렇다면 부귀하지 못할 바에야 한가함을 누리는 것이 차라리 낫지 않겠는가?

운
순

부귀함도 한가함도 절로 이르는 것

    부귀한 사람은 절로 부귀를 누리지만, 부귀하고자 하는 사람이 반드시 부귀해지는 것은 아니다. 한가한 사람은 절로 한가함을 누리지만, 한가하고자 하는 사람이 반드시 한가해지는 것은 아니다. 이로써 부귀함과 한가함은 모두 저절로 얻어지는 것이지 힘써 구하거나 계획을 세워 얻을 수 있는 것은 아님을 알 수 있다.
    내 성품이 평소 편벽되고 고집스러우며, 사람이 많고 소란스러운 데는 좋아하지 않는다. 일찍이 문을 닫고 꼼짝 않고 있으면서 심신을 수양하려 하였지만 그럴 기회를 쉽게 얻지 못하였다. 그래도 뜻은 이와 같지 않았던 적이 없었다. 근래 서울을 들르는 길에 동서인 취헌공翠軒公 이명필李明弼의 셋집에 기숙하게 되었다. 집 곁의 뜰에 땅이 조금 있어 소나무와 대나무를 수북하게 심어놓고 온갖 꽃들로 둘러놓았으니, 그윽하여 호복濠濮에

〈묵죽도〉_이정

삶의 여유는 누리는 자의 몫이다. 부귀함도 한가함도 힘써 얻은 것이 아니라 절로 얻어야 한다. 대나무를 사랑하는 뜻이 이러하다.(국립중앙박물관 소장)

와 있는 듯한 느낌이 들었다.[01] 그 가운데 초가로 된 정자를 하나 두었는데 이 또한 깔끔하고 한적하였다. 도성 안 시장 바닥의 시끄러운 분위기와는 아주 달랐다.

하루는 취헌공이 이른 시간에 문을 나선 후 아무도 찾아오는 이가 없었다. 이에 나는 정자와 뜰을 소제하고 책을 옮겨놓았다. 지팡이를 짚고 소요하기도 하고, 자리에 앉아서 묵상하기도 하였으며, 어쩌다 책을 펼쳐 도리를 연구하기도 하고, 붓을 들어 비단에 글씨를 쓰기도 하였다. 시를 읊조리는 것을 내 마음대로 하되 앉고 눕는 것은 예법에 어긋남이 없게 하였다. 정신이 조물주와 더불어 노닐다보니 어느새 날이 저물었다. 이에 나는 기쁜 마음으로 무엇인가를 얻은 듯한 느낌이 들어 문득 마음속으로 이렇게 말하였다. "이것이 이른바 허망한 인생에 하루의 한가함이라 한 것이 아니겠는가? 예전에 계획했던 일을 오늘에야 우연히 이루게 되었구나. 문을 닫아 걸고 정신을 수양한다는 것이 그저 이와 같을 뿐이구나." 이윽고 다시 이렇게 탄식하였다.

이 정자는 곧 도계桃溪 심제현沈齊賢 공이 창건한 것이다. 심공은 곧 한 시대의 청빈한 선비였다. 이 정자와 화단을 꾸미고 꽃과 대나무를 기른 것은 아마도 편안히 거처하면서 조용하게 살 계획이었으리라. 그런데도 공무에 휘둘리고 벼슬에 얽매이는 것을 면하지 못하고, 2년 동안이나 강물을 따라 조운의 일을 맡아야 했다. 그리고 돌아와 이 정자의 돗자리가 덥혀지기도 전에 이제 다시 호남의 부사가 되어 꽃과 대나무가 있는 정자와

---

[01] 《세설신어世說新語》에 간문簡文이 화림원華林園에 들어가서 사람들을 돌아보면서 "마음에 맞는 곳이 반드시 멀리 있는 것은 아니다. 그윽한 숲과 물에서 절로 호복 사이에 있는 듯한 생각이 든다"고 한 고사에서 속세를 떠나서 자연을 즐기는 마음을 호복간상濠濮間想이라 한다.

화단을 천리 바깥에 버려둔 채 취헌공에게 맡기게 되었다. 취헌공 또한 한가한 겨를이 없어 이곳에 편히 앉아 하루라도 그 호젓한 멋을 실컷 누려본 적이 없다. 결국 취헌공에게 하루 묵어가는 나그네인 내가 이곳에서 다리를 뻗고 편안하게 쉬면서, 이 정자의 모든 풍경과 경치를 남김없이 다 거두어가게 되었다. 그러니 이 정자를 지은 사람은 비록 심공이지만 실제로 거주한 사람은 나이다. 이 정자를 빌린 사람은 비록 취헌공이지만 능히 즐긴 이는 또한 나이다.

아, 저 두 공이 한가하려는 마음이 나보다 뒤지지 않았겠지만, 오늘날의 한가함은 유독 나에게 양보하지 않을 수 없다. 내가 한가하고자 하지만 그렇게 하지 못한 것이 또한 여러 해 되었다. 다행히 오늘날 우연히 한가함을 얻었는데 이 또한 계획에 따라 얻고 힘을 써서 구한 것이 아니다. 이른바 한가함은 저절로 얻는 것이지 한가하고자 하는 사람이 반드시 한가해지는 것은 아니라고 한 말이 과연 헛되지 않다 하겠다.

아, 세상에서 금덩이와 돈 꿰미를 내어서 정자와 별장을 경영하는 것은 대개 능력이 있는 자들이 하는 일이다. 그렇게 정자와 별장을 경영하고자 한 뜻 또한 심공과 같았으리라. 그러나 여러 곳에 있는 넓고 한적한 땅에 탁 트이게 지은 건물은 그 주인이 지금 있는지 없는지 물어본다면, 대개 사람이 없다고 한다. 눈으로 만나고 마음으로 깨닫게 하는[02] 광경을 하나같이 지나는 길손이 감상하게 맡기는 것은 무엇 때문인가? 지위가 높고 녹봉이 많으면 마음을 갉아먹기에 족할 뿐, 강과 산과 바람과 달을 취하여

---

[02] 유종원柳宗遠의 〈고모담서소구기鈷鉧潭西小丘記〉에 "맑은 모습은 눈과 함께 도모하고, 시원한 소리는 귀와 함께 도모하며, 여유 있게 텅 비는 것은 정신과 함께 도모하고, 고요하게 깊이가 있는 것은 마음과 함께 도모한다淸泠之狀, 與目謀, 瀯瀯之聲與耳謀, 悠然而靜者與神謀, 淵然而靜者與心謀"라 하였다.

즐길 겨를이 없다. 이 때문에 부귀한 사람은 한가하고자 하는 마음을 먹지 않은 적이 없지만 비록 한가하고자 하는 마음이 있다 하더라도 한가함을 얻은 사람이 없는 법이다. 이 또한 절로 그렇게 된 것이 아니겠는가? 그렇지 않으면 부귀함이라는 것이 한가함보다 나은 것이 있어서 그러한 것이겠는가?

그러나 고금의 역사를 두루 살펴보면 부귀한 사람은 늘 많고 한가한 사람은 늘 적었다. 그렇다면 저절로 한가함을 얻게 되는 것이 또한 저절로 부귀해지는 것보다 더 어렵기 때문이 아니겠는가? 내 오늘의 한가함과 같은 것은 저절로 얻은 것이라 하겠지만, 두 공이 오늘의 한가함을 얻지 못한 것 또한 저절로 오는 기회를 얻지 못한 것이라 하겠다. 원문 353쪽

1703년 스물넷의 젊은 시절 백하白下 윤순尹淳(1680~1741)이 차군정此君亭에 붙인 글이다. 차군정은 도계 심제현이 세운 정자다. 심제현은 심육의 백부로 학문뿐만 아니라 시와 글씨에도 뛰어났다. 차군정은 그가 살던 남산 자락의 집 서쪽에 지은 정자였다. 볏짚으로 지붕을 이고 대나무로 시렁을 단 소박한 집이었다. 심육의 기록에 따르면 심제현은 그 안에서 시를 짓고 벗들과 술을 나누었는데 영달한 벗과 곤궁한 벗이 함께 모여 현달한 이는 그 현달함을 감히 말하지 못하였고 곤궁한 이는 그 곤궁함을 잊었다 한다. 술잔을 돌리면서 시와 바둑을 두면서 봄부터 중양절까지 이렇게 즐겼다고 한다. 정자가 좁아 젊은 사람들은 땅에 돗자리를 깔고 몰려들었으며, 해학을 좋아하여 사람들이 돌아갈 것을 잊었다 하니 무척 호인이었던 모양이다.

삶의 여유는 누리는 자의 몫이다. 심제현은 삶의 여유를 누리고자 하였지만 부귀를 위하여 벼슬살이를 하느라 차군정에 눌러 앉아 있지 못하였다. 청빈한 삶으로 명망이 높았지만 젊은 시절 수운판관水運判官을 지내느라 조운선을 타고 다녀야 했다. 이후에도 조야에서 벼슬을 지내느라 바빴고 결국 삼척부사로 있던 중 객사하였다.

그가 죽은 후 차군정은 이명필에게로 넘어갔다. 이명필은 윤순의 손아래 동서였고 심제현과 친분이 있었다. 젊은 시절 윤순 등과 함께 이 정자에 자주 출입한 바 있다. 심제현을 이어 이명필이 차군정의 주인이 되었지만 풍류는 옛만 같지 못하였다. 훗날 심육을 만났을 때 심제현이 살아 있을 때의 풍류를 추억하면서 사대부의 풍류가 예전 같지 못함을 탄식한 바 있다. 이명필 역시 지방관으로 떠도느라 차군정의 주인이 되지 못하였다.

차군정의 주인은 윤순이 되었다. 윤순은 부귀한 사람은 한가하고자 하는 마음을 먹지 않은 적이 없지만 비록 한가하고자 하는 마음이 있다 하더라도 한가함을 얻은 사람이 없다는 진실을 깨달았다. '차군此君'은 대나무를 이르는 말이다. 진의 왕휘지가 대나무를 사랑하여 남의 집에 잠시 거처하면서도 대나무를 빨리 심게 하였다. 어떤 사람이 그 이유를 묻자 "하루라도 어떻게 '이 친구'를 대하지 않을 수가 있겠나(何可一日無此君)"라고 답한 고사가 있다. 윤순에게 차군정은 '이 친구'로서의 차군此君이 아니라 벗으로부터 빌린 '차군借君'을 연상하였는지 모르겠다. 부귀함에 바쁜 벗으로부터 정자를 빌려 한가함을 누렸기 때문이다.

스스로를 얼마나 사랑하는가? 사람들은 자신의 용모나 재주가 남만 같지 못함을 불평한다. 잘난 사람을 부러워하면서 그렇게 되었으면 하는 꿈을 꾼다. 그러나 아름다운 용모나 뛰어난 재주가 자신의 생명보다 귀한 것은 아니다.

제 자신을 사랑하는 집

    나면서부터 다리를 절고 키가 작은 사람은 용모가 아름다운 사람과 나란히 서서 자신을 보게 되면, 제 몸이 못난 것을 싫어하고 남이 아름다운 것을 좋아하지 않는 적이 없을 것이다. 그러나 하루아침에 신이한 도술을 가지고서 그 용모를 바꾸어 주되 매우 위험한 곳으로 가게 한다면, 저들은 반드시 머뭇거리다가 악착같이 줄행랑을 치며 그저 뒤쫓아올까 봐 겁을 낼 것이다. 이를 보면 그 사람도 제 몸을 아끼고 있음을 알 수 있다.

    지금 세상 사람들은 남들이 부귀한 것을 보면 모두 사생결단하여 목숨을 돌아보지 않고 급급하게 부귀를 구하려고 한다. 정말 제 원하는 바를 얻을 수 있다면 서로 싸워 밀치고 빠뜨리면서 마침내 또한 제 자신을 죽이는 데까지 가면서도 후회하지 않고, 오히려 물욕에서 벗어나지 못하여 자신의 바른 성명을 바꾸어버린다. 이러니 다리를 절고 키가 작은 사람에게 비웃음을 받지 않을 수 있는 사람이 과연 몇 명이나 되겠는가?

비록 그러하지만 이는 정말 따질 필요가 없다. 예전 가의賈誼와 조조鼂錯처럼 뜻이 있는 선비도 개연히 고요皐陶와 기夔와 이윤伊尹과 부열傅說의 공업을 사모하여[01] 간곡하게 예악禮樂과 인의仁義의 학설로 그 임금에게 여러 차례 벼슬을 구하여 천하에 불세출의 공을 세우려 하였지만, 어떤 사람은 끝내 뜻을 얻지 못하여 비분과 우울로 인하여 스스로 제 몸을 손상하여 요절하였고, 어떤 사람은 국가의 안위를 도모하려다 제 몸이 먼저 죽음을 당하기도 하였다. 비록 그 뜻이야 이익을 위하다 죽음을 당한 자들과 같지는 않겠지만, 외물 때문에 제 성명을 바꾸어 버렸다는 점에서는 한 가지다. 게다가 또 어찌 군자와 소인을 쉽게 구분할 수 있겠는가? 내가 일찍이 이 몇 사람의 지혜가 다리를 절고 키가 작은 사람이 제 몸을 사랑하는 것만 같지 못하다는 것을 한스럽게 생각하였다.

나의 벗 이평서李平瑞 군은 성곽 남쪽 소동小洞(남소동南小洞)에 집을 짓고 도연명의 시에 나오는 "내 집을 사랑한다"는 의미의 애오려愛吾廬에서 뜻을 취하여 그 집을 애오헌愛吾軒이라 하였다. 아, 도연명은 집이 가난하여 농사를 짓고 살았지만 자족자급하기에 부족하였다. 그 누추한 토담집이 남들은 감당하지 못할 곳이지만 도연명은 편안하게 스스로 사랑하여 종내 집을 화려하게 할 마음이 없었다는 것을 나는 알고 있다. 이는 그 뜻이 이욕利慾을 구하는 데 있지 않은 것은 분명하다. 그러나 도연명은 은자가 아니었으니 어찌 세상에 대한 의욕이 없었다고만 할 수 있겠는가? 가령 도연명이 세상에 나가서 요직을 맡게 되었다면, 가의와 같은 근심이나

[01] 가의와 조조는 모두 한나라 때의 문신으로 개혁을 주창하다가 뜻을 이루지 못하였고, 가의는 좌천되고 조조는 죽임을 당하였다. 고요와 기, 이윤, 부열은 모두 중국 고대의 뛰어난 정치가로 뛰어난 재상의 모범이 되었다.

〈누각아집도〉_이인문

요직을 버리고 벗과 교제를 끊고 누추한 집에 살게 되어서야 비로소 제 집을 사랑함을 스스로 깨닫게 된다.
(국립중앙박물관 소장)

조조와 같은 화를 당하였을 것이니, 비록 제 집을 사랑하고 싶어도 또한 그렇게 할 수가 없었을 것이다. 그러나 하급 관리가 되어 80여 일 만에 아쉬워하면서 돌아가게 되어 그제야 벗과 교제를 끊고 누추한 집에 살면서 제 집을 사랑한다고 스스로 여기게 되었다. 나는 도연명이 그 집을 사랑한 것은 바로 제 몸을 사랑했기 때문이라고 생각한다. 그러나 후세 사람 중에는 그 깊은 뜻을 알고 밝게 풀이한 자가 없다.

지금 평서는 성격이 담박하고 지조가 고상하여 그가 지은 몇 칸의 집은 도연명이 살던 누추한 토담집에 비하여도 그다지 사치한 것은 아닐 것이다. 그의 뜻을 보더라도 아마 이욕 때문에 그 마음을 바꾸지 않을 것이다. 또한 과거에 급제하여 두 차례 간관諫官의 벼슬을 하였지만 벼슬길에 나아가지 않았다. 그러니 그 뜻이 또한 조금도 공명을 이루는 데 있지 않은 자가 아니겠는가? 나는 평서가 그 집을 사랑하는 것이 또한 도연명의 뜻과 과연 같은지는 모르겠지만, 다리를 절고 키가 작은 사람이 스스로 제 몸을 사랑하는 것에는 가히 부끄러움이 없을 것이다.

남원거사南園居士가 기문을 적는다. 원문 354쪽

조선 후기의 문인 심낙수沈樂洙(1739~1799)는 정조 때 정국의 중심에 서 있던 정치가이다. 권신 홍국영과 김귀주金龜柱 등을 탄핵하다가 오히려 벼슬에서 쫓겨나고 귀양길에 오르기도 하였다. 그러나 아들 심노숭沈魯崇과 함께 자유로운 사고를 바탕으로 한 발랄한 문장을 잘 지은 것으로 알려져 있다.

심낙수의 벗 중에 이규위李奎緯(자는 평서平瑞)라는 사람이 있어 그의 집 이름을 애오헌이라 하였다. 조선시대 문인들은 나를 사랑하라는 뜻의 '애오'를 매우 좋아하였다. 그 연원은 도연명의 〈산해경을 읽고서〔讀山海經〕〉라는 시에서 "새들은 기쁘게도 깃들 둥지가 있듯이, 나도 또한 내 집을 사랑하노라〔衆鳥欣有托, 吾亦愛吾盧〕"라 한 데 있다. 고려시대나 조선시대 이 구절을 따서 인생의 좌표로 삼은 인물이 참으로 많다. 조선 중기의 문인 유성룡은 안동 하회마을에 옥연서당玉淵書堂을 짓고 그 곁에 두 칸의 작은 집을 애오려라 한 바 있다. 홍대용 역시 천안의 고향집 이름을 애오려라 하고 조선과 중국의 벗들에게 시를 받아 시첩까지 만들기도 하였다. 19세기 서울에서 가장 아름다운 집인 심상규의 가성각嘉聲閣 동쪽에도 오역애로려吾亦愛吾盧라는 작은 집이 있었다.

그런데 나를 사랑하는 방법이 무엇인가? 심낙수는 얼굴이 못나고 키가 작은 사람이 늘 자신의 용모를 바꾸려 하지만 그 목숨을 앗아간다면 절대 그렇게 하지 않는 것이 바로 자신을 사랑하기 때문이라 하였다. 못난 사람도 자신의 생명은 사랑하는 것처럼, 지식인은 자신의 뜻을 생명처럼 알아 권력과 이익 때문에 뜻을 꺾지 않는 것이 바로 자신을 사랑하는 것이다. 왕응王凝이라는 사람이 죽자 그 아내가 유해를 지고 고향으로 돌아가다가 여관 주인에게 손목을 잡히자 도끼를 가져다 그 손목을 잘라버렸다. 박지원은 또 다른 애오려에 대한 기문에서 왕응의 아내와 같다면 자신을 사랑할 바를 아는 것이라 하였다. 자신의 뜻을 꺾지 않는 것, 이것이 자신을 사랑하는 방법이다.

김종후가 벗 홍대용의 애오려를 위해 쓴 글에서 "내 귀를 사랑하면 귀가 밝아지고 내 눈을 사랑하면 눈이 밝아진다〔愛吾耳則聰, 愛吾目則明〕"라는 명언을 남겼다. 자신을 사랑하여 귀가 밝고 눈이 밝은 총명함으로 자신의 뜻을 굳게 지키는 것이 선비의 마음이다.

원문

글로 세상을 호령하다

맹인은 꿈을 꾸지 않는다

臥遊者 身臥而神遊也 神者心之靈 靈無不達 故光燭九垓 瞬息萬里 疑若不待於物 然生而盲者無夢 物之形色 司於視官 視未始寓 則思亦不由起 故魂交彷彿 莫非目之有得也 夫天下之勝觀何限 古之文人韻士 各爲詩若文 摸寫殆盡 人得以讀之 其奇秀曠朗 絶詭極怪 風雲出而鬼神入者 可以收擥在牙頰矣 爲其未及親覿 故心準意想 猶恨夫實體之不呈露也 今此帖必先畫其形 次書其文 事與物互證 心與目相印 無復遺憾 於是可以宛轉牀席之間 而心無所不之也 昔朱太史欽差至國 旣獻之九重 以副本貽西坰柳相公 公之宗人正字公 又求當世善畫善書 一一傳寫 則其李白之蜀道・杜甫之洞庭兩篇 卽吾先大夫筆也 先大夫與正字公 生同歲行同志 當時交歡之盛 漢亦幸與有聞也 敬錄其端 俾其家寶藏而勿失焉

_이익, 〈와유첩의 발문臥遊帖跋〉, 《성호전집星湖全集》

집 안으로 끌어들인 지식의 바다

涵海者 余書室之名也 余所居南村之儦舍 僅八九楹 楹以外隙地 又僅四五畝 盖所謂蝸屋蟹盖者耳 中開一楹 盖以箔 卽所謂涵海堂者也 其與海隔不知幾百里 何以名 名其想也 何言乎想 盖余讀書其中 而書卷筆硯之外 難容一客席 東西一戶 送迎朝晡之陽而已 况余有幽憂之疾 其勢不能堪 每當疾至 輒閉目靜臥 以念平生所經歷 可以助余禪觀者 昔遊嶺外 登萊州之海雲沒雲 沒雲斗入海中爲臺 路夾海廣 僅數丈 濤聲打岸 馬爲之辟易 行幾百步 地始盡而天海無窮 俄而日入 餘光四射如碎金 萬頃風飇 因之颷颶砰礚磅 洪濤齦空 疑雨疑霆 倐忽動盪 盖余爽然而快 已憮乎其忡忡者 歸而憩大浦鎭之舘樓 俄而月上 海色如鏡 平望馬州 如餖飣之在案 盖壯觀也 余盖念之胸中 而目在于吾室之間 久而見四壁起波濤之文 如着畵海障子 自覺心界空曠 神淸氣爽 不知身在斗室中也 因是而起接吾書 流通快活 若與吾胸海相涵 則昔之雲臺 寧非堂耶 今我蝸屋 焉知非海耶 曰堂之海而涵也 可也非妄也 余又因是而思之 夫萊海之在吾目中極其遠 而不過千里之內耳 有錦山彌羅隔其西 馬州障其東 而南洋島嶼與煙雲 在微茫中 是海之小者也 自吾堂中之書 而推之於四方上下宇宙古今 而六合內外 三古遠近 若可以籠而有之 則鄒衍九州 亦不能逃乎其中也 其爲大何加焉 夫九萬里扶搖之大鵬 而方以僅尺之鷃 爲逍遙遊一也 雖然 太上立德 次爲立言 由吾水觀而廓其器量 以至於無端厓之海也 又何足以肩

－이종휘, 〈바닷물로 적시는 집涵海堂記〉, 《수산집修山集》

진짜와 가짜를 가릴 필요가 있나

責眞山水以似畵 責畵山水以似眞 似眞貴自然 似畵尙奇巧 是則天之自然 固爲法於人 而人之奇巧 亦有勝於天耶

每過山村幽勝處 駐驂踟躕 羨其人如畫中人 及就而叩之 未嘗自以爲樂 然則起畫中人 而問其樂 亦未必如吾之知彼之樂也

公侯家墻壁 多挂山村野莊隱淪漁樵圖 夫以眼觀之則樂 以身處之則愁 豈非惑耶 殊不知天地大素功也 造化大畫史也 華葉以丹靑之 霜雪以水墨之 古今世界 秖是一幅活畫障子耳 使有大眼孔 從旁賞翫 則高車駟馬 短簑瘦笻 其品第高下 當何在也

平生嶔崎 獨於山水有分 陟頭流 賞伽倻 尋三洞 遊四郡 俱不自期而獲 今秋欲入華陽洞未果 而天酒以此卷餉其臥游 八幅幻境界 未必讓一區眞境界也 如有曰奚論多少 則當對曰奚辨眞幻

_조귀명,〈그림첩에 쓰다題畫帖〉,《동계집東谿集》

도성 안에 앉아 물을 감상하는 기술

申漢叟名其堂曰文漪 送書於予曰 吾性樂水 而常恨闤闠中無泉池之觀 雖有觀水之術 無所於施 觀於天下地圖而有得焉 盖積水蒼然 九州萬國 大而如帆檣之布列 小而如鷗鷺之出沒 人之遍九州萬國者 皆水中物耳 此堂之所以名也 子其爲我記之 予見而笑曰 世固有無其實而處其名者 今子之名其堂 可謂無其實矣 雖然子亦有說 今有家於海島之中者 人必謂之居水而不謂居山矣 島人固亦有環墻而宮 閉戶而坐者 以其不日狎於濤淵而謂非居水不可也 如是者人皆知其然矣 而何獨疑乎子之言乎 大地一島也 衆生島人也 雖浮家泛宅而日與水居者 亦其勢不能以駐眼不移 必有暫時移視而須臾無心於斯時也 跬步與千里一也 今子居於斯堂 而一欲觀乎水紋之淪漪也 雖朝於闤闠而將夕於江湖 其不能常目於水 子與彼無以異矣 或在於轉眄之久 或在於朝暮之頃 轉眄之比朝暮則有間矣 然盖將自其久者而言之 則俛仰之間 已爲陳跡 自其不久者而言之 則千百

年爲一朝矣 夫俛仰之爲久 而千百年之爲不久 則以轉眄咦朝暮 吾不知其可也 夫孰曰非其實也 或曰子之言 辯則辯矣 雖然吾懼人之責漢叟以魚鼈爲禮也 予曰苟如是 子能喚渡於歐陽子之畫舫齋乎 相與大咲

_서영보, 〈문의당기文漪堂記〉, 《죽석관유집竹石館遺集》

인생의 즐거움이란 무엇인가

予自數年來 請養歸田 端居無事 時閱古人書 凡有淸談韻事之當乎心者 輒加收錄 仍以類次 目之曰林居四訣 其一達. 其二止 其三逸 其四適 達居其一者 能達然後止與逸與適 可得以有之也 夫達者 通上下四方之謂也 盖人雖有兩目 不能反觀其身 取鏡以照 亦止於一面耳 身且不能觀 而況身外乎 以故明於前而蔽於後 探其近而遺其遠 勤一世出沒於醉夢境界而不之悟 良可悲也 予嘗赴召 大雨中乘傳疾馳 見一店嫗前置幼子 手剔其頭虱 兒喜其抓 母利其穫 兩相昵昵 眞意藹如也 簷溜霏微之外 走馬瞥看 不覺芒然自失 遂以謂生人之至樂 孰有可以易此者 噫 見人之逸而不見己之勞 知人之樂而不知己之憂者 由不能達觀耳 是書也採老莊之玄虛 集古今之放曠 使人一讀之 三千世界 便作空華起滅 再讀之 十二竅皆生淸風 灑灑浙浙 三讀之 飄然有超鴻濛混希夷之意 足以爲喚迷成覺之一玅諦也 然此不可與不知者道 譬之與無舌人談味 彼烏能知甜苦之爲何物也哉

_유언호, 〈산림에 사는 네 가지 비결의 서문林居四訣序〉, 《연석燕石》

고상하고 속되지 않은 사치

余撿平居志趣所賞 怪多俗尙 飮食嗜飴糖魚肉 肉又偏喜肥腴 衣冠必從時制 花

愛紅艶 晝愛阮品 於聲音 雖不甚好 俗樂亦終日耐聽 文喜看館閣綺麗 詩寧學
劉白 不喜賈島盧仝 必有以筆陣圖草訣等體 胡亂題壁 且留不去 其日用與俗周
旋不厭類此 獨於松 愛偃蹇愛詰屈 於石愛怪 凡帕刻菌蟠嵌呀玲瓏 無不愛 或
遇之撫阮 將以忘寢食 豈松之偃蹇愛詰屈 石之帕刻菌蟠嵌呀玲瓏者 乃非所謂
奇特而且適於俗也 抑余性癖 偶與此二物會 而其餘數事 但不足以言癖耶 然怪
石雖往往山出 要皆抵京師遠 余無力 安所致此哉 乙巳春 客有從北關歸者 持
一石遺我 我始有石 京距鐵嶺 已五百里 客行蹤此復幾程 而辛勤攜重物 爲成
人之癖 客亦好事哉 石長尺有七寸 傍多角 大約爲三稜 周之爲三尺 性剛其劈
脈分脊 雖絲縷 必廉利 不糢糊 細看峰嶂洞穴澗壑 皆歷歷合理 中有岑蔚重複
可藏寺觀者 深谷逶迤 斗斷爲瀑勢者 又各有溪徑 攀緣可通 無天台路窮之恨
數山之事 無不具者 深絲全身 無二色 或精氣結爲明顆如水晶 大抵似名手畫中
見 世間山無此形色 置之座 流翠欲照人焉 畫家言唐李思訓 畫山愛着深綠 而
畫吾未見 想來除是此等 始可類此耳 我園古有老蟠松一株 龍拏虎跳 經壬辰尙
無恙 世之言異 松吾園實爲上首 自得石來 余之癖事粗備 而松之有隣不孤 亦
松之悅也 雖然 客言山石之山 大或蹜丈或數丈 翠彩射目 余旣聞此 欣然羨慕
顧不能命駕千里 作米顚一拜 從不勉俗之所累者耶 記之兼以志媿

_정동유, 〈괴석기怪石記〉, 《현동실유고玄同室遺稿》

구기자와 국화를 가꾸는 집

園在駱山之下 東西幾丈 南北幾丈 其廣可安屋四十餘架 就其西結齋 扁之曰百
千 盖取諸中庸己百己千之語也 築臺于東臺 高一尺許 與南山相對 合乎陶公採
菊東籬下 悠然見南山之詩 故乃命之以 悠然 墾前後隙地 縱橫作畦 遍種以枸
杞 栽菊數百叢于環堵下 墻之角 各樹碧桃一株 置一盆梅 用二甕盛紅白蓮 惟

杞菊最多 故以名焉 園之主人 自叙其志曰 某性本愚才本踈 氣甚脆薄 而抱幽憂之疾久矣 自分此生不堪俯仰於時矣 遂薄於世味 厭於外慕 惟淸閑寂寞之鄕 是愛是趍 而幸吾東城之居 僻在窮巷 風埃車馬之所不及 於是心樂之 闢此園 築室與臺以居之 圃之以杞 籬之以菊 以爲服食之需焉 園甚狹 杞菊之外 雜花衆木 不能谷 且紅紫煩亂 非吾心之所好也 獨取淸標雅韵 爲古之高人賢士之所心賞者 以備四時之觀焉 於春得碧桃 於夏得蓮 於秋得菊 於冬得梅 碧桃者花之仙也 蓮者 花之君子也 菊者 花之隱逸也 梅者 幾乎兼之矣 抑吾生於數千載之下 雖欲見古之人 不可得也 見古人之所好者 則如見古人焉耳 玆吾所以有取於此四者歟 然則結深契托幽襟 日嘯咏乎其側 雖閑居獨處 而未始有離索之憂者 花之益也 采其根葉 掇其華實 充腸益氣 身可安而壽可延者 杞菊之靈異也 入則一室虛明 圖書滿壁 消香默坐 塵想不起 左右簡編 晝誦而夜思之 出則雲山之勝 風月之態 盡得於登臨顧眄之際 而由由然適其適者 齋與臺之樂也 若夫使我齋於斯臺於斯 列花藥於斯 藏修游息 爰得其所者 園之功也 自玆以往 玩樂之趣深 靜養之功專 幸至於病少瘳而學少進 則主人之願也

_어유봉,〈구기자와 국화를 심은 정원杞菊園記〉,《기원집杞園集》

그 많던 복사꽃은 어디로 갔나

천년 벗과의 즐거운 만남

己卯歲南至月之旣望 飮于兪子範之處仁書屋 金明遠 趙君素 李叔嘉 趙士顯 李士昭 李文五 金士精 皆社中人也 始飮山風颯扉 微雪初飛 旣而酒闌夜分 淸 月在庭 子範忽離席而言曰 此宵良樂 然吾輩常恨於闤闠 欝陶乎少趣 後日盍 爲郭外遊乎 僕曰 此論妙甚 城西之奉元寺 卽吾與明遠所休夏者 一別四十年 每思重過 請以爲歸 子範曰善 士昭居近 宜爲主 且好事 宜進期後十日 日出會 于昭 聯袂而行 毋爽約 亦無申 僉曰諾 及期皆如約而會 前夕昭已使人治具 寺 僧來引 遂自圓峴之西 步踰勝戰峰 李仲睿聞之 攜酒追及 眞好事者 峰後冰雪 交踏之 琮琤有聲 足少留輒跌 殊間關也 至寺 宛如昔觀 但荒落可念 舊僧無一 餘者 兩法嗣剃痕已霰集矣 笑人生之如浮 歎恒河之不皺 相與徘徊佛殿 感慨良 久 從行基者曰漢興 歌者曰君賓 琴者曰益孫 品皆第一 又有射鳥者 百不一虛 亦絶技也 各効其能 佐人歡意 飯不用葷 依僧法 食時列坐 令闍梨鳴鍾 僕出行 篋中木鉢盂 數事受飯 坐皆大笑 及夜有二梵僧 連聲誦唄 其聲雄深閒遠 使人

省慮 一少僧略能談義 姿妙可愛 飮至四更 聯枕而宿 房深而溫 夜劇寒 不覺也 明日僕與明遠 各賦數詩 飯已 相携而歸 復登勝戰峯 于時雲日晴美 襟懷開暢 東瞰漢城 城內外樓臺巷陌 如掌示紋 北則三角 道峯 積雪耀暉 璀璨閃爍 不可 名狀 西南大江 透迤冰合 數十里碧琉璃 鋪之江上 長風吹沙雪 泆溰如霧 相顧 樂甚 踞石上賣酒 令琴者依歌而皷之 琴凍而愈韻 歌高而復抗 前聲寥亮 後聲 淸怨 餘響裊空 與松籟相切 僉曰 聽歌琴半生 獨有今日 僕又口占長律 並前詩 屬諸友和 返入昭室 各飮一杯而散 噫 是遊也 日不暖而寒 苦莫苦矣 行捨騎而 步 勞莫勞矣 寺無水石巖洞之勝 賞不稱矣 食無方丈綺珍之味 具已薄矣 自他人 觀 宜無足樂 竊惟夫同遊上下三四十人 人人跌宕歡喜踴躍者何歟 庸詎非所會 者神 所遇者境耶 神全則境至 境至則樂生 樂也者有物亦可 無物亦可 惟無入而 不自得者 可與喩

_김조순,〈봉원사의 유람을 기록하다記奉元寺遊〉,《풍고집楓皐集》

우리나라 제품이 조악한 이유

晨鐘鳴已十二 廛樓金鏞齊鳴 又有販夫商女 負戴鳴杖 擾擾四集 爭壟列肆 各 灘其貨 於是天下百工之貨 山澤萬方之物 莫不畢聚 而招買聲爭鬻聲論價聲數 錢聲 呼應笑詈 喁喁嚷嚷 如風濤之響振 已而夕鐘鳴 街乃廓然 街上之貨品 有數焉 中州之貨 皆稱爲唐 而唐之貨精而緻 淡而華 雅而無脆 巧而有制 故貴 之爲上 而倭貨之精細妙麗次之 國之貨 率多麤劣 終未臻精 且或倣唐而不眞 故品居下焉 豈唯其山澤之需 有不如中州而然乎 顧其人工 亦有所未盡者 蓋國 俗畫地以局人矣 地高者 知亦以高 地卑者 知亦以卑 勢固然也 而地高者 雖窮 寒無賴 濱塡邱壑 猶自介然閉知 不肯與於工商之事 是以國之一切工作 擧出於 下之不學無識之人 人旣無識 何能妙其用 而精其工哉 此貨之所以不美者也 雖

然貨之不美 抑何傷也 街上之貨與物 日益騰踴 價至倍蓰者 此何由而然也

_김세희,〈종가기鐘街記〉,《관아당유고寬我堂遺稿》

그 많던 복사꽃은 어디로 갔나

出國東城而北行三四里 有北笛洞 洞在都傍 以名勝特聞 暮春者 未嘗一日巷無人焉 余故拙不喜出門 卽出門 必不得已而出 是日也 客有迫之起 乃連袂接衽 緩步至洞 洞之口 有磐石偃臥 水漫漫布流其上 緣邊魚貫 或擇蹈或距躍 旣入洞 石之盤者亘 水之布者澮 中洞爲溪 夾溪爲岸 岸峙爲山徑幾數里 間有邨籬 落落如星羅 籬以外自岸至山 桃花簇立 有白有紅 有深紅有淺紅 又有亭松弱柳 如華盖如屛帳 暈雨縹煙 相與暎帶 往往落花入溪 溪流爲之色醺 邨有金姓業武者 余與有舊 自溪上折而東 穿林下一線路 爲訪其居 覆茅結搆 窈深潔靚 不似煙火家計 主人讓余廳事 躬自具酒肴以歆之 頃之 冠帶車馬 闖咽過門 醉呼歌舞 遊塵合沓 余問主人曰 翁之居於此 幼而壯而老. 洞之繁華 無一日不如今也乎 主人曰 四郊之以名勝聞者 東郊爲冣 而洞於東郊爲尤特 方其嬌芳吐香 麗景爭姸 都人士女 固無日不傾城 及夫花去水落 春山一空 時往時來者 卽祝釐之翁 泮澼絖之媼 而未始不泚然如失也 余顧謂客曰 一歲之中 地有盛衰如此 況於百年乎 若是者 又孰誘而孰奪之 徘徊太息 及日而還 是行也 能詩者皆有韻語 余獨無以應 遂記其事 以弁諸卷首云

_서형수徐瀅修,〈북적동에서 노닐고 쓴 글遊北笛洞記〉,《명고전집明皐全集》

조물주도 서늘하게 만든 인왕산의 계곡물

洞多水 以水聲名 迺西山之口也 庚午夏 大雨數十日 川渠漲溢 平地水深三尺

余朝起跣足着屐 衣雨衣携一壺酒 與數三同志者入洞 至石橋邊 上下一望 應接
殆不能暇 溪澗之勝 泉瀑之壯 怳與舊日觀大有異焉 凡西山之水 或橫流或倒流
或折而復流 或掛匹練 或噴亂珠 或飛於絶壁之上 或灑於松翠之間 百谷千流
不一其狀 皆到水聲之洞然後 始成一大流 裂山倒壑 衝崖轉石 如万馬之爭騰
如疾雷之暴發 其勢不可遏也 其深不可測也 其中霏霏如也蕩蕩如也 時飛沫濺
衣 凉意逼骨 魂淸神爽 情逸意蕩 浩然如與造物者 遊於物之外也 遂大醉樂極
散髮長歌 歌曰西山之上雨床床兮 西山之下水湯湯兮 惟此水是吾鄕兮 徜徉不
忍去 物與我而俱相忘兮 歌闋相顧而起 天忽開霽 西日已在山

_박윤묵,〈수성동에 노닐고서遊水聲洞記〉,《존재집存齋集》

병에 걸리고 싶지 않다면 다리를 건너시오

上元踏橋 不知其所始 意者 以禳除災患 如重陽登高之類歟 壬午上元 余客椒
泉 月旣升 携諸客 步出前街 游者已如海矣 直西趨銅峴 折以北至鍾街 聽鍾聲
人益衆 不可穿過 一城都會處也 又折以西而北 爲景福宮前街 至是而遊者稍稀
月益明 大路如洗 廨宇離立 位置嚴整 徘徊少頃而且歸 或言復稍進 循宮墻以
後 出於三淸洞口 則多可觀 從之 松檜森然 積雪滿徑 乃不見一人 墻窮而得人
家 有欬而立於庭曰 是踏橋者耶 皆大慚 促步從苑署前路 左挾延齡古宮以東
又得大路焉 是爲昌德宮前街 數遇踐更卒 坐附火擊皷 乃三更四點耳 少坐把
子橋上 又西至鐵冒橋 望鍾街上 人聲尙鬧鬧也 然已倦甚 不可復前 還東轉 由
布廛小巷而歸 凡歷大橋六 曰小廣通橋 曰大廣通橋 曰惠政橋 曰把子橋 曰鐵
冒橋 曰水標橋 小者不可記 同遊者 洪紳漢垂之金斗顯晦叔垂之從子樂顯君佑
樂莘仲任樂顔子仁童子李道曾君佑弟鐵孫子始曾也 識其事 以爲後日笑

_김이안,〈상원날 다리밟기를 한 기록上元踏橋記〉,《삼산재집三山齋集》

도성 안 사람들이 하천에 노니는 물고기 같네

庚寅三月三日 與燕巖靑莊入三淸洞 渡倉門石橋 訪三淸殿古址 有廢田百卉之所苗 班而坐 綠汁染衣 靑莊多識荣名 余撷而問之 無不對者 錄之數十種 有是哉 靑莊之博雅也 日晚沽酒而飮 翌日登南山 由長興之坊 穿會賢之坊 近山多古宰相居 頹垣之内 古松古檜 落落存矣 試陟其崇阜而望 白岳圓而銳如覆帽 道峯簇簇如壺中之矢筒中之筆也 仁王如人之已解其拱而其肩猶翼如也 三角如衆夫觀場 一長人自後俯而瞰之 衆夫之笠 參其頷也 城中之屋 如靑黎之田 新畊而鱗鱗 大道如長川之劈野而露其數曲 人與馬其川中之魚鰕也 都之戶號八萬 其中之此時之方歌方哭方飮食方博奕方譽人毀人方作事謀事 使高處人摠而觀之 可發一笑也 又翌日登太常寺之東臺 六曹樓閣 御河楊柳 慶幸坊白墡 東門外嵐氣 隱隱呈露 最奇者駱山一帶 沙白松靑 明媚如畵 復有一小山 如鴉頭淡墨色 出于駱山之東 始疑爲雲間之楊州之山也 是夕余甚醉 眠於徐汝五杏花之下 又翌日入景福古宮 宮之南門內有橋 橋東有石天祿二 橋西有一鱗鬣蜿然良刻也 南別宮後庭有穿背天祿. 與此酷肖 必移橋西之一而無掌故可證也 渡橋而北 乃勤政殿古址 其陛三級 陛東西角有石犬雄雌 雌抱一子 神僧無學所以吠南寇 謂犬老以子繼之云 然不免壬辰之火 石犬之罪也歟 齊諧之說 恐不可信 左右螭石上有小窪 近讀宋史 知其爲左右史硯池也 轉勤政殿而北 有日影臺 轉日影臺而西 乃慶會樓古址也 址在潭中 有敗橋可通 兢兢而過 不覺汗焉 樓之柱石也 高可三丈 凡四十八 折者八 外柱方 內柱圓 刻雲龍狀 琉球使臣所謂三壯觀之一也 潭水綠淨 微風送漪 蓮房茭根 沈浮散合 小鯽魚聚水淺處 呷浪而嬉 聞人跫 入而復出 潭有雙島 植松竦茂 其影截波 潭之東有釣者 潭之西守宮窟與其客躱射帿也 由東北角橋而渡 艸皆黃精 石皆古礎 礎有窪 似是受柱處 雨水盈其中 往往見瞀井 北墻之內有簡儀臺 臺上有方玉一 臺西有鴛石六 長可五六尺 廣三尺 連鑿水道 臺下之石如硯如帽如缺樻 其制不可考也 臺殊高

朗 可眺北里花木 循東牆而行 三淸石壁迤迤出矣 牆內之松皆十尋 鸛雀鷺鸚
棲宿其上 有純白者 有淡黑者 有軟紅者 頭垂綬者 嘴如匙者 尾如綿者 抱卵而
伏者 含枝而入者 相鬪相交 其聲呴呴 松葉悉枯 松下多退羽空卵 從遊尹生發
機石 中一純白者尾 擧羣驚翔如雪 西南行有採桑臺碑 丁亥親蠶所也 其北有廢
池 內農種稻處也 入衛將所 汲冷泉而飮 庭多垂楊 落絮可掃 借看其先生案 鄭
湖陰士龍爲首 扁上亦有所題詩 復出宮圖考之 慶會樓凡三十五間 宮之南門曰
光化 北門曰神武 西日延秋 東日延春

_유득공,〈봄이 온 도성을 유람하다春城遊記〉,《영재집泠齋集》

송홍동엔 물이 없는데 청개구리가 산다

白岳一支 逶迤而東 爲鷹峯 鷹峯爲昌德昌慶兩闕之鎭 昌慶宮之東 爲國太學
太學東北 有洞名宋洪 此何以稱焉 尤菴宋先生祖先世居于玆 吾先祖判尹公入
本朝 首拜判漢城尹 卜宅于崇敎坊 卽亦玆區也 後承蕃昌 散處泮水東西 世稱
洛陽東村滿地洪 此其所以名也 玆區也洞府寬暢 局勢圓正 又有雲林之勝 有巖
陡起十數尺 孤標特秀 廉稜而不露鋒刃 淸越而若叩瓊瑰 白傳詩隱起璘璘狀 凝
成瑟瑟胚者 爲斯石準備語也 尤菴大書曾朱壁立四字 鐫諸石面 銀繩鐵索 可想
巖巖之象也 巖罅僅容一指 無水土包涵 而靑蛙產其中 以時出沒 亦可異焉 猶
華山桃花生于石縫 着之卽生 不由核種 是所云氣有潛通 數有冥會者也 物性之
變化 有不可以常理限者如此 噫 判尹公後孫 流散京鄕 如瓢蓬泛梗 吾家亦自
曾王考贊成府君 已離泮村 舊宅今爲四賢祠矣 昔李文饒爲平泉別墅 採天下珍
木怪石 備園池之玩 至云鬻平泉者 非吾子孫 以一樹一石與人者 非佳子弟 瘦
死南荒 身且不保 況平泉乎 何其欠達觀也 其貽譏於百世者固也 吾先祖廉約爲
度 傳十數世而始離舊基 較文饒得失何如哉 寔垂裕於後昆 諒無隙於前構 撫韋

家之宿事 勞想欽承 懷王氏之門風 深願祖述 是乃吾苦心 而及今癃病瀕死 不復擬議 到此詎不憑心而興喟哉 洞舊有塾 泮僕鄭學洙教授於其中 克修堅拂秉牌故事 冠童百餘人 彬彬有西河之風 聞已累易主矣 尤翁後人欽象戒之 謂不宜屬別人 買取書齋 栽花種果 用添其形勝 斯可謂修族代而不遷 遵世守而不失也 戒之沒而不克保有 余亦無以爲力 任其變遷 徒誦宋洪洞名 有媿戒之大矣 嗚呼 水不忍廢 地不忍荒 其何敢忘哉

_홍직필, 〈송홍동기宋洪洞記〉, 《매산집梅山集》

풍광이 아름다우니 죽음도 두렵지 않다

나에게는 봄 여름 가을 겨울이 따로 없다

余嘗寓於漢江之上 一日挐舟泝流 落帆於楮子島之沙 步步上友人權正則之亭 數客從之 主人乃觴之而請亭名 且曰 索記於公 卽先人志也 余携酒顧眄而謂曰 之亭也處乎江與山之上 蘇子所謂江上之淸風 山間之明月 其在斯乎 淸風明月 固亭之所素有也 以此名亭 不亦可乎 主人曰善 余於是更酌一觴 倚亭而諦觀之 亘鎭乎南 岡巒相屬 松柏蒼鬱者 宣靖二陵也 二陵之外 獻陵相望 而層峯疊巘 鳳舞鸞停者 淸溪也 直東而爲南漢 碧嶂粉堞 橫跨半空 南漢之東北 而爲月溪 渡迷 嶺峽對峙 草樹蔥蒨 前臨蒼嶼 卽所謂楮子島者 二水分流 環島四面 奇巖 間起 白沙平鋪 崖嶷石嶙 或花或楓 春紅秋赤 光景益奇 中有數村人煙 隱映於 松林之間 其上則有廣津 郊原井落 極目莽蒼 其下則有淸潭 泓湛瀹淪 深不可 測 宵晝之間 獻狀於軒楹之下者 輕嵐斷靄 乍明乍滅 萬壑千峯 若往而復 亦有 天光雲影 倏有忽無 漁艇商帆 孤泛雙飛 四時之景無窮 而一亭之興有餘 蓋山 重而會於斯 水複而會於斯 風之淸者 於焉而益淸 月之明者 於焉而益明 不費

一錢之買 永爲無盡之藏 濱此江而居者十數家 而獨此亭之得此美者尤焉 于以冠之於亭 信乎其得之矣 且余因此而有所感焉 世之人 徒知風之爲風月之爲月 而不知風月之在我者爲尤美 惜也 風與月在外 謂之在我者何也 曰君子苟能澡雪其心 人欲淨盡 則光風霽月 在我靈臺 而不待乎外矣 況風月之在外者 有時而陰且晦矣 在我者則無春無夏 無秋無冬 無晝無夜 無時而不光 無日而不霽 不暇亭觀之臨眺 而自有無邊之景象 其爲樂也 有難以言語形容矣 噫 在外者人皆得以見之 其在內者 知之者鮮矣 況得而有之者 有幾人乎 正則襟懷不俗且有佳子弟 可以語此 故於其請記也 余不敢拒 竝以此告之

_이경석, 〈풍월정의 기문風月亭記〉, 《백헌집白軒集》

자연도 글이 있어 빛난다

集芙蓉江遠近之勝 指計有八 其一天柱朶雲 其二黔丹紋霞 其三栗嶼魚罾 其四蔓川蟹燈 其五烏灘疊檣 其六鷺梁遙艇 其七櫟園錦穀 其八麥坪玉屑 直江東南數十百武 萠岊詭秀而山者曰冠岳 最高而峯者曰天柱 晨起凭眺 一朶白雲 濛濛起峯頂 已而芬郁簇擁 繞帀薈蔚 自山腰以上隱而不見 已而英英飛盡則獨見峯巒硠砑倚天屹立 故曰天柱朶雲 自冠岳西馳蜿蜒 復陡起而山者曰黔丹 山色澄沐如藍 駁霞半被 上露螺黛數點 初旭薄射 演繡成紋 故曰黔丹紋霞 是二者於朝宜 中江而癃僂爲島者曰栗嶼 對嶼而濚紆爲氾者曰蔓川 籟寂波澹 露氣羃流 魚罾多在嶼渚 蟹燈多在川港 藁火點點如踈星 行舟踈乃聲與漁謳相互答 故曰栗嶼魚罾 曰蔓川蟹燈 是二者於夜宜 江之下流曰烏灘 春水旣泮 漕舶畢集 遙望千檣簇立淡靄浮翠間依依然 上流曰鷺梁 潦水時至 滄森澶漫 片艇浮搖 若去若來 江之北麓曰麻浦 峴有櫟柞數十株 秋深葉老 丹碧錯互 爛漫如蜀錦衣山 東澨曰沙村坪 村人歲播瞿麥 麥芒方吐 微霞初集 璀璨如琳琅落蘚 故

曰麥坪玉屑 曰槲園錦穀 曰鷺梁遙艇 曰烏灘疊檣 是四者或宜春夏 或宜秋冬 蓋天柱黔丹烏灘鷺梁 得之遠眺 栗嶼蔓川槲園麥坪 猶几案閒物也 今年杪春 舟過烏灘 見中流塊石 龜伏露頂 頂鐫二大字 苔缺蘚蝕 刺櫓其下 手抆讀之 其文曰集勝 土人從遊者曰明朱之蕃筆也 遂拓之歸 復列八目于左 將丐詩諸名家 主人先爲序 以道其志 主人姓徐 逸其名 自號芙蓉子

_서유구, 〈부용강집승시서芙蓉江集勝詩序〉, 《풍석전집楓石全集》

오래가도 바뀌지 않을 것

國都之鎭三角山迤北一支 越大路而西 蹲蹲延延 若斷若續 遇水而止 結爲阜 繞爲洞者 村之居也 漢水從東南來 過龍山至喜雨亭下 溢而爲沱 分流二派 其大勢浩浩淵淵 循西岸而北 直趨海門 其一派東折西廻 屈曲縈紆 抱村之洞口而去 可十餘里至幸州城下 復與大江合 兩江之間有島 作叉禾黍緘緘 村之居民 常隔水往來而耕種焉 名之曰水伊村 每夏秋之交 潦霖大漲 兩江合而成海 水色連天 村之得名 蓋以是歟 余戊申夏 丁外艱 舍季柳川子小莊 在直北數里許 奉几筵居之 亦有數畝田 正在此村北麓下 割而與我 乃營草屋數架 爲田廬焉 旣服闋 欲起而趨朝則病也 難堪夙夜 欲捲而歸山則老也 未忘狐丘 岐路徘徊 頭髮空皓 顧此一區 猶有桑下之戀 姑息偸安 以爲卒歲之計焉 則就田廬上 又構一小草屋 以便病人居處 僅庇風雨 容膝而止耳 其始也 嚴霜夜降 蟄蟲尋穴 唯以存身爲急 固未暇有探奇選勝之意 及旣定居 坐於斯 臥於斯 游泳於斯 則其山光水色助我幽趣者 亦不一而足 其前則江外諸山若青溪廣州 若冠嶽果川 若衿州衿川 若蘇萊安山 連巒接岫 一陣周遭 鳳舞龍翔 爭向窓櫳 左之而截彼三峯 壁立千仞 有凜然不可犯之勢 右之而遠浦遙岑 極目微茫 有包含荒穢之量 何其俄頃顧眄之間 氣像若是其不同耶 其出門而正相對者曰仙遊峯 一點孤山

飛墮江干 宛如群龍爭珠 其廻望而先入眼者曰逍遙亭 百尺雙柱 對豎波心 恰似仙府開門 危檣片帆 隨風往來 點點出沒 非野外大江所常縱目者乎 老牛將犢 六七爲群 或飮或臥 非門邊綠蕪所常自牧者乎 朝煙暮霞 秋月春花 流光代謝 變態無窮 皆能收貯眼前 以爲吾家計 而惟後一面無所見 懸崖斷麓 勢同展屛 朔風號饕 曝背猶溫 先儒有論陰陽體四用三之數曰 天地東西南可見 北不可見 此地眞得天地自然之形勢乎 去紫陌不盈一息 長樂風鍾 有時到耳 朝紳之間舍 求田 宜無若此地之便 而百年抛棄 主管無人 殆鬼祕神鏗以待我歟 因而思之 人之安宅 不在遠而在邇 回視平生 許多枉步 莫不如此 可笑也已 於是改水伊 村曰勿移村 以方言字音相同也 扁其屋曰久菴 因舊號而寓新意也 將考槃終身 久而不移者 其不在於此耶 噫 士移其業 民移其居 皆由於血氣方盛 有所外慕 今吾頹齡如歸 萬事躝跚 坐則忘立 臥則忘起 移業何求 移居何往 惟其不移 所以能久 久則安 安則樂 樂則欲罷而不能. 雖欲移之 亦不可得也 吾知免夫 遂書以見意云

_한백겸, 〈물이촌 구암의 기문勿移村久菴記〉, 《구암유고久菴遺稿》

나는 즐거워 피로하지 않다

遊華藏寺記

己亥之夏 余困暑潦 入秋下痢十餘日 服藥少止 積瘁頻復 改春未離床席 飧饇龠合 眠渴亥子 恃杖跰(足+解) 十武三跌 日惽惽不能支 自念是難以刀圭爲也 山澤宣鬱 蔘苓不如 顧病軀不堪遠適 聞鷺渡南 有華藏寺可遊 約兪景衡金渭 師襆被一宿 風雨再愆期 孟夏初三 霽開旭舒 暛暄可人 二友聯翩踵門 已令人僊僊有飛翥想渭師曰 有期不敢虛 跋涉無庶勞止 請留此以永夕 余奮曰 吾則往矣 君輩少壯無病 乃憚爲老夫一動耶 皆粲然而笑 余轎渭師騎 景衡及寅兒徒

二僕領輜重 甑醬槖米 一管一墨 唐箋數十番 東坡詩二卷 余與渭師先至津頭 刺船徑度 水面如鏡 班荊龍驤亭下 候一行齊到 渭師遣奚驢入城 以山路不容騎也 循山而左 歷黑石村 登頓崎嶇數里許 簷瓦出而寺門額字可辨 衲子數輩迎導 登不二亭 布席請坐 憑軒四眺 嫩崗右繚 澄湖左坼 雖乏鉅觀 洵稱寶坊 有頃諸人至 視其色 捋汗帶喘 手紛紛箠也 二友別齋醪麪 有饁逮下 向夕風厲 下亭折旋穿過兩小扉 丈室在焉 房櫳靚深 簟几淸楚 龕供金身一尊 下安焚香古銅鑪 體樣小而雕鏤甚精 貝葉數帙架其右 東墻下 桃花五六株方盛開 緋碧交暎 庭不彌畝 葡棧榴盆 嘉卉怪石 布排織密 種種有致 皆長老淨心積累摒擋 與之語 醇謹可取 少焉飯入 厭羞淮豆 佐用海組 煮楪中式 芳腴當肉 半鉢膨脝 得未曾有 酌泉嗽齒 甘比醍醐 亟令瀹茗 痛釂一甌 復出亭上逍遙 忽有微白生衣 仰視新月出林杪 娟娟弄輝 余顧諸人曰 使初期諸者 不失此一段光景耶 天心委曲 可稽首箋謝也 散步良久 返室拈坡集虎邱寺詩 走筆次韻 團坐劇欵 不覺盡燭二枝 問夜何其 心師出戶看星還報曰 山中無鍾漏 難質言 約莫五更天氣 余曰 我不爲疲而無暴其氣古訓也 少甞之 爲詰朝惺惺地可歟 遂各就枕 熟寐一輾 牎烱烱曒矣 起而盥洗 諸人方在西小寮 賦夜間所拈韻 吟哦盈耳 攪之不便 取架上金剛經一卷 默坐披繙 奧晦多難通 而其可通者 往往犁然發省已 而諸人章就來寫 聲藻俱佳 寅兒所作 亦爲二友所賞 余又題二絶于下 令諸人歸而和之 僕告炊熟 喫罷將旋 見香積廚寂寂無烟 闍黎在傍者色皆羸黃 蓋不食已一晝夜矣 捐橐中餘粮施之 擧合掌稱謝 送至山隅 悢悢有別意 告以楓節再來 則齊聲請必踐 一飯之緣乃至是耶 抵家日禺中 是遊也有三得 寺觀巖泉 類稱勝賞 齒角乘除 亦難兼備 境露則嫌鷄犬之逼 地僻則苦輿馬之費 玆山不淺不深 據崝臨泓 氛囂旣隔 躋泛俱宜 得其地矣 獨太寂 群邀易鬧 二友一兒 居然成衆 景衡志堅襟靜 有鑽透重關之工 渭師神儁鋒快 有騰踔萬里之氣 韶華並茂 歲寒不孤 雛犵學嘸 亦參唱酬 得其人矣 君逸臣勞 滯釋穢去 寢食甘美 本體如如 謂非得其天可乎 不有能

斷 曷奏斯功 冷暖自知 渭師何慮之過 皆不可以無述也 庚子浴佛日 臺山居士記

집 이름에 깃든 뜻

臨漢亭後記

亭仍臨漢名 不忘舊也 吾五世祖考 旣作臨漢 吾高祖睡隱公 又作亭漢水之南狎
鷗之里 命曰夙夢 與臨漢相對而不相見 及移臨漢之扁于新亭 則適相望如拱揖
然 遂命臨漢之南舍曰鷗夢 又其南曰挹夢 皆所以追吾先也 於是乎爲亭者三 而
余處其北 名其所居之室曰硏經齋 齋上有樓可以藏書 名之曰俯仰 取朱夫子書
樓詩懷哉千載心 俯仰數椽足意也 讀書而無友朋之益 則僻陋而不能通 故名其
右房曰止宿寮 以待同志之來 亦朱夫子所名於武夷也 友朋萃矣 則可以徜徉游
泳而得其樂 故名其廳事曰詠歸堂 山水經籍友朋之樂具矣 而無室家之助 亦不
能以久安也 故名鷗夢之室曰偕隱 能偕隱則可以安矣 故取陶元亮歸去來辭語
名其右房曰易安窩 偕隱之西 複房相屬 不宜於眺望 而宜於偃息 名之曰欹枕室
鷗夢當三亭之中 極目雲沙 帆檣映帶 蓋得江山之宬勝 而於賞月之夕尤宜 於是
名其樓曰影帆 其軒曰澄碧 而名易安之東樓曰涵影 江之中積沙歧渚 至竢夢之
南而後 水始合而西流 濤瀾益浩瀚可觀 於是名其左室曰觀瀾居 其軒曰雙流閣
余居以臨漢爲外 鷗夢爲內 而挹夢則將以竢知我者卜鄰焉 於是取陶元亮南材
詩語 名其右室曰晨夕舍 又取杜子美瀼西詩語 名雙流之左稍隆者曰許坐軒 棲
息游觀之樂 至此盖略備矣 旣樂矣 不可以不知戒也 故名晨夕之東樓曰淵氷 登
樓者左矚龍淵 右可以望西氷室之津 其下則斷岸千尋 惴惴乎不可俯 盖有臨深
履薄之懼焉 余衰且病矣 不復有人世意 於斯亭 亦偶寄焉而已 然余一日未死 不
敢忘吾先祖 亦不敢忘先聖賢之傳也 是以名亭以先祖所命 而其齋則曰硏經 其
曰詠歸則取諸魯論 觀瀾則取諸鄒孟氏 俯仰 止宿則俱取諸紫陽 而終之以淵

氷之戒 所以申吾儆也 名旣定 有過而問者曰 詠歸之前 有門焉 大江之流 若出于其底者然 子與客之往來出入 又咸繇是 是獨可以無識歟 遂命之曰碧柴 取子美詩碧色動柴門意也 或又曰 斯亭之得名者 適十九矣 得無缺其一歟 應之曰 大衍之策 不有虛一者乎 無已則亦有說焉 朱夫子作武夷精舍詩十二篇 其一則漁艇也 余方且來流而行 上泝丹邱 下沿列口 遇有歌滄浪而詠蒹葭者 艤棹而講吾道焉 子爲我買舟繫門外 吾將命之曰問津之篷 一作漾月之舫

풍광이 아름다우니 죽음도 두렵지 않다

丙子五月壬午 與李子胤之發浮海之行 其弟健之 其從弟懼之偕焉 涉楊花津 午炊熊月村 登星嶺 西指海色 夕宿仁川 癸未午 由邑西行十里 到海口 舟已戒矣 以潮未飽 少盤旋巖石上 巖多石花殼 嵌凹如蜂窠 岸北有濟物舊鎭 敗瓦廢堞 草樹翳然 遙望東南 諸島點綴於海中 夕陽帶之 潮至巖石半沒 而舟人告登舟 是時 天無微風 海波不起一鱗 上下瑩磨 如在鏡中 舟行十餘里 泊紫烟島 白雲山在其北 月尾後浦 經其南 鷄犬幾乎相聞 土沃民稠 山川開爽 可宅而居也 國家置永宗防營於此 以控扼喬華咽喉 門上有樓 以臨海水曰太平 登樓 暝色蒼然而至 微雨落波中有聲 夜宿村舍 問龍流路 以爲西南行二十里 到杉木浦 浦內外受潮 潮至漫爲海 潮退纔騎牛入浦 泥深過尺 其長十里 島人相傳爲九十九浦 以牛行而十步九躓 小遲潮又及之 不如水路爲徑快云 甲申 朝放舟太平樓下 乘早潮而西 海霧漰濛 不見出日 舟入大洋 不覺其行也 余與胤之 起立舩頭 長風拂袂 碧濤粘空 擧目茫然 流懷擊磐裏餘風 久之覺胸中無物 回視摩尼諸山半出水中 如筆露尖 如手騈指 又如大雪彌漫天地 而數點晨星 明熒不滅 胤之索余扇 畫蜃樓落照日 今日天陰 失此二字 宜用筆補之 舟行約三四十里 過八山而南 忽然霧氣纖噴 日光透漏 數朶芙蓉 冉冉褰雲而出 問之乃龍流也 翠壁

丹岸 玲瓏明潤 一帶白沙 經緯其間 其挿出波心 成削奇峭者曰女妓巖 與無爲諸島相映發 橫仄缺合 遠近異勢 如舞袖張空 頓挫廻沓 曲相環抱 胤之曰 由陸入者 不睹玆奇 不知入其中 比遠觀爲何如耳 方相顧叫奇 而潮已退 遂停舟以待潮至 時見遠檣 浮空如髮一汛于波心 忽又飛去 不見所止 已而狂風忽起 大霧四塞 顧眄之間 不復見龍流矣 舟人言風逆不可截潮 惟有回泊紫煙一路而已 余曰 衡山開雲 是人力奪造化耶 胤之瀸眉曰 亦偶然爾 遂擧帆廻舟 風盆急 霧盆暗 衣冠如膏沐 不見帆外一步 但覺舟行如飛 騰騰茫茫 如夢中墮坑 四無攀援 舟人坐拱手 惟舟之所之 而天已居然昏黑矣 遂下碇於洋中 夜氣悽冷 心惻愴不寧 胤之出名香數枚 燒之以辟腥氣 夜半蕾雨驟作 聲震于天 海濤爲之辟易 電光燭波 鯨蛟如可俯探也 令人神魄然 瞑目良久 想見混沌未闢前意象 忽聞空中隱隱如有人語聲 意過舟滯雨 或島村在近 舟人大呼有人否 是何地方 如是者數四 寂然竟無應者 或曰 水鬼 或曰 飛禽 或曰 無聲也 只是耳傾焉 故似有聲 遂相視一笑 五更風氣陡緊 覺潮水至矣 聲勢迅猛 如萬馬馳躍 釰㮰相摩 舟大而無力 簸跳撞舂 無異螺殼 胤之出橐中鏡炤之 笑曰 自無溺死法 余曰 死固有命 而一帆直抵蘇杭 盡天下壯觀也 非惡事 遂張燈賦詩 以達天明 每一篇出 余與胤之 叩舷長諷 聲滿海濤 使河伯聞之 豈不菀爾曰夫夫也癡獸 不畏死如是哉 眛爽 忽見一片翠嶼 兀然入望 謠視之 乃月尾島行宫也 復掛帆直下十數里 還泊濟物鎮頭 朝飯浦村 入仁川 丙戌 由岐灘路還京 是行 得律詩人十八首

_김종수, 〈바다 여행浮海記〉, 《몽오집夢梧集》

바른 스승을 구하는 법

돌아가신 어머니의 필적

余年始六七時 與諸姊妹侍先妣側 持一册作墨戱 傷汚籍甚 先妣奪而禁之曰 此韓氏三代錄 我兒時習字舊也 其說不經 筆亦幼冲 非所足惜 而間以亡仲弟錦山君書 古跡不可褻也 時余與諸姊妹 環伏膝下恐恐焉 惟其免叱責之爲幸 而不省其言之甚慽 又不省其册之爲珍且貴也 嗚呼彈指之頃 奄作二十年前事 而人事之變極矣 天乎痛哉 歲己未夏 內子吳忽以一古軸 相送俾小子 以勉之曰 先蹟也 子盍爲壽後之道 於是余方畢二祭 廓乎其無以爲懷 蹶然而起 受閱未半 而不覺涕淚之汍瀾 嗚呼寒喧短牘 槩乎多家大人往復手筆 而其一破册 卽所謂韓氏錄者也 惜乎鼠蠹乖食 太半殘裂 非復舊時之樣 而手墨淋漓 往跡尙班班可徵 嗚呼 是豈忍讀 亦豈忍一日因循 等其漫滅乎 遂漆其刓而補其缺 改其粧而題其面 曰先墨就下 方略記顚末 自訟不敏 俾告稚昧 無或妄可傷汚 如我之爲 己未七月日 不肖男震應抆血書

震應不孝無狀 罪逆不死 喪慈顏 于玆二十有六月 靈筵已撤矣 心制且盡矣 號

呼穹壤 終莫之及 遂疏其平日所聞見若干言 爲家狀 又傍搜遺墨之散在者 葆在一笥 朝夕奉玩 庶字句行墨之間 彷彿想像 其典刑遺範 嗚呼是可以慰其思耶 只益增感 抑塞聲淚俱幷 無寧早自溘死 下從地下之爲樂 後二日又書

_권진응, 〈선비가 손수 쓰신 한씨삼대록 뒤에 쓰다書先妣手筆韓氏三代錄後〉, 《산수헌유고山水軒遺稿》

아버지의 정이 깃든 질화로

余家有小土爐二 先王考暨先君子之所嘗用 而以傳于余兄弟者 余兄弟愛惜之如至寶 以黃紙每歲一塗 爐厚至數寸 紙多於土 塗故長新 厚故能久 或者笑之曰土爐非貴也 而三世相傳 君兄弟愛惜之又若此 得無嗇乎 余曰噫 子不知是爐之爲可愛 是我先德之所寓也 昔我先王考隱居樂道 結屋仁山下 入則圖史而詩禮 出則松竹而花卉 韶顔白髮 日携杖於堂宇園林之間 先君子必以是二爐而隨之 未嘗使伏火或絶 奴二江者 承意必買炭而繼續 酪酏涪汁之溫 茗茶之黌 芋栗之煨 先君子必手撥口嘘 身自爲而奉進 王考常臨爐而怡怡如也 及侍疾亦惟是二爐不捨 天寒雪深 夜坐爐邊 炒藥或至於達朝 凡吾家所有盤盂筐篋壺櫨甘旨滫瀡之器 襦簟衡席袂帋紙履盥匜衣 梳晨昏服事之具 琴囊篆函竹椅梅龕棕櫚杖花草硯三寅刀 鹿角之枕 鯨鬚之箸 飛白之簇 山水之屛 娛志悅顔之物 孰非先君子事親之具 而至若終始隨身 爲親側之用 而忠養色憂 藹然孝思之可見於今者 則多在於二爐 余兄弟孤露之後 對是爐輒爲流涕 顧何忍賤棄毁滅 永泯其所寓也 夫范氏之墨帳 韓氏之古几 王氏之靑氈 皆有所寓 故子孫保守不替 惟其所寓是寶 則何論於物之貴賤 土亦可以與金玉齊也 吾子乃以爐之爲土而欲勿貴 若如吾子之言則惟狻猊博山世所稱寶爐然後 方貴之而世其傳 豈不亦陋矣乎 或者聞余言 斂衽而起曰有是哉 宜君兄弟之愛是爐也 吾今始知之矣 非獨君兄弟 君之子孫 凡人之過君家者 知是爐之可愛 則孝心有不油然而生者

乎 或者出 遂爲之說

_박준원,〈아버지의 질화로土爐說〉,《금석집錦石集》

생일을 맞은 뜻

天地之久而吾幸一度生世 萬物之衆而吾幸生得爲人 之二幸者而生於父母 恩莫大焉 生爲吾身 貴莫大焉 受此恩成此貴而生於生之日 是日豈非可喜可樂之日歟 自古於是日以宴飮者 盖志喜也 乃若當是日而念莫大之恩則父母不忍忘也 思莫大之貴則吾身不可忘也 不忍忘父母則吾所以事親之道可知也 不可忘吾身則吾所以修身之道可知也 吾若不能事親 不能修身 而橫目竪耳 自爲非人則一度爲虛生 生得爲禽獸 不可復者而爲虛生 不可再者而爲禽獸 寧不悲哉 況吾父母劬勞顧復 生此非人 而乃爲禽獸之父母 其爲寃痛憤迫 淚血而腸爛矣 至此而循俗爲酒食飮宴以樂之日 此日吾生日也 其果何如也 以此生禽獸之日而表稱之 天日亦將憤愧而晝晦矣 百年之內 此日歲回 苟有人心者 每思念到此而不忘親不忘身則其所以自警而戒懼者可知也 然則生日之每年回到 豈非大幸哉 旣以是日爲幸則亦宜有酒食也 於是以饋父母 以樂兄弟 以速隣黨 吾若不免爲非人而爲此飮讌者 是欺父母兄弟而覵鄰黨者 其自警省 將何如也 與我同志十數人 合而共之 各以其生日爲酒食而更招之 一歲之內 會日殆無虛月 日之日生是他人 而會之會名是生日 則吾 心之自警 每月是日也 十二月之歲而月月是日 則一年之內 吾爲得幸之人 一千二百月之年而年年是日 則百歲之內 吾爲全幸之人 吾果幸而全吾幸 則吾父母之幸 其有極乎 然則吾所以警而修者 果何道也 人之莫貴者聖人也 而堯曰允恭 舜曰溫恭 禹曰弗滿 湯曰聖敬 文曰懿恭 孔曰溫恭 恭敬 德之基也 以是事親則孝矣 與兄弟則友矣 交朋友則和矣 育子女則慈矣 接事物則治矣 進之則聖賢 下不失爲好人 而免父母於危辱矣 然恭之爲

言 非外貌曲謹足恭之謂也 行之有要 曰己所不欲 勿施於人也 凡吾同會者 盍
各以是自勉焉爾

_위백규,〈생일 모임에 붙인 글生日會序〉,《존재집存齋集》

죽은 벗의 뜻을 따라 지은 토실

故友蘭谷金灈以每謂余曰 平生擬築一土室 藏書數千卷 身處其中以終老 顧力
不及焉 余聞而喜之 思欲爲之 而亦未遑也 往在甲辰冬 村人動於卜說 往往有
移居者 余亦有避喧入靜之意 卜基於蘆峯之下 將結社爲數年棲息計 而若干書
冊 亦當挾而自隨 則草屋藏書 實有回祿之虞 乃作土室二 一以爲書室 一以處
眷口 其爲法 先築牆四圍 穿牆而戶之 橫置散木於牆頭而塗之以土 不使木末見
外 然後加椽 覆以茅 萬一有火患 只燒茅而焰不及於書架也 余未及問術於蘭翁
直以意爲之 未知其果合於蘭翁之意 而入處以來 已再更寒暑 大抵冬溫而夏凉
晝靜而夜寂 允宜老人養病之坊 而少輩讀書之所也 噫 人各有所好 亦各有所志
志在繁華者 必不好靜僻 志在亭舘者 必不好陋室 顧余之志 未必不慕乎繁華
而終歸於靜僻 則勢所驅也 又未必不志於亭舘 而卒就乎陋室 則貧使然也 勢
之所驅 貧之所使 而於是乎順受以安之 則這便是安身立命之地 而其中自有一
箇安宅耳 彼土室之美惡 居處之便否 又何足論哉 余觀古之聖賢 卽其所居之位
而樂其日用之常 如伊尹之處畎 而所樂者堯舜之道也 顔子之在陋巷 而所樂者
博約之工也 余少業詞章 乾沒科場 無所成名 而白髮已紛如 始乃回頭轉脚 斂
華就實 自放於荒閒寂寞之濱 以爲收拾桑楡之計 雖不敢妄議於古人之樂 而亦
不可謂無所事於其中也 噫 蘭翁愛我者也 常以白首場屋爲戒 吾不能用其言 自
取顚蹈 至於老死之年 只得築土室一區 以成亡友之志 若使蘭翁而在者 亦必莞
爾而來 與之相處矣 嗚呼欷矣

_유도원, 〈노애의 토실에 대한 기록蘆厓土室記〉, 《노애집蘆厓集》

대궐에서 물러난 궁녀의 발원

佛氏輪廻之理 其果有無耶 凡人之肆欲取快者 只知有今日 而不知有來日也 夫欲使之自苦其今生 而圖樂於其後生者 其爲法豈不疎且迂乎 然王公貴人 往往有戕身滅體 迷死而不悔者 彼其所圖樂於後生者 未知其果慕何事也 若慕其崇達顯大 則莫過於王公貴人 若慕其康寧壽考 則旣戕身滅體之不自悲矣 又何康寧壽考之足喜乎 此不過淫溺妄動而不知天命故也 若乃婦人女子 則其爲生最苦 受制於人 而況宮中曠女之幽鬱而抱怨者乎 余庚子冬 棲寶盖之靈珠洞 隔岡有靑蓮菴 卽內人姓金者之所居也 每夜月明 金女誦法華經 其聲淸婉哀切 余聞之輒悲 時因僧徒 聞其居處飮食 皆非人之所可堪也 噫 金女宮姝也 麋顔曼睩 人皆稱絶代佳人 而其藜藿之飫於口 綺縠之厭於體 亦足爲村巷寒女之有夫有子而不繼衣食者之所艶美也 今乃一切脫棄孤枯淡泊於窮山幽藪之間而不自悔焉 此其心必有大悲者存 雖寒之藻繡 寢以匡牀 非其所願 而所大願者不過來世之免爲女子而受制於人而已 佛氏之理 雖荒昧莫徵 而情困跡隘 無所托心 不得已而爲此也 豈不可悲乎 彼王公貴人者 旣非婦人之身 而吐氣當世 指顧如意 則其心有何不足 而乃不能安命順踨 淫溺如彼哉 菴之重修也 金女請記於余 余旣悲金女之情 故書此以贈 因爲王公貴人者戒 若夫棟宇之改色 煙雲之變態 不暇悉也

_김도수, 〈청련암기靑蓮菴記〉, 《춘주유고春洲遺稿》

임금이 내리신 만병통치약

溫泉下有硫黃 故味燥性溫 出于礜石者悍熱 然治病勝於硫黃出者 出于丹砂者 味甘而氣不臭 可以延齡養生 丹砂泉天下惟出於驪山 漢之甘泉唐之華淸是也 若礜石出者 亦千百之一也 硫黃泉在是已 治一切瘡瘍腫濕麻痺如神 此古人 所論著也 余自幼少多病 喜浴溫泉 驪山余未見也 如薊州之行宮 鳳城之湯站 曁東國之宣川熙川平山明川諸泉 粤已一再至 然一例皆硫黃泉 而獨平山泉熱 且悍 突趵高尺許 又可湘菜茹愽雞豚云 意或礜石出者非耶 溫陽之溫泉 自勝國 時鳴于國中 逮我列聖朝賞屢幸焉 今泉傍有行宮 泉上有湢殿 宮之東有二癈井 卽舊湢云 繚周垣而爲闕門 內而婦寺供御之所 外而臣僚扈從之次 畢備星羅 大 抵多傾圮隳 帷帳簾薄屛障几案 凡諸進奉器物 委積於塵埃 而尙不至甚腐敗不 可用 盖英廟庚午以後 訖無御幸 距今八十有五年 父老亦無在者 當時事莫從而 聞之 可歎也 吾王庶幾無疾病 顧誠斯民之喜幸也 湢殿南北五楹 東西四楹 碧 石函其中爲二井 若同室而格其中 井深可六尺 縱可常而橫可尋 三竅其傍 以 洩蓄水 出之殿壁之下 故內二井曰上湯曰中湯 外出者曰下湯 水從上湯西北出 折而東出中湯 又折而南則外出爲下湯 熱不甚 始入灼如也 久坐溫溫可愛 若 塞竅蓄水則一食頃 二井滿數尺 亦不以水旱冬夏而嬴縮炎凉也 自上湯至下湯 計不下十餘步也 令範其地而鑄巨鼎 待薪樵而煖之 雖日胼千僮之指 必不能若 是其無間斷也 吁甚異哉 井無龜龍魚蟹荷芰菱芡 寶玉之玩 雕琢之巧 如驪山薊 州者 而石材精良 製作完緻 有足以仰見祖宗盛際事功之鉅麗 規模之宏樸 洵非 今人所可慕効彷彿 士庶人毋敢浴上湯禮也 惟我先大王下敎若曰使予方御溫井 民病可瘳也 予將撤洗而輿之 況非日用而不過備豫者乎 自今永寬兩井之禁 使 吾民共沐恩波 咸躋壽域 大哉王言 此聖德事也 於是乎聾喑跛躄癱瘇瘡痍 杖者 舁者負者載者 踵相接於道 而四時無虛日 雖病甚者 不旬日則臥而來步而歸 呻 而入歌而出 嗚呼 泉之靈至於此乎 泉之靈至於此乎 歲甲午秋仲 余有癬疥之病

來浴於井 居數日而曰瘳 試飮井水甘 又小硫黃氣 抑所謂丹砂出者此歟 或曰是井也 浴之則病瘳 久不浴則病復作 噫 是豈井之故也 病浴于井者 皆六氣感其外 七情傷其中 沉淫錮結 久而乃發 其治之也 亦將涵潤?瀡消瀡蕩滌 沉淫者洗濯之 錮結者解散之 然後始去 則夫豈有亟至之患哉 徒見肌體之差可 去之若將浼焉 稍久而疾復作 則曰井乎井乎 豈不愚之甚者 余聞廣東有桃花泉 北人之商販者 一與土人交媾 歸未半路而大瘋瘡發 百藥罔效 不得已還飮桃花泉 則不日而爲平 人故多老於其地者 雖飮泉而無男女之事者 無恙而歸 余未知其說信然 然亦其人自取之已 豈曰桃花泉使之然哉 余將歸 記或人說爲井訟 而兼以戒來浴者云爾

_조수삼趙秀三,〈온정기溫井記〉,《추재집秋齋集》

버드나무를 심은 다섯 가지 이로움

孔州城東北 臨豆滿江 江外皆山 多叢林猛獸 卽故生女眞墟 江內皆平野無樹木 民薄岸而耕 每夏水盛 岸善崩 地日蹙 及冰 民或越江而樵 覺死 地多大風 往往拔屋揚瓦 余於丁酉冬 以罪貶孔州 寒不敢出 越明年三月 氷始解 乃便輿巡江上 自北而南 凡八百餘步 發近城丁七千五百指 人持柳條五 列植于江干 一步而四 菀然如柵 客有謂余曰 是不急也. 民不已勞乎 古語云 居之十年 種之以樹 今子之居是州 近卽半歲 遠不過一朞 何事乎種爲 余曰 夫塞者塞也 所以隔外內也 故古有楡塞 有柳城 今我與女眞夾一水居 獵騎朝夕來壓岸 凡我之興居飮食 在彼目中 庸可一日安乎 今吾植柳有五利焉 一以蔽疆域也 一以禦馳突也 一以防齧潰也 一以資薪樲也 一以障風氣也 興一利所以除一害 以是役民 非以毒民 况一擧而五利並 何謂其不急也 吾雖不久於此 繼我來者 苟不斧而火之 不數年而民受其利 何待十年之遠也 民苟利矣 擧一邑將護之 雖以百千年可也

何止十年之謀乎 孔子曰 人無遠慮 必有近憂 惟不急近功而遠是圖 斯其爲急務也 遂書于官壁 以俟後之君子

_홍양호, 〈두만강에 버드나무를 심은 뜻豆滿江植柳記〉,《이계집耳溪集》

바른 스승을 구하는 법

古人之擇師慕其德 今人之擇師慕其勢 有德者未必無勢 要之無勢者多 苟慕之在德則德日進 其於勢也 玩而忘之 若奏鍾鼓以破秋虫之吟也 有勢者未嘗無德 要之無德者多 苟慕之在勢則勢日競 其於德也 不知所以消之 如夏氷之易釋 湯雪之易沃 德與勢未始有分 而在所慕之如何而已 今之士大夫輒以爲人材不若古人 殊不知求之師而乃求於才 孟子亞聖也 使不就學舍之傍而習之 孟子之爲孟子未可知也 亞聖猶然 況下此乎 今之人幼少時 以了了稱 及長而無聞 雖有聞亦未能充幼少時所了了者何也 所師非所以爲師也 吾家以敎授爲業 見人多矣 其上材固未易也 下材亦少 要之無不可敎之人 先祖考家居貧甚 笻屋不能以時撑 夏日雨輒漏不可坐 冬日氷霜滿壁不可寢 麥飯葱湯 有時或闕 而都下士大夫多從之學 共其淡泊而不之苦 若其服勤也 不離乎左右 成就者甚多 當時稱先祖考善爲師 以人之所慕在德而不在勢也 百年之間 風俗日下 必延師於室而豢之 以敎其子弟 彼子弟素驕 且挾其豢之之勢以臨師 師亦無以爲威 不施訶責 不施捶楚 特爲之役而已. 子弟旣卑師而受其旨. 固無以進業. 則又以是責師之不力 是猶授朽索而御悍馬耳 是以賢者不輒爲之師 其爲師者特有求者耳 幼小時所習如此 旣長始擇於林下之名重可爲勢者師之 終歲未嘗講業 只假其門人號以號於衆而張之 卒又多殃其師 此所慕在勢而不在德也 爲師者不亦難乎 然則敎子弟於何乎始 在往學而毋館師 自幼小時知師道之嚴而後 始可以進於學矣 君父有定位 師無定位 唯道之所在而師之 又何擇其貴賤尊卑乎 德在己勢在

人 學者欲爲己乎 抑爲人也

_성해응, 〈스승에 대하여師說〉, 《연경재전집研經齋全集》

5부 옛사람의 즐거운 지혜

내가 동서남북으로 창을 낸 이유

室屋必有窓 窓受日之光 納風之涼 非止爲通人之出入而設也 窓多則冬疎冷 窓少則夏壅欝 然疎者可以障 壅者不可以通 故窓以多爲貴 書室尤然 蓋觀書取其明也 余之所居室 東西南北皆有窓焉 虛白爽豁 廓然四達 余坐其間 諷詠書史 山光或接于牖 泉聲或通于戶 幽鳥或來而窺 香花或飛而入 盛夏大暑 無壅欝之苦 是皆窓之助也 余甚樂之 於是就四窓. 各取程朱二先生語 以書之東窓曰 睡起東窓出日紅 閒來無事不從容 卽程子詩也 南窓曰 昨日土墻當面立 今朝竹牖向陽開 卽朱子詩也 西窓曰. 畬田種胡麻. 結草依松樾. 珍重無心子. 寒棲弄明月 卽朱子題西寮詩 而寮卽窓也 北窓曰 呻吟北窓 氣欝不舒 我讀我書 如病得蘇 亦朱子語也 常目于此 亦足以感發興起 何異乎座右有銘 於是復總而書于壁曰 明窓棐几 晴晝爐薰 開卷肅然 對我天君 卽眞西山心經贊語也

_박윤원, 〈네 벽의 창에 쓴 글四窓記〉, 《근재집近齋集》

지렁이 탕을 먹지 않는 뜻

濟恭白 雖病伏中 人有自城中來者 輒問台興居動作 得其詳則充然如飽 不得其詳 則怒焉如飢 以吾之心 可以度台之心也 卽者鄭重一札 問我死生 其辭摯其情溢 此在台與我固常也 以今之俗言之 不可謂非奇且罕也 第審遷次棲屑 奉慮何已 弟一病數旬 醫不能技 適來適去 不足以攪我靈臺 樂夫天命 何必陶彭澤一人而止歟 錄示藥方 可見台愛之欲生之意 非台何從而得此 雖然 弟於此不無戚戚於中者 喜生惡死 蚯蚓與我同也 夫蚓也 上食枯壤 下飮黃泉 則未嘗與我有所競也 旣無蛇虺之牙 又無蚊蚋之喙 則未嘗與我有所毒也 今乃因我偶然之祟 戕彼許多之命 火以煨之 融使爲水 果能一服卽效 見效者雖幸 使之效者 不亦爲不幸之甚乎 弟常謂釋氏之草食終身 不忍害一箇生物 雖非吾聖人大中至正之法 天覆地載 同被化育 則似此慈悲之論 亦足使衆生知感 自夫閱歷以來 竊觀今之人 若有毫髮利益於自己進取 則雖戕殺無故人性命 少無色於難 而反以爲得計者 滔滔皆是 然此輩知利 而不知義者也 安知他日不有智力之勝於渠者 乃又戕殺渠以媒進取 如渠今日之爲 則出爾反爾 其禍無窮旣也 不亦哀哉 今者煨蚓之法 雖曰大小不倫 戕物而益我 其心同也 吾不忍爲此也善乎 杜工部詩曰 家中厭鷄食蟲蟻 不知鷄賣還遭烹 此仁人君子之言也 微工部 吾誰與歸 神昏艱草 不宣

_채제공, 〈참판 이헌경에게 답하는 글答李參判獻慶書〉, 《번암집樊巖集》

마음을 미치게 하는 다섯 가지 물건

物之爲人所嗜者 必其有滋味者也 有滋味而至於嗜則累於人也亦審矣 余讀六一居士自傳 常怪居士徒知軒裳珪組之累 而不知五物之爲累 豈五物果不能爲累歟 軒裳珪組之累居士者 固甚於五物 則其滋味之入 必有甚於五物者 故居士

退而與五物居 則取以爲適 不自知其爲累 而進而軒裳珪組焉則已覺其疲吾形 而勞吾心矣 若伊尹太公自耕釣以至爲阿衡尙父 而終始不以一毫累其心 無他 其於天下萬物 不見其有滋味故耳 雖然方其有滋味也 而已知其爲累 居士之賢 於人亦遠矣 余未試於世 凡物之爲吾嗜者 不越乎五物之間 而猶患其爲累 況其 軒裳珪組而爲吾累者 安知其不甚於五物也 今欲稍損其累 莫若簡其所嗜欲 就 五物而去琴 又去棋 去古今籀篆之文 獨藏書一千卷 貯酒一壺 而與吾一人 參 而爲三 此吾齋之所以名也 或曰物無衆寡而爲累則一 子安知書與酒之不累 子 而不去之乎 余曰唯唯 然吾之獨取夫二物者 以其雖爲吾累 而亦有時而去吾 累耳 方酒之沾吾唇而嗛嗛然味其旨 書之蠱吾心而孶孶焉味其腴 其爲累 何以 異於曼聲姱色哉 旣而一觴一咏 陶然以樂 瀏然而喜也 向之有味者 終歸於無味 而至其甚適也 舒暢發越 神王而氣充 擧天下萬物 無足以入吾心者 玆又非二物 之去吾累者歟 其爲累也微而暫 其去累也大而久 惡乎其去之 雖然徒書也而不 以酒則偏乎枯 徒酒也而不以書則漸乎蕩 必也二物相須 而吾之樂全矣 庚戌

_남유용, 〈책과 술과 내가 있는 집三一堂記〉, 《뇌연집雷淵集》

다섯 수레의 책을 가슴에 담는 방법

人之可樂者多矣 耳之於聲 目之於色 口鼻之於臭味也 樶乎前攪乎中 必殫智慮 涉危殆 逞吾所欲而後已 然而其所好者 不過斯須間事耳 衆樂嘲轟 淸唱旖旎 一罷則山空水流而已 粉白黛綠 呈笑獻姸 一散則殘燭斜月而已矣 蘭麝馥郁 不過 一齅而止 芻豢羅列 不過一食而止矣 不殊乎太虛之飄風過埃而已矣 悅乎耳目 悅乎心志 愈耽而愈味 不知老之將至者 非書籍之謂乎 雖於幽獨之時 寂寞之 濱 閉門而開卷 則宛然與千百禩聖賢若騷人烈士 相揖讓叱咤乎一牀之間 其所 樂何如哉 人之從吾道同吾調者幾希矣 不以六藝從事則已 如有從事者而不與

之遊可乎 夫金玉寶也 文章亦寶也 百斤之重 中人不勝焉 五車之書 卷之則存
胸臆貯方寸 用之則參造化彌宇宙 嗟乎 人豈易得而常有之哉 今之世有此者幾
何 僕之於足下 相聞者遠矣 相見者近 交淺而言深 先哲攸戒 然足下之於僕也
不以無似而若不遐棄者 故感激愧恧 思所以報塞者而不獲也 嘗見吾子之文章
亦可謂工矣緻矣 然而夫子不云乎 好之者不如悅之者也 悅之者不如樂之者也
槩知學而不嗜好之者愚也 嗜之而不能勵其志盡其力 則與夫口鼻耳目斯須之樂
者 相去不能寸 僕與足下可不相勉之哉 毋日言之妄也而財擇焉 不勝幸甚
_장혼, 〈김용재에게 주는 편지與金庸齋書〉, 《이이엄집而已广集》

소가 귀한가 나귀가 귀한가

驢比牛弱物也 不能載重行遠 性且輕愎 以其弱而不中載 故專任騎貴遊子弟 爭
尙之 價常出巨牛上 巷里賤庶 雖有錢 不敢買而跨之 驢之背貴矣哉 農者牛之
力不農 人將不穀死矣 牛亦可貴也 然積穀多者 善殺牛以肥己 若子若孫 又化
穀爲錢 買驢以騎己 若子若孫 至以穀飼其驢 怪哉 人之賤牛而貴驢 抑以其貌
歟 驢非錦不韉 非絲不羈 搖朱纓垂柔轡 善衣冠者跨之 人皆曰美哉驢也 牛穿
鼻以强木絡頸 以麤索服重 粗行莽野 赤肌膚者督之 人皆曰頑哉牛也 嗚呼驢牛
之美頑 乃人之所使爲也 而又從而美頑之 何其不量也 用其力而食其肉 華其飾
而愛其貌 甚不可哉 或曰 中國人貴牛而賤驢 中國之人 果能知所貴賤也
_권상신, 〈나귀와 소에 대한 이야기驢牛說〉, 《서어유고西漁遺稿》

세상의 공평한 도리는 백발뿐

余早衰 自三十五六 鬢毛已有一莖二莖白者 女兒輩見之 輒惡而鑷之 余不禁也

至今白者幾半鬢矣 而鑷之猶不休 余忽自念吾年已四十五矣 回視二十年三十年前 則貌與年化 殆若二人 而吾考之吾之心身言行之間 獨無所化乎哉 然則人之所易化者特皃 而所不化者心歟 抑人皃與心俱化 而吾獨不心化歟 噫 昔蘧伯玉行年六十而六十化 是心與皃俱化也 伯玉之所以爲伯玉者此也 若吾者 皃非故吾而心獨故吾也 是皃化而心不化也 心不化而欲免乎故吾則其得乎 盖吾髮隨白而隨鑷 故吾所見者獨黑者耳 吾未始以爲老也 而猶有童之心也 然則使我心可化而不化者 又誰之爲歟 吾自此唯恐吾髮之不白也 請自今日始 饒汝白者朝夕覽汝 使我不化者 將隨汝而化矣夫

_이하곤, 〈흰 머리카락이 늘어나기를 바라는 글饒白髮文〉, 《두타초頭陀草》

양반다리를 하는 까닭

今夫倡優之戱 至賤者之技藝 而衆人所謂至難也 然其四肢百骸之屈伸變化 莫不從吾之所欲爲者 非天賦也 乃習也 乃得其方也 然非衣食所在 而積其誠 則又孰能爲此哉 至若跪坐也 天下之所易能 故君子之容九 而不言跪者, 而其不待言而可能也 然而倡優之賤, 能爲衆人所至難, 而余不能爲天下之所易能者何也 謂之不習也 亦嘗習之矣 一日不能至二日 二日不能至三日 以至十日二十日 而終不能焉 謂之不得其方也 亦嘗求其方矣 左足加諸右 右不仁矣 右足加諸左 左亦然矣 不相加之 左右皆然矣 然則非不習之過也 非不求方之過也 病也 余耳能聽天下之聲 目能明天下之色 苟能談天下之言 心能辨天下之物 苟得其道 雖不能跪 其爲聖爲賢 孰禦焉 苟不道其道 雖善跪 將焉用哉 此余所以自幸其心口耳目之得全 而不以足不仁爲不幸也 雖然外之爲容 乃所以安內也 故人之於冠也 偃則傲 俯則險 側則邪 正則端 冠一物耳 而其俯偃正側之間 心隨而變焉者如是 況坐臥起居之大者乎 余於是乎不可以不能跪爲幸也 嗚呼吾之

所以求爲聖賢之心 奚可比於求衣食者 而終若諉之以病 而安其不能焉 則獨不有愧於倡優之積誠也哉 是爲戒

_홍낙명,〈양반다리의 교훈跪戒〉,《풍산세고豐山世稿》권5

이름없는 꽃

園之花無名者多 夫物不能自名而人名之 花旣無名 則吾名之可也 而又何必名乎 人之於物 非愛其名也 愛之者在於名之外 人愛食 豈以食之名可愛也耶 愛衣豈以衣之名可愛也耶 有美膾炙於此 但當食之 食則飽而已 何傷乎不知某魚之肉 有輕裘於此 但當衣之 衣則煖而已 何傷乎不知某獸之皮 吾於花 旣得其可愛者矣 何傷乎不知花之名乎 苟無可愛者 固不足名之也 有可愛者而苟旣得之 又不必名之也 名者出於欲別者也 如欲別之 無非名也 以形而長短大小 無非名也 以色而靑黃赤白 無非名也 以地而東西南北 無非名也 在近而曰此 此亦名也 在遠而曰彼 彼亦名也 無名而曰無名 無名亦名也 何嘗復爲之名 以求侈美也哉 昔楚有漁父 楚人愛之 作之祠 配屈大夫 漁父之名 果誰也 屈大夫嘗作辭以自贊其名字 而曰正則 曰靈均 屈大夫之名誠美矣 而漁夫無名 直以漁號漁 賤稱也 而得與屈大夫之名 並傳於百世之下 烏在乎其名 名固美之可也 賤之可也 有之可也 無之可也 可以美可以賤 則不必思乎美 可以有可以無 則無之固可也 或曰 花未始無名也 子獨不知而謂之無名可乎 余曰 無而無者無也 不知而無者亦無也 漁父亦非素無名者 而漁父楚人也 則楚人固宜知其名矣 然而楚人之於漁父 其愛不在於名 故傳其可愛者 而不傳其名 名固知之而猶且不有 況不知而必欲有之乎

_신경준,〈순원의 꽃에 대한 단상淳園花卉雜說〉,《여암유고旅菴遺稿》

막걸리로 집 이름을 삼은 까닭

堂以白酒名何哉醪 主翁嗜飲 嘗以瓦樽濁醪 置之前 其味醇 其色白 價廉而力省 不難於取辦 療飢救渴 專靠於是 因以名其堂 噫天地之間 有五色焉 靑者黃者赤者黑者 各售其彩 而淸而潔樸而直者 其惟白乎 物之白者 不一其種 人之白者 曠世而罕覯 豈物能保其質 而人未免梏喪而然耶 悲夫 主翁蚍蜉身世 土木形骸 靜聽不聞五聲 熟視不見五彩 山中暮年所覩者 鏡中白髮 白酒一樽 振鬢邊之髮 吸樽中之酒醉而歌 歌曰 白髮之白兮 白酒之白兮 爾能適我悃兮 玉盤珍羞 難辦千金價兮 瓦樽缶飮 正宜茅茨下兮 以吾之白得爾之白 白酒兮白酒 庶幾使虛室而長白

_이세화,〈백주당기白酒堂記〉,《쌍백당집雙栢堂集》

조선 선비의 공부법

홀로 하는 옛사람의 공부방식

學而離師友 能不荒墮 凝然大有成者 蓋以志則一定 而左之右之 山川木石 無非吾師友也 若無定志 自外於學 則雖前有嚴師 旁有直友 抑何受毫縷之益歟瑪川李輝伯 頗亦有志於學者也 於吾爲外弟 是歲吾往見之 其居有江 江澄沙白朗然十餘里 江上有山 山崇深雲木作翠 山面皆石 色映江爛焉 園竹可數千挺 環村多大松蒼聳 輝伯讀書 方靜坐於其間 見余喜 與余從容語 余曰 善哉輝伯之居也 輝伯曰 吾居之非善也 旁近無師友從遊 終日倀倀 靡所瞻式 吾何以自振 吾居之非善也 吾早孤家貧 無兄弟 幸奉老母以居 曠定省違供養而從師求友 顧有不可以遠者 吾恐單陋蕪棄 學之不底於成也 余曰 何爲其然也 是在輝伯 是在輝伯之志 志之未定耶 師席之授 如風灑石 朋榻之講 如油泛水 雖久於從師 勤於求友 無望乎師友之益矣 志之已定耶 不待遠求 而師友之益在此矣 水於師 其淸通而遠至也 山於師 其崇重而不遷也 文輝而質確 石則師也 心虛而節明 竹則師也 凜乎不媚於人 卓乎不變於時 松則師也 默默之中 有來有去 性氣相

通 何煩言語 學之既成 又可友也 患無以友之 不患於無友矣 患無以師之 不患於無師矣 是故願輝伯立志 崇禎紀元後再癸亥 興州後人安錫儆以此書輝伯之精舍

_안석경, 〈마천정사기瑪川精舍記〉, 《삽교집霅橋集》

공부로 생긴 병

病焉而醫者 情也 醫之而痊者 理也 既病而不治 治之而不勤者 以父母之遺體棄之道路者乎 治之雖勤而反添違者 其又不幸乎 誰當其責 今余是已
余自桑弧之初 志於四方 年未一紀 從兄而北學於長安 結友二三子 讀書于學宮而文房瀟灑 書齋凜冽 縫風隙冷 浸入肌骨 既及長也 讀聖賢之書 解諸子百家之傳 知古人志大量遠 雖拳土塊石 無不欲觀以畜其有 慨然欲效之 癸卯而月出 甲辰而湧巖 乙巳而漢都之三角 白嶽 松都之天磨 聖居 丙午而瑞石 丁未而頭流 尋師從友 負笈橫行 旅況殊惡 山氣高爽 觸霧犯風而寒濕積聚 戊申春 又在方丈 晚聞金先生大獻丁憂 義當匍匐忙劇之至 未遑取馬 徒步往哭於嶺南 歸來足已繭而氣已憊矣 其年 亦復鶩月而完山 季夏而玉川 孟秋而雪山 強從諸生隨行逐隊 仲秋而昌平監試 菊秋而金堤文場 自春暨秋 橫行東西 占席驢背 卜鼎道傍 暫無休暇 氣因困乏 形容枯槁 顏色黎黑 不知自止休養氣息 反以井蛙之見 妄意蟾宮之桂 與友生金子虛 俞翼之 鍊業于月出山精廬 慎富仁 李可售 成放翁 自光山繼至 姪子義叔 携李伯元自鳳城最後而至 諸友咸集 志穿鐵硯 然猶未警司馬之枕 或不免孫康之睡 余以爲於涼處處之 志氣爽塏則心自惺惺而可以避睡鄉也 常自占冷座 而蚤暮起居 呼風逼寒 氣又不調 素積之風 忽爾乘隙 始焉咳嗽 中焉喘急 反覆相因 終焉中風 四肢不仁 五關閉塞 魄遁神返 與人世不相關 幾五六日 幸賴吾兄奔救之力而得蘇 復見天地日月 則如萬物既冬

而復春 兩曜旣晦而復明矣 烏飛兎走 奄至于春 語漸期期 視漸眈眈 步雖萍梗 而倚杖則可行 不啻涸鱗得西江之決 而圉圉焉洋洋焉 悠然而逝 吾兄又以爲荒 村獨廬 醫疏藥乏 治療無計 請軍于路官 擔轎載疾 得與兄弟敍盡心懷 則怳若 出自覆盆之下 而覩靑天白日之光矣 涉遠歷險 身尙康勝 亦足爲喜 而所可恨者 如飛鳥折右翼矣 千方萬藥 靡有餘力 人言汗蒸 則可以立效 余以爲信然 於是 構蒸室二間 一爲休憩之所 而一爲燠室 厚塗四壁 俾無容錐之隙 壘石作突 而 以沙石塡罅 可容坐三四人矣 燃薪許多 令極熱而塞竈口 俾不泄氣 積菖蒲 蒼 耳 桔梗 生艾于突上而傾注盆水 乃裎身入處其中 則氣蒸於上 如煙如霧 凝結 爲露 兼之以汗流如漿如雨而注於頤下 如卒然暴雨 而傾屋霤之水矣 焰氣外熾 而呼吸喘息尙不能自擅 必須以帨巾掩口 而後可以通吾氣也 與余共耐其苦者 數人 而强者了一飯之頃 弱者行百步之間 甚者 雖須臾之刻 尙不能堪忍也. 余 以爲忍苦無據則尤難 以心念原道一篇爲期 將庶幾畢念也 心熱腸爛 卽促念了 則出 用以鹽湯浴洗 而重綿挾纊 漱口歠粥 良久休歇 而又還入焉 如是者日四 五度矣 連九日困於炎蒸之中 自玆以來 日益沈痼 氣日益失和 將以愈疾 而適 以資夫疾之尤甚 眞所謂非徒無益 而又害之者也 余嘗觀醫書吐 汗 下 三法 所 以該盡天下治病之源也 夫蒸所以汗者也 汗而可療者 卒然傷風寒冷客於皮膚 之間 而未之深入者 非若吾病之謂也 嗚呼 醫不三世 不服其藥 康子饋藥 孔子 不敢嘗 古人之所以謹疾者如是 而今我始旣不能戒愼 而馴致此疾 傍有伯兄 款 曲而手救. 遠有仲兄 懇懃而命藥之 諸父諸兄. 莫不賜念 而今又輕信樵童野夫 之言 自招其舊疾之復焉 非徒見責於吾兄 抑亦前修之一罪人也 噬臍莫及 書 以爲記 聊以爲後人如我者之戒云

_최충성,〈증실기蒸室記〉,《산당집山堂集》

천년을 거스르는 교제

孟子曰所謂故國者 非爲有喬木之謂 有世臣之謂也 余則曰所謂故家者 非謂有臺榭之謂 有古籍之謂也 夫所謂古籍者 書畵古器皆古蹟也 古之人不可得見 則書以觀其心 畵以觀其貌 古器以觀其俗尙 生於千載之下 交於千載之上 而其心術形貌俗尙 歷歷在眼 豈非可樂之事乎 故古籍爲天地間至寶 非徒爲世人之所珍 抑亦仙靈之所愛好也 古所稱 羣玉册府琅嬛奇書 皆世外難見之秘寶 然其言荒唐弔詭 不可盡信 藉令有之 書非我所解也 畵非我所見也 器非我所用也 如夢游洞天 口不能述 要亦無益於世 豈若鄴侯之三萬籤軸 歐公之千卷金石 可以廣知識 可以資攷證 可以陶寫性情者乎 吾友尹東庵博學好古之士也 平生無所嗜 獨好書畵古器若性命焉 古家遺裔多零替貧乏 發其世藏之寶 賤售於市 轉而流散海外者 不可悉數 東庵爲之憫惜 不吝重貲而購之 歲久蓄積之多 富於公侯世家 皆施以錦裝玉軸 架而櫃之 名其所貯之室曰集古樓 於是一世之故家精華 咸聚于斯 四方觀者日集于門 此眞所謂故家者也 客至輒導之登樓 屛寒具啜佳茗 縱令披覽 窮日而無厭倦之色 此又見其公益之心 不專爲一己之私有也 昔丁顗盡其家貲 蓄書至八千卷 嘗曰吾聚書多矣 必有好學者爲吾子孫 至其孫度 果以文學爲宰相 吾知東庵之後必大昌也

_김윤식, 〈집고루기集古樓記〉, 《운양집雲養集》 권10

등산과 학문은 무엇이 같은가

人之所見有三層 有讀聖賢之書 曉其名目者 是一層也 有旣讀聖賢之書 曉其名目 而又能潛思精察 豁然有悟其名目之理瞭然在心目之閒 知其聖賢之言 果不我欺者 是又一層也 但此一層 煞有層級 有悟其一端者 有悟其全體者 全體之中 其悟亦有淺深 要非口讀目覽之比 而心有所悟 故俱歸一層也 有旣悟名目之

理瞭然在心目之間 而又能眞踐力行 實其所知 及其至也 則親履其境 身親其事 不徒目見而已也 如此然後 方可謂之眞知也 最下一層 聞人言而從之者也 中一層 望見者也 上一層 履其地而親見者也 譬如有一高山於此 山頂之景勝 妙不可言 一人則未嘗識其山之所在 徒聞人言而信之 故人言山頂有水 則亦以爲有水 人言山頂有石 則亦以爲有石 旣不能自見 而惟人言是從 則他人或以爲無水無石 亦不能識其虛實也 人言不一 而我見無定 則不可不擇其人而從其言也 人若可信者 則其言亦可信也 聖賢之言 必可信 故依之而不違也 但旣從其言 而不能知其意之所在 故有人或誤傳可信者之言 亦不得不從也 今之學者於道 所見亦如此 徒逐聖賢之言 而不知其意 故或有失其本旨者 或有見其記錄之誤 而猶牽合從之者 旣不能自見 則其勢不得不然也 一人則因他人之指導 識其山之所在 擧頭望見 則山上勝妙之景 渙然滿眼 旣自望見矣 他人之誤傳者 豈足以動之哉 於是有樂其勝妙之景 必欲親履其境而求上山頂者 又有旣見其景 自以爲樂 俯視他人逐逐於言語 不覺撫掌大笑 以是爲足而不求上山者 於望見之中 亦有異焉 有自東而見其東面者 有自西而見其西面者 有不拘於東西而見其全體者 有偏全之異 而皆是自見也 彼不能自見而從人言者 雖能說出全體 非其自言也 如鸚鵡之傳人言也 則安足以折服望見一面者之心哉 又有一人 則旣望見勝妙之景 樂之不已 褰衣闊步 勉勉上山 而任重道遠 力量有限 鮮有窮其山頂者矣 旣窮其山頂 則勝妙之景 皆爲我物 又非望見之比矣 然而到山頂之中 亦有異焉 有望見其東面而上于東面者 亦有望其西面而上于西面者 有望其全體而無所不到者 上于一面者. 雖極其至 而不得爲上山之極功也 大槪有是三層 而其中曲折 不可枚數 有先識其山之所在 雖不能望見 而上山不已 一朝到于山頂 則足目俱到 便爲己物者 曾子之類又有不識其山之所在 而偶行山路 雖得上山 而元不識山 又不望見山頂 故終不能到山頂者 司馬溫公之類如是之類 何可悉擧乎 以此取喩 則今之學者 大槪從人言者也 縱能說出無病 不過依樣摸畫耳

依樣摸畫之中 說出無病者 亦不可多見 尤可嘆也

_이이, 〈성호원에게 답하다答成浩原〉, 《율곡전서栗谷全書》

내 병을 배웠으면 처방도 배우게

李弟若和從余學最久 以余之無可學 學其多病 余每以是戱而念之 然若和旣學余之病 可不學余處病之方乎 處病善則病反益於我矣 若和之侍其大人之醴泉郡也 索余贈言 而余未之果 日余病愈甚 有懷若和之同病 乃寄語之曰吾且言余之處病 而吾子聽焉 食人之所欲也 而吾以病故疎之 色人之所欲也 而吾以病故遠之 貨財名利 亦人之所欲也 而吾以病故不營 心焉懼七情之蕩熾而增吾病也 則制其過慮 四體之安逸而妨吾病也 則使之勞 夫疎食遠色不營貨財 情不蕩而體不逸 吾非病而可能也哉 此吾處病而得其益者然也 今若和隨親于官 口足乎食矣 目足乎色矣 見聞足乎貨財矣 情可得蕩而體可得逸矣 時來京都 試有司則有名利誘焉 吾故願若和之不徒學吾病 而幷學吾處病之方也 抑余恐若和笑余自謂能處病而病不已 爲處病無效 則是不然 向使我不知處病之方 安得病之不已哉 吾其死久矣

_김종후, 〈장난삼아 병에 대한 글을 지어 아우 이약화에게 주다病戱寄贈李弟若和〉, 《본암집本庵集》

슬픔을 없애려다 생긴 병

余客於湖 一日三山李丈周永 來宿羅浮之舍 夜分招余致臥側曰 近我妄念紛興 連夜不成寐 今又棋在阿賭中 輾轉至此 心病之甚也 其源則哭傷也 促其發者莊子也 吾讀其書 惟誦是務 以致煩亂 非藥石可攻 子爲我醫之乎 余卒無以對 忽想曾有所經歷者 恰似李公境界 遂將自己受病之源 收效之方 歷陳之 公喜曰

子是先折臂者 可錄其顚末 備我對症之劑也 余謝不獲 援筆書進 嘗從事功令業 做釋疑文 時秋闈不遠 汲汲有速成意 不少究硏 以下筆爲能事 貪多務得 慌忙顚錯 數行之後 便茫然不省 如是有月 自視欲然 精神昏懷 若在煙霧中 於是大恐 白家大人 曰汝不得於心 宜其病也 凡所業 必求諸心 然後有實地 有實地然後有所明 有所明 方有所得 而自有充然積而油然發者矣 復何迷亂之有 自是不敢取辦於毫端 必理會於心上 心頗瞭然而後乃書之 篇成而且能誦 神心日以稍醒 自叩盆以來 心無所定 忽忽惻惻 悠揚怳悢 視丹如碧 一切無人世意 遂廢古書之恒誦者 一日鍊化主人 設不時需 邀數三知舊 修庚好也 命籥鼓女舞雜陳之 旣而進優人之唱 優當階而立 左眄右嬉, 始之以靡曼之辭 忽奮迅爲激楚之響 時秋高風颯 庭葉飄飜 自是以後 每從就眠之時 怳惚有效技於前者 振袂揚喉 鼓箠中節 乍繁旋促 忽欣倏戚 閃弄熒惑 無非鍊化堂前光景 余厭惡之 揮之不去 呵之不止 拒甚力而無奈之何 由是方寸日亂 大懼成疾 忽猛省曰 是所謂客邪也 心不守宅 故投間而入 以至於抵敵不得 此主翁之勢弱也 譬如人丰愈荒姦佞竝進 苟欲屛退 莫如修德 然而救時之急 用賢爲先 夫經籍者 吾主翁之良輔也 於是重繹所講之編 日以爲常 居無何 優稍稍銷減

_정종한, 〈책을 마주하고서書對〉, 《곡구집谷口集》

제 몸에 맞는 약

成校檢大中 年至六十 肌膚豊晳 韶顔華髮 映人颯爽 少鷄皮色 余詰其由 成曰 人人身上 自各有藥 但人不知耳 吾兒時孱弱 牛年十五六 未與雜人處 不解淫藝 十七歲始有室 亦未好着 一年僅若干數耳 不幸少登第 屢爲郵丞邑宰 往往官物來侵 私心乍發 憤然改悟曰 此有四害 不過喪財耗神 招累得謗耳 遂斷然捨之 果是身無病財無減 過五十後 雖閨閤間 亦斷絶不狎 便能善寢長食 一生

無病 家人亦少病多食 肌理如常 遂至偕老 大抵好色 非獨男子受傷 女子尤甚 閨闌中隨胎血崩勞漸 皆受償而發耳 吾一生不服一方藥 較勝人朝朝服藥 病不離身 此不過吾藥吾服耳 余笑曰 彭鏗服何藥 葬四十九妻 獨自無病耶 苟是服身藥無衰 僧尼道士 豈有白首人哉 若使苟奉倩 司馬長卿 聞之必掉頭 不肯發一冷笑

_이복휴, 〈신약설身藥說〉, 《한남집漢南集》

꿈속의 공부

古人之學 瞬息語默 莫不有養 飲食衣服 莫不有度 盤盂几杖 莫不有銘 廳牖牆壁 莫不有教 其臥也無尸 臥有法也 其寢也不言 寢有存也 雞鳴而寤 夜分而寐 計其一日之間 十有二時之中 除夫霎然夢寐之頃 蓋無時而非學 無事而無學 其所以操存防閑 涵養省察者 內外無闕 終始無間 可謂至備而至密矣 至孟子又發夜氣之論 則使夫學者 有以察其夜中所得 補其朝晝之所亡 卽向所謂霎然夢寐之頃者 亦不爲無用之棄時矣 其後 河南程夫子 又發孟子之所未發 其言曰人於夢時 可驗其所存 夢寐顚倒 是亦學力不固 噫 由孟子之言 則以夜之所得 存之於中 由程子之言 則以晝之所養 驗之於夢 存於晝而夜之所得益長 驗於夢而晝之所養益實 於是乎寤寐夢覺之間 無非交致其功之地 而古人之論爲學工夫 至此無復罅漏矣 論語云 甚矣 吾衰也 吾不復夢見周公 豈孔子亦嘗以夢寐時境 自驗其志業之進退 道氣之衰旺也耶 夫夢生因 因生想 故周禮六夢三思夢 心無妄思 則夢無妄見 亦其理較然也 吾嘗驗之矣 蓋吾所居室三間 爲寢爲軒 而其左右前後皆書籍 吾嘗日夜寢興乎其中 性粗喜讀書 讀則必有思 往往思迷氣昏 輒閉目息慮 以來新意 閉久則眠 眠則必夢 夢而亦思之 思之而不得者 往往夢而得之 或夢而無得 及旣覺而復思之 則有時而通 吾之所得於夢者如此 遂名其

軒曰思軒 而寢則曰夢所 其意欲以孔子孟子程子之言 參倚於朝昏几席之間者也 抑古之所謂達人者 以天地爲一大夢 人生爲一小夢 於是曠然自肆之意生 而淫辟怠惰之病 相與輾轉膠固 以終其身 殊不悟 夫天地之性 惟人爲貴 盡性知天 則雖夕死不可謂夢 昏冥無識 則雖享彭咸之壽 其間都是夢爾 嗟夫 吾年今二十有八 往者僅已一夢 來者之夢 亦浩乎其未央矣 光陰易消磨 義理難窮盡 其將昏昏昧昧 無時可覺 而終於夢而已乎 其或夢時過幾年 而覺後又得幾年耶 抑半覺半夢 若存若亡 終無豁然大覺之時 已矣乎 古語曰 至人無夢 書曰 夢帝賚良弼 又曰 朕夢協于朕卜 無夢者 無思也 有夢者 思道也 無思而思通 亦惟曰誠而已矣 吾於是有所感 因書以爲夢所記

_임상덕, 〈꿈속의 집夢所記〉, 《노촌집老村集》

좋은 사람 좋은 책 좋은 산수

天下無不好底人 無不好底書 無不好底山水 顧人之所以取之者如何耳 彼無好人三字 固非有識者之言 而無好書好山水云者 亦何以異哉 噫 誤天下後世者 未必非此言也 蓋嘗溯其本而論之 人之禀於天也 此性本善 初何嘗有好不好於其間哉 惟其氣質之所拘 物欲之所蔽 而考其末梢 或有不能齊焉 其宗則皆好人也 書契以來 卽有是書 蓋自三墳五典八索九丘 以至於濂洛關閩之書 或反復乎義理之域 或紬繹乎治平之謨 何莫非好書 而數千百載之間 惟人之有不齊也 故往往有與好書背馳者焉 至於山水則盈天地之間者皆是也 厚重不遷 吾知其山也 周流無滯 吾知其水也 雖或有氣象境界之不同 而要之皆好山水也 是故聖人有樂山樂水之訓 而未嘗加一好字者 取其所樂之象而已 由此言之 則人自好而不能識者多 書自好而不能讀者多 山水自好而不能看者多 苟有志於識好人讀好書看好山水 則凡吾眼中之人案上之書 與夫目所及足所到之山水 無非所

謂好也 何必識別般人讀別般書看別般山水然後 方能快平生之願耶 抑又論之
纔下一好字 此心已自不好 又安能得眞箇好底耶 蓋旣曰好人好書好山水 則其
意必欲舍却庸言庸行之人天下共讀之書人所易見之山水 而所求者詭異之流奇
僻之文絶世俗之勝地也 是雖終身奔走 殫心而竭力 終必不免於夸父逐日之患
縱使得之 亦非吾所謂好也 烏足貴乎 愚嘗謂識盡好人 讀盡好書 看盡好山水
惟吾朱夫子是已 何者 其所識者 張呂蔡黃等人也 所讀者 與村秀才尋行數墨
了得幾卷殘書也 所看者 武夷九曲 春間一登臨也 顧何嘗外是而他求耶 雖然君
子所願 固不可過於奇異 而又必待眞箇好者然後 方可謂得其可願矣 苟或識人
而有俗物敗意之歎 讀書而有鄙俚可惡之語 遊賞而未免於不見廬山眞面目之歸
則是又反不若未曾識未曾讀未曾看之猶爲無弊也 又豈可以一槩論之乎 愚也志
是說 而欲一遇當世讀書看山水之好人 商確之雅矣 今執事乃以此爲問 抑執事
其人耶 愚之願可以遂矣

_윤기, 〈좋은 사람 좋은 책 좋은 산수好人好書好山水〉, 《무명자집문고無名子集文稿》

제 자신을 사랑하는 방법

나무를 심어서 이름을 남기고자 한 뜻

志士之徇名 猶衆人之徇於利 雖趍向不同 所以惓惓而必欲求之一也. 但利未必貪而盡得也 名亦未必慕而盡傳也 噫 有志而不能傳 有才而不能措 或漁樵焉屠販焉 抱關而擊柝焉 竟不免草木之零落雲煙之消散者 固何限 又豈有若爲人奴者之尤可悲也 不幸一廁於其間 雖有超羣絶倫之才 亦不能出乎其類也 衞靑至大將軍 李善以保其幼主 拜爲郞 馬三寶爲偏將 歷數千古 如是者復幾人哉 其生得無笞罵足矣 至於子密之不義侯 朱异奴之開府儀同 又不足道矣 愛才有蕭穎士之奴 而白首摧磨焉 是豈可語夫名也 近世有一某家奴 年纔十四五 能慨然有慕於名 一日隨其主 登鞍峴之巓 俯瞰都城 歷歷如指掌 輒嘆曰 撲地閭閻 殆五萬家 而不能占一區 乃爲之奴也. 又見山之陰 黃楡樹纔盈尺 生於石窟中 土不能覆其根 上有崖石壓其枝 雨露之所不及也 又嘆曰 汝亦木而奴歟 何所生之不得其地也 遂移植於山之前平衍處 深其根阜其土 沃之水 祝曰 汝今得其所矣 遂汝之性 日滋而長 蔚然爲我國都億萬人之望也 吾欲托于汝而傳吾名也 顧謂

山頭烽臺之卒日 無剪伐 會見其拂雲也 自是輒乘服事之暇隙 芒芒然西走 恐土
之或鬆也 虫之或蠹也 憧憧乎心手之俱勤焉 月必再三 老而不懈也 烽臺之卒
亦感其誠 日爲之護惜也 雨露之若偏滋焉 培養之若偏厚焉 豈天地亦有所感而
然歟 幾何而圍 幾何而抱 隨而漸高 又隨而蔭之繁也 自都城望之十里外 能亭
亭如蓋也 知其事者 噴噴然指而嘆日 是某奴之手植也 奴之死已百餘年 樹今高
百尺而大十圍 百畝之蔭 儼若垂天之雲 凡環都城而山 樹木之入望者 以千萬數
巍然特立 蔚然可觀 未有如此樹最遠而高且大者也 人亡而歲遠 但知有樹 不
知有此奴矣 余少時曾聞知其名也 今忘之矣 未知今世 猶有能聞而記之者乎 苟
其記也 幸爲我告之也 彼固有志者也 惟其奴也 苦無所成名也 若是其勤勤於一
樹 欲以托區區之名 其心苦矣 其情戚矣 然而若余聞者 尙未能記 而況不之聞
者乎 余於是樹 旣嘆奴之能好名也 更悲其所謂名者 又將泯然也 世之人 亦豈
無覽此而興喟者乎 夢海李子而吉 知有此奴 而其名亦不能記也

_변종운,〈안현의 느릅나무 이야기鞍峴黃楡樹記〉,《소재집嘯齋集》,〈문초文鈔〉

선비 노릇이 무슨 소용

謫寧城數月 囊儲盡 無以食 謀諸居人 居人有日 海濱貴穀而賤鹽 胡地穀饒而
鹽乏 貿海鹽販胡粟 則其直倍屣於本穀 庶可以糊君口 君無患焉 余始聞其言
以爲此商賈所爲 吾不忍爲此事 趑趄趑趄者久 及其枯腸鳴而僮僕慍 欲須臾毋死
從其計而行之 顔忸怩而心不寧矣 於是 使小僕握數斗粟 走海濱九十里之地 貿
鹽來 鹽可一斛 駄鹽斛 走北關一百二十里之外 販粟來 粟可兩斛 往來貿販 動
經半月 我馬瘠矣 我僕痛矣 而我腹則庶不枵矣 方其乏食 擧屋皆惱 見若無人
色然 握粟以往也 戒之日 食已盡 爾其限兩日貿鹽來 載鹽以往也 戒之日 飢已
久 爾其作急販粟來 旣往之後 屈指計日 以待其來 逮其貿粟以來 擧室之人 環

斛粟以視之曰 得此粟 吾其延朝夕命矣 火而炊之 匙而口之 則粒粒皆有味 飢腸實而枯骨肉 融融然欣欣然 聚首相慶 曰微此貿販 吾將塡於溝壑中 而自今以後 庶不爲塞外之飢鬼矣

始以行商爲愧 中焉以業商勞心 終焉以得食爲幸 以爲得之則生 不得則死 日夜望望然冀升米是獲 唯恐商業之不長 關此心者 惟此事 軀命所急 喪盡羞恥本心 而遷延成習 終作別樣人 時時發笑自點 而笑之極 又自憐且自惜也 夫民於天地間者 惟士農商賈四而已 吾少也 讀聖賢書 惟道是謀 非稽古 不敢事 是爲士焉 老也 崇此口腹 惟食是謀 非販賣 無所事 是爲商焉爲賈焉 此身之所未嘗者 惟農耳 農者 守田畝 事鋤耰 含哺鼓腹 生生樂業之謂也 白髮殘生 得罪明時 幽縶荒裔 局形縮影 寸步不得出 雖欲爲農 其可得乎 昔之爲士也 引經史 談道理 妄以身爲學聖人之徒 將欲致斯君 澤斯民 庶幾駸駸然入於三代以上之天 唾商賈 睨農夫 不敢置於齒牙間 而視若天淵然 今則爲商爲買而甘心焉 至於農則不敢望焉 人生於世 登靑天 落溝瀆 在轉頭之頃 而身纔屈 心亦屈也 以此身業此商 自慙也 自笑也 自憐也 自惜也 而私愚成慮 有所希覬者 聖量如天 若容螻蟻 許作田巷之一農夫 則手秄耔耜 事耕穫 上之奉祭祀 次之供租稅 下之延軀命 一物之微 亦得其所 庶可爲淸時頌德之人也 嗚呼 召公明農 在於治世功成之後 而鄙人在拘縶而生此計 其亦蛩蛩之甚者也 乃敢咄咄爲之說

_홍성민, 〈소금을 팔아 곡식을 산 이야기貿鹽販粟說〉, 《졸옹집拙翁集》

가난한 날 거친 밥을 먹는 요령

朴生來 聞君曩自此歸也 對餐拄箸而喟 㗳㗳乎有思乎吾之糲食也 而無甘於登盤之魚鮓也 噫 君過矣 何爲其然也 不曾見袁氏世範乎 其言有曰天地生育之道 所以及人者至大至廣 而人之回報天地者何在 吾每讀之 未嘗不目瞿焉心怵焉

顔發騂而汗被趾焉 試思吾自有生以來 至于今四十四寒暑一萬七千三百有餘日 冬而 絮夏而葛 未之或闕焉 而亦嘗有御重裘被綺縠時矣 朝而飯夕而飧 未之或闕焉 而亦嘗有兼山海列方丈時矣 銖累寸積 奚啻千萬計 然吾未嘗手執耒鉏 吾之妻孥目不識繰梭 此其物皆安所出乎 有人於此 日日擧債於君 淹歲閱年 無意償什一之息 顧炫衣服美飮食 用中人三二年之費 費盡於一飯之頃 又從而乞貸之不已 君其堪之乎 吾懼夫造物者將執卷契 一朝責負於我 而茫茫天壤 更無避債臺以處我也 昔范文正公每夜將寢 竊計當日飮食豢養之費與其日所爲何事 苟所爲稱所費 摩腹安枕 不稱則轉輾達朝 必求所以稱之者 夫以文正之德業勳望 猶且恤恤乎素餐之懼如是 況吾輩在天地間 何異蠓蠛螻蟻 則一粒之粟一勺之水 尙恐其泰也 而敢曰㾾癵云乎哉 且夫人生受用 各有劑量 豐嗇奇贏 較然不爽 考之傳紀所載 有食盡萬羊而後死者 有食荷葉五年而竣佛像者 雖其說弔詭不經 亦不可謂無此理 故吾嘗以爲顔子非簞瓢陋巷則定不及三十 何曾不日食萬錢則李少君長狄僑如之壽不足道也 吾方且以今日之㾾癵 謂可以贖愆罪減債負 增延其壽命 君顧以爲憂邪 甚矣未之思也 近日聞開居傲黃山谷食時五觀作食訣三章 每食不雜他味 先淡食三匙 第一匙念曰勻勻淨淨 我饘我粥夥頤夥頤 惟皇上帝之祿. 第二匙念曰火耕難水 耨難農則難 而卬則飧 第三匙念曰甘哉 甘稼穡之甘 甘而饛 如是三念之頃 食已半盂矣 遂覺喉開胃暢 雖藜藿之味 與馱騠熊燔等 孰謂是不足吾所哉 吾垂老畸窮 求如古人所謂河潤九里者而旣不可得 則所可持贈君者 只有此三訣耳 若顔闔之晚食 趙台鼎之智食 我東李文成之水澆飯經綸 皆治生之拙法 居貧之良方 并可雜書之屛間 用作對槃時石師也 吾自月初絶糧 日從隣人乞貸 此皆嗣歲播種之需也 念持一物質典得數十金 治此歲未盡 幷償其子母而亦未易辦 殊關念也 不一一

_서유구,〈붕래에게 주는 편지與朋來書〉,《풍석전집楓石全集》

고대광실보다게딱지집

屋莫大於蟹甲窩 而凌雲之室爲小 所謂凌雲之室者 非富貴者之家乎 高之爲樓 敞之爲室 夷之爲庭 闢之爲園 區其內以藏其姬妾 別其偏以舍其賓客 損其外以處其臧獲 蓋沈沈廣廈也 不啻容數萬人於此矣 居之者猶汲汲然不自足也 益斥而大之 然則雖盡京華之地以爲基 盡隴蜀之山以爲材 恐不能克其不自足之心也 故雖千萬間之大 旣有以不自足 則安在其大也 大者不自足 則非大矣 夫不自足乎千萬間之大者 幾乎擧富貴者而皆然 故凌雲之室 非不巍然大矣 從其不自足者而言也 故吾不曰大而曰小也 至如蟹甲窩 乃屋之黍累者也 旣謂之蟹甲 則其小也似不滿一指也 居之者猶坦坦然自足也 大於此者 雖得志不爲也 則其所以自足者信然矣 故雖一指之小 旣有以自足 則安在其小也 小者自足乎自足 則非小矣 夫自足乎一指之小者 猶不乏其人也 故蟹甲窩 非不眇然以小矣 從其自足者而言也 故吾不曰小而曰大也 大抵天下之物 無大無小 足於人者 雖小亦大 不足於人者 雖大亦小 今夫蟹甲窩 屋之至小者也 凌雲之室 屋之至大者也 然蟹甲窩足於人 而凌雲之室不足於人 吾故曰屋莫大於蟹甲窩而凌雲之室爲小也 且子獨不聞蝸角之左右 有蠻觸二國乎 物之小者 莫甚於此矣 然能容二國於此 今蟹甲之小 不至如蝸角 一家之大 不至如二國 而蝸之上 猶能容二國 則蟹甲之內 獨不能容一家乎 則蟹甲比蝸角又大也 且雖居蟹甲窩之苦 不猶愈於魚腹之葬乎 昔者屈原放逐江潭 卜居而不能決 其終也 投汨羅而死 葬其骨於魚腹之中 今子亦放逐之臣也 蟹甲亦魚腹之類也 然屈原葬之以死 子居之以生 子之幸顧不多也歟 奚暇言蟹甲窩之小哉 子其臥於斯起於斯 寢食於斯 無入而不自得焉則斯善矣 子之所宅者雖小矣 所樂者不小矣 又何恨焉 雖然 物大之微小 小之微大 小哉蟹甲窩 此亦可大之時也 其復乎疇昔之居乎 疇昔之居亦小矣 然比之蟹甲窩則或大也 由此觀之 子之復乎疇昔之居 殆不遠矣 子者謂誰 友人李君命俊 昌期其字也 謫東南海上 始至無屋以居 窘於燥濕寒暑久 然後僅構一

精舍 以其小也 故名之曰蟹甲窩 諺數家室之小者 必曰蟹甲 李君之名其窩 蓋
取斯語云

_임숙영, 〈게딱지집의 기문蟹甲窩記〉, 《소암집疎菴集》

꿈속에서 배가 부른 일

乙亥季冬之月 余受襄陽之命 于時新遭國恤 朝野遑遑 不暇治行自佚 隔歲三日
而遂行 越三宿到洪川村舍 卽丙子元日也 草屋可三四間 制雖朴陋 而窓壁稍完
煖氣襲人 竈突庭除潔 淨無纖埃 短籬纔繞屋而雜以荊棘 向南開出入之所 而
用柴荊爲爲扉 房外有虛架數間 積粟十餘斛 傍有折薪 汲澗而炊 余顧而歎曰
樂哉生涯也 彼見吾騶卒之夥 供頓之備 必歆艶而敬畏之矣 渠安知吾反羨渠之
至於斯耶 妻妾齊應曰然 羨之誠是也 彼雖不甚豐 其有恒產而有可繼之道者乎
吾輩跋履險阻 從子于官 蓋將以一飽也 旣飽而還 蕭瑟猶夫前也 此與夢飽何異
余曰若說然 眞夢飽也 感而爲之說 因以夢飽命篇 昔有窶人 三旬纔九食 餘日
長飢 羨人腹飽卒歲者 蓋有年矣 忽一日夜 夢餉大饌 飯甑溢於後 飣餖羅於前
舍哺而嘻. 鼓腹而歌 反以眞飽爲夢 忽復蘧然而悟 乃一夢也 其始覺也 腹猶夥
然也 俄而饑益甚 思食倍於前 不如不夢之爲愈也 然飢飽一過之後 都是幻也
未知何者爲眞 何者爲夢也 噫 飽之道有二焉 有食其力而飽者 有得於人而飽者
食其力而飽者 其飽也有常 得於人而飽者 其飽也不常 何者 得於人者 與奪在
於人 食其力 飢飽在於己也 余受國恩 屢享專城之奉 而曾不食其力 惟官食是
靠 蓋得於外者也 故得之則飽 不得則飢 凡十敎年來 幾飽而幾饑 幾夢而幾覺
也 或飢或飽 或夢或覺 而年已迫七十矣 從今以往 能復幾何日而飢與飽同歸於
大夢也歟 庶不以飢飽得喪嬰其懷 噫 而今以後 吾知免夫

_박홍미, 〈꿈속에서 배가 부른 일夢飽說〉, 《관포집灌圃集》

부귀함도 한가함도 절로 이르는 것

富貴者自富貴 而欲富貴者 未必富貴 閒者自閒 而欲閒者 未必閒 是知富貴與閒 皆自然而得 而不可以力求而計取也 余性甚偏介 不喜稠擾 嘗欲掩門塊蟄 收養心神 顧未易得其便 而意未嘗不如此矣 近者過洛 寄寓於翠軒公娣兄李公明弼僑舍 傍有庭戶數地 多種松與竹 百卉周匝 翳然有濠濮間想 中置一草亭 亦瀟灑孤絕 非閭市囂氛之所及也 一日 翠軒公早出門 無過叩者 余乃掃亭除 移圖書 或杖而逍遙焉 或座而沉默焉 或開卷而究道理 或點筆而濡繭素 吟嘯隨意 坐臥適節 神與造物者遊 而不覺日之夕也 余乃欣欣然如有得 而輒語於心曰 此所謂浮生一日之閒歟 向之計 其將偶成於今日 而其所謂掩門收神者 止如是而已歟 旣已又爲之歎曰 斯亭 卽桃溪沈公齊賢之所刱置也 沈公 乃一世之淸士 治此亭塢 養此花竹者 蓋欲爲安居靜散之計 猶且不免爲吏役之所驅制 簪綬之所絆縲 轉漕於江漢二歲 未暖斯亭之席 而今又爲宰於湖之南 棄花竹亭塢於千里之外 而屬之於翠軒公 翠軒公又小暇 未嘗安此坐 盡一日飽其幽獨之趣 而使我翠軒之宿客 盤礴偃蹇於此 而斯亭之風色景趣 盡爲吾之所籠絡無餘焉 然則作斯亭者 雖沈公而實居之者我也 借此亭者 雖翠軒公而能樂之者亦我也 噫 彼二公欲閒之心 非後於我 而今日之閒 獨不能無讓於我 我之欲閒而未得者 亦有年 而幸今日之偶然得閒 而亦非所以計取力求也 其所謂自然而得閒 而欲閒者未必閒者 果不誣 嗚呼 世之捐金錢營亭墅者 大是有力者事 而其所以營之者 亦有沈公之意 而凡諸寬閒之地 敞豁之搆 問其主之見在之否乎 則擧無人焉 而其目謀心會之狀 一任過客之臨賞何者 顯位重祿 有足蠱心 而江山風月 未暇取覽 故富貴者 未嘗不有欲閒之念 雖有欲閒之念 而無得閒之人 是亦有自然者存而然歟 抑富貴之有優於閒而然歟 然而歷觀古今 富貴者常多 閒者常小 則是知自然而得閒 抑有難於自然而得富貴歟 若我今日之閒 可謂其自然之會 而二公無今日之閒 亦可謂不得其自然之會歟

_윤순, 〈차군정기此君亭記〉,《백하집白下集》

제 자신을 사랑하는 집

生而跛且矮者 與美容貌者立而自視 未嘗不惡其形之陋 而愛人之美 然一朝有以神異之述 易其容貌 而赴之水火 彼必盤跚蹩躠而走 唯恐其追之也 此其知猶能自愛其身也 今夫世之人 見人之富貴 皆決死生之命 汲汲然求之 苟可以得其所欲 相與爭奪而擠陷 終亦至於殉身而不悔 猶然以物欲之累 易其性命之正 其不爲跛矮者之所笑 幾人哉 雖然此固不足論也 古之有志之士 如賈誼鼂錯之類 慨然慕皐夔伊傅之功業 响愈以禮樂仁義之說 數干其主 欲樹立不世之功於天下 而或終不得志 悲鬱憤悶 自傷而夭其身 或謀國家之安危 而身先誅戮 雖其志 與夫殉利者不同 而其以物易性一也 又惡辨君子小人乎哉 余嘗恨數人之知不如跛矮者之自愛其身也 余友李君平瑞 築室於城南之小洞 取陶淵明詩愛吾廬之意 以爲軒曰愛吾 嗟乎淵明家貧耕植 不足以自給 吾知其衡宇土室 人所不堪 而淵明夷然自愛 乃能無華屋之念 此其志必不在利欲 然淵明非隱者 亦豈獨無意於世哉 使淵明出世而干 有賈生之憂 鼂錯之禍 雖欲愛其廬 亦不可得矣 而爲長吏 八十餘日 眷然而歸 息交絶遊 偃息蓬廬 自以爲自愛其廬 余以爲淵明之愛其廬 乃所以愛其身 而後世之人 未有知其深意而發之者也 今平瑞恬淡有雅操數架之屋 比之衡宇土室 不已侈矣 觀其志 庶亦不以利欲動其心 且由科第再爲諫官 而不出仕途 豈其志亦或不在於功名者歟 吾未知平瑞之愛其軒 亦能如淵明之意 則可無愧於跛矮者之自愛其身也 南園居士記

_심낙수, 〈나를 사랑하는 집愛吾軒記〉,《은파산고恩坡散稿》

천하의 빼어난 볼거리가 어찌 끝이 있겠느
마는, 옛 문인과 시인들이 각기 시문을 지어
의 남김없이 다 묘사하였다. 그래서 사람들
이를 읽고서, 그 기이하고 빼어나며 넓고 밝
며 지극히 괴이하고 놀라우며, 바람과 구름
나오고 귀신이 들고나는 것을, 입안에서 읊
려 거두어들일 수 있는 것이다. 그러나 아직
접 보지 못한 것이기 때문에, 반드시 마음으
빗대어보고 상상력을 발휘해보지만, 그래도
체가 드러내지 않는다고 한탄을 하게 되다

저 천하의 빼어난 볼거리가 어찌 끝이 있겠
나마는, 옛 문인과 시인들이 각기 시문을 지
거의 남김없이 다 묘사하였다. 그래서 사람
은 이를 읽고서, 그 기이하고 빼어나며 넓고
으며 지극히 괴이하고 놀라우며, 바람과 구
이 나오고 귀신이 들고나는 것을, 입안에서
조려 거두어들일 수 있는 것이다. 그러나 이
직접 보지 못한 것이기 때문에, 반드시 마음
로 빗대어보고 상상력을 발휘해보지만, 그리
실체가 드러내지 않는다고 한탄을 하게 된